Estética e História

Coleção Debates
Dirigida por J. Guinsburg

Equipe de Realização – Tradução: Janete Meiches; Revisão: Alice K. Myiashiro
e Mary Amazonas Leite de Barros; Produção: Ricardo W. Neves e Sergio Kon.

bernard berenson
ESTÉTICA E HISTÓRIA

PERSPECTIVA

Título do original
Aesthetics and History

© Constable and Company Ltd.

Dados Internacionais de Catalogação na Publicação (CIP)
(Câmara Brasileira do Livro, SP, Brasil)

Berenson, Bernard, 1865-1959.
Estética e história / Bernard Berenson ; [tradução Janete
Meiches]. São Paulo : Perspectiva, 2014. – (Debates ; 62)

Título original: Aesthetcs and history.
1ª reimpr. da 2ª ed. de 2010
ISBN 978-85-273-0005-6

1. Artes - História 2. Estética I. Título. II. Série.

10-02321   CDD-701.17

Índices para catálogo sistemático:
1. Estética : Artes 701.17

1a reimpressão – 2ª edição

Direitos reservados em língua portuguesa à
EDITORA PERSPECTIVA S.A.

Av. Brigadeiro Luís Antônio, 3025
01401-000 – São Paulo – SP – Brasil
Telefax: (0--11) 3885-8388
www.editoraperspectiva.com.br

2014

A
DENMAN ROSS
e
KINGSLEY PORTER
no Elísio

*Oxalá possamos encontrar-nos lá e
discutir tão alegremente quanto o
fizemos aqui na terra*

*Τὰ μὲν γὰρ ὑπὸ τῶν τεχνῶν γενόμενα, τὸ εὖ ἔγει
ἐν αὐτοῖς, ἀρχ. ἲ οὖν αὐτά πος ἔχοντα γενέσθαι.*

"As obras de arte têm seu meruo em si próprias de
tal modo que basta que sejam produzidas com certa
qualidade própria."

ARISTÓTELES, Ética a Nicômaco, II, IV, 3

"The sounding cataract
Haunted me like a passion; the tall rock,
The mountain, and the deep and gloomy wood,
Their colours and their forms, were then to me
An appetite; a feeling and a love
That had no need of a remoter charm,
By thought supplied, nor any interest
Unborroweed from the eye."

WORDSWORTH, Tintern Abbey

"Ceux qui n'aiment pas beaucoup la peinture en elle-
-même, attachent une grande importance aux sujets
des tableaux."

MME DE STAEL, De l'Allemagne, II
158-1820

"Almost everything that sets us above savages has
come to us from the shores of the Mediterranean."

SAMUEL JOHNSON

SUMÁRIO

Prefácio 11

Introdução 13

1. Valor 39

2. Ilustração 89

3. Definições e Esclarecimentos 111

4. História 151

5. História da Arte Especificamente 209

Conclusão 243

Índice 247

PREFÁCIO

Fiquei em dúvida com respeito a que título dar às páginas que se seguem. No século XVII poder-se-ia tomar um parágrafo para um título e deste modo transmitir uma idéia do conteúdo de um livro. Hoje em dia ele deve ser conciso e não se pode iniciar algo desta maneira: "Minhas aventuras como um apreciador, pensador e escritor, como *connoisseur,* crítico e historiador da Arte". Por esta razão pensei em "Minha abordagem da Teoria da Arte e da História da Arte", em "Teoria e História das Belas-Artes", em "Deleite nas Artes Figurativas e História", em "Experiência e História nas Artes Figurativas". "Apreciação e História nas Artes Figurativas" pareceu menos insatisfatório, pois apreciação abrange deleite com reflexão inteligente, e até o ponderar mais profundo que pode merecer o epíteto de "intelectual". Não obstante, e apesar do medo de violar os domínios dos mestres incorporados, me decidi por *Estética e História*. Levei anos escrevendo este ensaio. Estava acabado no outono de 1941. Antes que uma cópia completa pudesse ser datilografada, a Itália declarou guerra contra nós e não tive jeito de enviar o manuscrito. Abandonei-o; e motivos particulares impediram-me de recomeçar antes do verão de 1947, quando fiz uma revisão final. O leitor não deve surpreender-se caso depare com estados de espírito, ou referências a eventos que datam de dez anos atrás ou mais Gostaria de agradecer a meu amigo R. C. Trevelyan pela cuidadosa leitura do manuscrito e sugestões muito úteis com relação à minha prosa.

INTRODUÇÃO

A idéia dessa abordagem da teoria da arte e da história da arte no campo da representação visual é reafirmar certas noções que se encontram atrás de uma carreira de muitos anos. Publiquei livros e artigos, mas, exceto um sobre os rudimentos da prática do *connoisseur*, que data do início de minhas atividades, não escrevi quase nada a respeito das suposições e convicções que moldaram e dirigiram meu trabalho.

Existem muitas abordagens da história da arte — tantas, talvez, quanto os estudiosos da matéria. Somos abençoados com um tratado atrás do outro sobre o assunto: técnicos, metafísicos, matemáticos, biográficos, teológicos, psicanalíticos etc. etc. Após quase sessen-

13

ta anos de preparação posso aventurar-me a falar do meu modo de encarar o assunto.

Quando jovem eu nutria a esperança de escrever a respeito de todas as artes como uma aventura pessoal, não só a respeito das artes visuais mas também da Música e Literatura. Era uma esperança demasiado fascinante para durar mais do que a inexperiência da juventude. As artes visuais absorveram-me a ponto de excluir as outras. Mesmo então tive de restringir-me e concentrar-me em alguns séculos da pintura italiana. No entanto, como amador — preferiria a palavra "amante" — vivi em muitos outros reinos da arte visual, em todas as épocas e todos os climas.

Não compete à Teoria da Arte ou à História da Arte ensinar a prática de uma arte. Elas não são obrigadas a dar treinamento no ofício de pintura, de escultura ou de arquitetura, embora possam estimular e inspirar o artista que às vezes se esconde no artesão. O propósito da Teoria e da História da Arte deveria ser o de revelar as fases sucessivas daquilo que se ofereceu às pessoas em sua época para se deleitarem e apreciarem; e como esse deleite e apreciação cresceram e diminuíram através das épocas intermediárias; depois, se ainda nos deleitamos com as mesmas obras e as apreciamos, e, se o fazemos, se pelo mesmo motivo. Além disso, a atividade da História da Arte é recontar quais eram as aspirações e os ideais a que a arte deu forma, tanto permanente como transitória.

A Teoria e a História da Arte, tal como tentei segui-las, interessam-se pela obra de arte enquanto ela afeta o espectador, o ouvinte, o fruidor, e não o criador, a não ser que ele também se torne um fruidor.

O gênio criador é um assunto fascinante para estudo ou, para ser mais preciso, para meditação e conjetura. Não tenho nada contra a conjetura acerca do gênio em qualquer campo. De fato, às vezes me pergunto se a tradução mais sugestiva de *In initio erat verbum* não seria "No começo havia a conjetura". Portanto, não sou avesso às fantasias a respeito da natureza final da arte e sua origem, ou às especulações quanto ao artista e suas atividades. Até poderia ter minhas próprias conjeturas para oferecer, se tivesse tempo. Eu insistiria, contudo, comigo mesmo, como o faço com outros, em manter o artista e a obra de arte em compartimentos separados.

Poderia argumentar-se que não pouco da esterilidade da teoria da arte e a qualidade insatisfatória da História da Arte, desde a antiguidade tardia até nossos próprios dias, são devidos à falha em declarar, no início, se a pessoa está pensando do ponto de vista do produtor da obra de arte ou do seu consumidor. Se Benedetto Croce, o mais autorizado dos escritores contemporâneos de Estética, tivesse lembrado dessa distinção diria, como o faz em *Per una Poetica Moderna* (escrito em 1922 e reimpresso em *Nuovi Saggi di Estetica*), que *"l'opera d'arte è sempre un atto spirituale"*? Talvez não. A obra de arte é o produto da atividade da mente, mas não essa própria atividade.

Do ponto de vista do criador, as cópias, reproduções e imitações podem não ter importância, embora seja difícil imaginar como, sem elas, suas criações se tornariam conhecidas a qualquer um, com exceção dos poucos que pudessem ter meios para o acesso a elas; ou como seu estilo poderia se tornar difundido de modo a exercer ampla influência. Não muitas obras-primas de escultura grega seriam conhecidas hoje em dia e nenhuma pintura grega. Além do mais, o que é a estátua acabada que apreciamos? Ela é a criação espontânea e instantânea de seu criador intuitivo? No caso do bronze, o material grego preferido, a estátua era um molde, e no que diz respeito ao mármore era uma cópia, feita com toda probabilidade, mas não de modo certo, e em raras ocasiões inteiramente, pelo próprio criador de acordo com seu modelo laboriosamente ideado. Na Pintura, o produto espontaneamente criado é em geral um rabisco que não tem nenhuma relação mais próxima com o elaborado teto da Sistina de Michelangelo ou a Madona da Sistina de Rafael do que o produto daquela arte criadora mais intuitiva e espontânea de todas, o embrião humano, tem com o homem adulto de gênio.

Tenho a liberdade de perguntar o que uma obra de arte significa para mim e tem sido para mim. O trabalho de minha vida tem sido "viver" a obra de arte,

15

revolvê-la repetidamente em meu paladar mental, meditar sobre ela, sonhar com ela; e então, na esperança de conseguir entendê-la melhor, escrevi sobre ela. Como consumidor do produto de arte tenho o direito de fazer tudo isso. Como não sou nem artista figurativo, nem arquiteto, nem músico, não tenho nenhum direito certo de falar do produtor. Estou na posição da maioria dos críticos, filósofos e eruditos. Deleitamo-nos ao experimentar o processo criador na arte das palavras apenas com o resultado lógico de que escritores de arte raramente têm em mente qualquer das artes, exceto as verbais.

Interessar-se mais pelo artista do que por sua arte é um efeito de nossa tendência ao culto do herói e, através do herói, de nossos camuflados instintos de autoveneração. Precisamos resistir a esses, e de minha parte nunca pensei em escrever sobre arte, exceto como uma experiência, pessoal, individual, mas não privada, não caprichosa, não arrogante. "Não te amo, Dr. Fell. O motivo por que não posso contar" não é crítica, não importa quantas variações toquemos sobre o tema, quão bem o orquestremos, quão enganosamente escrevamos sobre ele.

Pode não haver nenhum absoluto em arte, mas enquanto estivermos de pé, apreendermos, respirarmos e reagirmos à temperatura, haverá relações fixas embora oscilantes entre essas funções e as exigências que las fazem da obra de arte, em particular da Pintura. Há de fato um absoluto relativo na arte que é determinado por nossa condição psicofisiológica e nossa preparação mental.

Todas as coisas das quais estamos cientes, toda mudança mais tênue dentro de nós, que alcança a consciência e a afeta, é da mente, é mental. Compete à arte, como a todas as atividades criadoras, ampliar os horizontes da consciência não só em extensão e profundidade, mas também em estatura. A arte repousa em tal região mental, pois baseia-se em processos dentro de nós que se manifestam na consciência. Aquilo que está no limiar da consciência pertence à Fisiologia e não à Estética, à Teoria da Arte ou à História da Arte.

Será meu empenho tornar-me e tornar meus leitores mais cientes das potencialidades e qualidades desse mundo de arte, esse reino de satisfações ideadas. Não posso insistir demais na proposição de que é a prevalência das satisfações ideadas sobre as reais que é importante para a arte como distinta das formas materiais, técnicas e as assim chamadas formas naturais.

Graças à desmama da obra de arte de seu genitor, podemos sustentar com muitos esteticistas, Benedetto Croce à sua frente, a qualidade do instintivo, a espontaneidade e conseqüente irresponsabilidade do artista no ato de conceber. Ele entrega-se ao jogo livre de seus talentos e não tem nada mais na cabeça; certamente nenhuma idéia de ensinar ou de pregar.

Não há melhor exemplo de espontaneidade intuitiva do que a do falador brilhante, o espirituoso, que é estimulado e inspirado por seus ouvintes. Quase inconsciente e até surpreendido de ouvir o que sai de sua própria boca, ele pronuncia a palavra alada, a frase inesquecível que diverte muitos, aflige outros e ofende profundamente a poucos. O espirituoso, o palhaço verbal, é suspeito de um desejo deliberado de ridicularizar ou de ofender. Isso raramente é sua intenção. Nem age, como com freqüência se imagina, primariamente por vaidade, para exibir-se, para solicitar admiração. Como qualquer outro artista, ele acolhe e aprecia o aplauso, mas o motivo mais determinante de sua ação é que, sob certas circunstâncias, ele não pode resistir ao impulso de falar de modo brilhante, mesmo quando vagamente ciente de que pode ofender e atrair para si o desagrado vingativo de seus ouvintes. Nem grande número de chicotadas curava o bobo da corte medieval. O produtor não pode deixar de produzir, nem o consumidor de receber de acordo com seu humor, sem nenhuma consideração para com as intenções do produtor.

Isso acontece com toda obra de arte. No momento em que é criada, a criação é desmamada do criador. Ela não pode evitar dar satisfação ou insatisfação, e não pode deixar de exercer influência, visto que estamos propensos, por bem ou por mal, a imitar o que vemos e a sermos afetados por aquilo que ouvimos. Certas obras de arte são como plantas que produzem flores deslumbrantes, enquanto segregam venenos mortíferos. O artista é livre e irresponsável, mas sua criação pode ser mais perigosa do que estas plantas. Vê-las e ouvi-las induzem a reações definidas em nossa constituição, ao passo que o veneno da planta tem de ser extraído e destilado antes que possa fazer dano. Não podemos ignorar o efeito, bom ou mau, do produto da arte na mente e mesmo no caráter do espectador ou da audiência pois ele não pode evitar servir como modelo ou padrão. Só precisamos apontar aos nossos produtos de cinema. Não só sua apresentação da moral americana ajudou a fazer com que os europeus acreditassem que estávamos demasiado dissolutos para fazer guerra, mas persuadiu os asiáticos de que nossa alardeada civilização é, exceto pelas máquinas, inferior à deles.

Também falo repetidamente do "artista", mas apenas no aspecto em que uso a primeira pessoa do singular. Quando digo "eu" não é com nenhuma intenção de falar em mim mesmo, de meu ego. É uma necessidade gramatical, evitável apenas por circunlocuções que chamam atenção sobre o ego. É mais modesta do que estas, porque adverte o ouvinte de que a declaração que estamos prestes a fazer é meramente pessoal, não importa com que argumentos a sustentemos. Tão certamente quanto existe uma Matemática, uma Química e Astronomia, uma Geologia como distintas de matemáticos etc. etc., assim existe arte como distintas de artistas individuais. A arte no sentido aqui indicado é o corpo de tradição e práticas impessoais que, como os Tesouros de Mérito na Igreja Católica, estão à disposição de todo aquele que aceite os termos e condições de uma certa técnica a fim de praticá-la.

Portanto, falo do artista quando quero dizer a energia criadora que produz arte, e quando me refiro à personalidade artística, nunca é à personalidade cívica e social do produtor individual. Não pergunto o que estava na mente deste indivíduo enquanto estava no ato — podemos dizer espasmo — de criar. Estamos mais humildes e proveitosamente empenhados em tentar entender a natureza da energia que cria arte como uma atividade da mente. Desta, embora com medo e tremor, podemos aventurar-nos a falar e às vezes podemos reduzi-la e moldá-la em figuras distintas que podem ser identificadas com personalidades históricas, como Fídias e Polignoto, Rafael e Dürer. Giordano Bruno em *Della Causa, Princípio ed Uno* diz: "Aquele que vê o retrato de Helena não vê Apeles: mas vê apenas o resultado do trabalho que vem do mérito e gênio de Apeles. A obra é certamente um efeito do acidente e da circunstância da substância deste homem, que quanto à sua absoluta essência não é de modo algum conhecido".

Sem dúvida, o artista tem o primeiro vislumbre de seu desígnio, seja ele poema ou romance, seja ele pintura, escultura ou arquitetura, ou uma composição musical, como que através da fenda de um raio em uma nuvem. Sua tarefa tanto como artista quanto como artesão é executar este lampejo e fixá-lo para si e para outros. Ele tem de ser dono de uma mente e uma vontade capazes de prender firmemente a visão, determinadas a defendê-la contra a resistência, que estreita e destorce, de seus materiais e contra as limitações de seu ofício. "No longo caminho do olho através do braço ao lápis quanta coisa se perde!", exclamou o pintor em *Emilia Galotti* de Lessing.

O artista tem sua idéia em um lampejo. O que o lampejo apresentará ou revelará é o resultado não só dos dons que ele trouxe consigo ao nascer, mas de tudo que absorveu de seu ambiente e sua experiência: de seu "condicionamento", sua educação, seus pais, seus companheiros, seus casos amorosos, leituras e viagens — em resumo, de sua existência inteira até o momento de êxtase criador, no qual tem a visão da obra de arte que está para produzir.

Mas para o artista não há nada de peculiar nisso, e isso é igualmente verdadeiro para toda atividade inventiva, toda descoberta. As idéias ocorrem para o erudito, o cientista, o matemático, o inventor em um momento semelhante de energia criadora com o mesmo grito de *Eureka*. A única diferença é que para o artista a visão vem em termos de seu material e técnica, ao passo que para os outros a idéia resulta de

19

seu tema, e tem de ser submetida ao seu controle austero e investigador.

O crítico e o historiador da obra de arte, que participam tanto das atividades do artista como das do erudito, deveriam começar sendo tão intuitivos para com ela, gozá-la tão espontaneamente e com tão pouca deliberação quanto seu criador, que foi o primeiro a concebê-la. Só após isto ele é obrigado a analisar e interpretar, a investigar e esclarecer seus efeitos, morais e culturais bem como artísticos.

Falo de gozar a obra de arte. Para evitar mal-entendido permitam que diga que não uso o verbo "gozar" em nenhum sentido hedonístico, mas como as pessoas falam de "gozar de má saúde". Da mesma maneira, a palavra "prazer", onde a uso, deveria ser tomada como se referindo apenas a sensações ideadas, nunca a sensações efetivas. Quero dizer por "efetivo" o oposto de "ideado", "ideal", e todas as derivações do mesmo tronco. Quero dizer aquilo que é com freqüência se não universalmente designado como "real". Não posso aplicar essa palavra a algo e tudo que acontece suceder, mas apenas ao que se ajusta em nosso padrão do todo e se harmoniza com ele, com nosso cosmo, com o universo da mente, no qual a arte constitui um reino próprio.

Esse reino é um mundo por si mesmo sustentado pela realidade. Ele nos oferece, quando exaustos pelo esforço de nos desligarmos da confusão e do zumbido do efetivo, o descanso e revigoramento pelos quais ansiamos antes de levantarmos vôo e ascendermos à região de conceitos, de abstrações, de matemática pura. É um reino onde reações de prazer ou dor físicos não podem acontecer, visto que ambos não podem cruzar suas fronteiras sem deixar para trás todo princípio ativo. É um reino além da sensação física, entretanto permanece um reino que não pode deixar de servir como modelo e inspiração para o real. É o reino de sensações ideadas, a respeito do qual falaremos mais adiante.

Outra separação na qual eu insistiria é aquela entre forma e conteúdo — ou, em termos que sempre usei, entre "decoração" e "ilustração". Não quero dizer por "ilustração" a reprodução de formas, quer de objetos de

20

fora, quer de imagens de dentro da mente. Por "ilustração" quero dizer uma arte independente e não meramente reprodutiva: quero dizer uma arte que representa tudo aquilo que tem para representar com formas forjadas, e aperfeiçoadas durante a busca de valores táteis e movimento em arranjo vantajoso.

Sem a necessária ficção de uma divisão pronunciada entre decoração e ilustração, a discussão entre os efeitos éticos e culturais da obra de arte permanece tão confusa e desconcertante a ponto de ser não-proveitosa.

A forma e o conteúdo, ou nos meus termos a decoração e a ilustração, são a mesma coisa, mas para entender a obra de arte, e através do entendimento voltar a ela com deleite cada vez maior, precisamos desintegrar o átomo da experiência, em nosso caso a experiência visual. Todo pensar, e o pensar analítico em particular, é, tal como comparado com a experiência, um processo fictício dirigido por nosso impulso imperativo de entender, e através do entendimento de acentuar a experiência. O pensar nunca é mais do que tentar inscrever dentro de um círculo o polígono que quase chega a coincidir com ele.

Quando se lida com História da Arte, o divórcio entre decoração e ilustração é até mais imperativo. A História da Arte demasiado propensa a usar a ilustração no sentido mais usual da palavra, a saber, como a reprodução de toda e qualquer configuração, não importa quão pouco transmutada pela forma. Por isso, a história tem lidado quase exclusivamente com aquilo que a arte visual reproduzia mais do que com aquilo que ela era por si mesma. Assim os historiadores falarão da presença nas composições helenísticas tardias de determinada espécie de indumentária como prova da influência sassânida, embora a forma, mesmo que degenerada, permaneça intata; ou apontarão para os rabichos mongóis e pedaços de têxteis chineses nos quadros do Trezentos como provas da inspiração chinesa, embora as formas toscanas não estejam afetadas de nenhum modo. Ou afirmarão que a arquitetura românica e a gótica tinham uma dívida para com os árabes, ao passo que os empréstimos limitavam-se a elementos meramente ornamentais, pois as mes-

21

quitas genuinamente árabes nunca foram além das criptas de nossas igrejas medievais, sendo o resto cor e pitoresco. Estou surpreendido pelo fato de estes mesmos historiadores deixarem até este ponto de comentar a respeito dos inúmeros tapetes da Turquia nas pinturas italianas, holandesas e hispânicas das últimas décadas do século XV e das primeiras décadas do século XVI e ainda não atribuírem aos otomanos uma influência proporcicnal na pintura da Europa Ocidental.

Na verdade, não há nenhum registro ou outro vestígio no mundo cristão da presença de um artista muçulmano ou mongol, ao passo que Giovanni da Pian del Carpino encontrou, em Karakorum, um artífice russo que moldou para o Grande Cã da Tartária um trono de marfim e ouro. Podemos estar certos de que era no estilo bizantino da época, meados do século XIII. Alguns anos mais tarde, Guilherme de Ruysbroeck descobriu na mesma cidade um ourives parisiense, chamado Buchier, que trabalhava para o mesmo Cã bem como para os cristãos nestorianos, aos quais fornecia vasos sagrados no estilo "francês" (isto é, gótico).

Comecei este ensaio com a idéia de uma curta introdução, um pouco maior do que um prefácio, para um livro sobre "Decadência e Restabelecimento nas Artes Figurativas". Queria evitar escrever em axiomas e aforismos como costumava fazer. Escrevia desta maneira em reação contra os esplendores purpúreos que cintilam com as irrelevâncias sublimes de Ruskin, ou contra o monótono tédio prolongado de Cavalcaselle. Mas os axiomas são comprimidos, no sentido original da palavra, e assim como o aparelho digestivo não pode vicejar apenas com estes extratos concentrados, a mente não pode ser alimentada só com axiomas. A mente bem como o intestino requer massa.

Temo não ser bom para fornecê-la. Não sou um dialético; não tenho nenhum talento para desenvolver uma argumentação com abundância de palavras e exemplos. Portanto, o que fiz foi anotar tudo que por acaso vinha à minha cabeça quando meditava sobre Teoria da Arte e História da Arte. As páginas que se seguem são o resultado. Elas são tudo exceto sistemáticas e científicas. São uma confusão de pensamentos fortuitos, de pensar alto de modo assistemático, generalizações, reminiscências, confissões, mas podem ter uma coisa para recomendá-las. Elas exibem o corte transversal, por assim dizer, de uma mente que durante meio século e mais tem se estendido sobre os problemas de arte de muitas espécies, não só históricos mas também estéticos, esforçando-se ao máximo de suas limitações para descobrir por qual das várias trilhas incertas podemos chegar a um caminho que leva à meta.

Para mim é difícil julgar se aquilo que foi admitido neste ensaio é de valor. Anotei aquilo que disse repetidamente em conversa com todo mundo. O que pode parecer trivial para mim pode não o ser para um público maior do que o alcançado por conversa de mesa. E além disso, *qui dit lieu commun dit vérité encore*. As banalidades — particularmente as filosóficas, que servem de base para padrões de valores — devem ser reafirmadas de modo contínuo à luz da hora presente, e de seu vocabulário. Quando a hora já passou elas são esquecidas até reaparecerem como paradoxos que devem ser propagados, pelos quais se deve lutar, até se tornarem outra vez banalidades. Estas minhas banalidades exsudaram da experiência; e como li pouco sobre teoria e estética da arte, e este pouco quando era ou demasiado jovem para entender ou demasiado velho para ser influenciado, a probabilidade de que toda palavra, toda frase aqui escrita tenha sido dita inúmeras vezes anteriormente apenas confirmaria minha crença de que certas mentes que gozam de semelhante preparo, em contato com materiais semelhantes, chegarão a conclusões semelhantes. Acabei de falar do fato de ser demasiado velho para ser influenciado por outros. No entanto não devo ignorar a dívida anônima que se tem para com aquilo que não se leu, que não obstante se respira com o ar que envolve o assunto sobre o qual se está ponderando.

A dificuldade com alguns escritos sobre arte, e a maioria das chamadas estéticas e tratados sobre arte no abstrato, é que eles raramente ou jamais revelam que o

23

autor "viveu" a obra de arte. Eles são o resultado de leitura e reflexão. Lembram um daqueles volumosos e emaranhados cardápios apresentados em restaurantes de Paris para os novatos decifrarem até que em desespero gritem "Dêem-me algo para comer, qualquer coisa". Os autores dos numerosos discursos que surgem agora sobre teorias de beleza parecem esquecer o propósito de sua pesquisa profunda. Seu interesse não está na obra de arte individual, mas no sistema metafísico do qual a Estética é apenas uma *coda* à qual está amarrada, às vezes penso, como uma lata ao rabo de um gato.

Embora nem filósofo nem teólogo, não estou de modo algum certo de que não caí no mesmo fosso, e de que algumas de minhas afirmações mais abstratas não sejam meramente o barulho da lata pendente. É tão difícil dizer algo que signifique mais do que verbalismo ou mesmo verbosidade, no momento em que se deixa o concreto e que se abandona a tentativa de analisar e interpretar. Não é apenas à vida comum e à política que a famosa observação de Talleyrand se aplica: *Si nous nous expliquons nous cesserons de nous entendre* — Se nos explicarmos deixaremos de nos entender. É tão fácil lançar-se no vácuo do filosofar sobre arte como um postulado dialético que até meus sessenta anos de vida, na maior intimidade com arquitetura e escultura, podem não me ter tornado imune.

Toda verdadeira obra de arte já é uma simplificação e interpretação. Simplificá-la ainda mais, e interpretá-la mais penetrante e sutilmente, pode reduzi-la a um conceito. É este conceito que o crítico impõe a seus leitores, ao passo que ele deveria ajudá-los a "viver" a obra de arte.

A parte mais controvertida deste ensaio é dirigida contra um movimento de subversão dos valores humanísticos que era encabeçado pelo Professor Strzygowski. Este Átila da História da Arte parece ter tido, nos últimos trinta anos de sua vida, o mesmo ódio amargo por tudo aquilo que a civilização mediterrânea implica, que inspirou o bárbaro huno, a quem seus contemporâneos cristãos chamavam de "o flagelo de Deus". Ele acabou por persuadir seus adeptos de que nada de bom poderia vir do Egeu e do Sul. Apenas no Norte havia arte, e esta era ariana e germânica, não devendo nada a raças contaminadas por sangue negróide como o eram os gregos e os semitas. Assim, com o Professor Strzygowski, o racismo começou a pregar seu evangelho anti--humanístico, muito antes que a palavra "nazismo" fosse até imaginada, e enquanto seus chefes ainda eram crianças.

É penoso reconhecer que esse profeta da arte anicônica, com sua aversão patológica pelo nu ou de fato pela figura humana vestida, teve mais influência na França, Inglaterra e América do que na própria Alemanha. Lá, estudos ligados aos séculos clássicos e aos poucos que os seguiram estão até agora quase não afetados pelo racismo e setentrionalismo, com suas constelações de absurdos em todo campo. A Itália também permaneceu não-tocada por esta infecção.

Em terras alemãs, as doutrinas devastadoras de Strzygowski fizeram menos progresso do que se poderia ter esperado em vista de sua atratividade para a alma alemã contemporânea, e da propaganda feita em seu favor pelo instituto fundado para este propósito e dirigido pelo próprio Professor e seus devotados adeptos vienenses. O ensinamento de outro professor vienense com outro nome eslavo alcançou muito mais popularidade e, embora muito menos alarmante, requer uma palavra de advertência.

Max Dvorák advogava o estudo da arte como *Geistesgeschichte* — história da mente, da alma, do espírito (são necessários todos estes epítetos para dar o equivalente da palavra alemã *Geist* ou da palavra italiana *spirito*). Ele não estava satisfeito com o fato de ensinar que as artes de representação visual poderiam ser legítima e proveitosamente empregadas para ilustrar e completar a espécie de história que tinha em mente. Elas eram por si próprias uma fonte adequada para a composição de tal história.

Mas elas não apenas são não-adequadas quando tomadas cada uma separadamente: duvido que todas as artes juntas, incluindo *Dichtung* — poesia, quer em verso quer não — possam oferecer uma história satisfatória de um período, pois seus aspectos políticos e todo pensamento científico e filosófico devem ser incluídos. Quão relativamente remotas são a Babilônia e Mênfis comparadas com Atenas e Jerusalém! Atenas forneceu uma ampla *Geistesgeschichte* na palavra escrita, paralela às suas artes visuais, e pelo menos em seu nível. Quanto a Jerusalém, com o *Geist* de que outra comunidade estamos tão bem familiarizados só através da palavra? —, pois ela não produziu nenhuma arte visual da qual possamos descobrir vestígios. Por outro lado, ninguém imaginaria que o auge do Barroco e os triunfos do Rococó corriam paralelos às eras de geometria e racionalismo, exemplificadas por Galileu, Descartes e Voltaire.

As artes estão sujeitas a acidentes no sentido de desastres, bem como a acidentes no sentido de eventos inesperados. As artes visuais, em particular, estão sujeitas a dificuldades às vezes insuperáveis, apresentadas por técnica inadequada ou defeituosa, por materiais pobres ou resistentes; ou então a falta do aparecimento de um gênio para abrir um novo veio, ou uma pobre safra de homens, inaptos para serem treinados como sucessores dos artistas envelhecidos, pode desembarcar-nos onde estamos hoje em dia. Assim, os artistas visuais de nossos últimos anos produziram apenas comentários destorcidos e interpretações fantásticas de seus predecessores, ou vaguearam sem leme enquanto tinham pretensão à originalidade. Os mais adiantados entregaram-se a diagramas puramente geométricos que um público hipnotizado admira como "arte abstrata".

No entanto durante os mesmos anos recentes, a literatura, a ciência e o pensamento sofreram pouco apesar dos alarmantes sintomas de infantilismo. Se os futuros escritores sobre a *Geistesgeschichte* das décadas entre 1920 e 1940 tivessem de basear-se nas Belas-Artes destes vinte anos, seu relato seria não só inadequado mas absurdo. Que criações das Belas-Artes na América durante estes anos poderiam não ficar atrás dos romances e estórias de Hemingway, de Faulkner ou Thomas Wolfe, ou de criações tais como *Tortilla Flat* e *Grapes of Wrath* de Steinbeck? Assim era sem dúvida repetidamente no passado. Que abismo, para tomar apenas um exemplo, entre a Filosofia e a Teologia de nossos séculos IV e V e as artes visuais daquelas gerações! Nem mesmo nos mosaicos recentemente descobertos no átrio de São João em Damasco encontramos o equivalente daquilo que é transmitido pela seguinte passagem de São João Crisóstomo escrita por volta do ano 400 d.C.: "Quando olhas para as construções cintilantes, e a aparência das colunatas enfeitiça teu olho, então volta-te imediatamente para a abóbada do céu e para os vastos prados onde rebanhos pastam à beira da água. Quem não despreza todas as criações da arte, quando na aurora, na quietude de seu coração, admira o sol nascente no momento em que ele derrama sua luz dourada sobre a terra; ou quando ao repousar ao pé de uma nascente na densa relva ou sob a sombra escura de árvores frondosas ele deleita a vista com o distante longínquo que se esvaece na bruma". A partir das artes visuais da Índia quão pouco poderíamos calcular o valor de suas epopéias, seu drama, sua sabedoria, sem falar de uma filosofia próxima apenas da grega em originalidade!

Viajando pelos séculos, olhemos para a época elisabetana na Inglaterra com sua gloriosa hoste de poetas e dramaturgos, de um lado, e, de outro, seus lastimáveis produtos nas artes figurativas; ou para a Alemanha entre 1770 e 1830, quando na Música, Literatura e Filosofia revelava sua alma — e que alma! — como nunca antes ou depois, e comparemo-las com as humildes realizações em sua escultura e pintura durante as mesmas décadas. Depois tomemos a Rússia de Gógol a Górki. Que realização remotamente comparável podem mostrar as artes gráficas daquele povo misterioso no mesmo período de anos? Finalmente; permitam que cite o caso do Japão ao final de nosso século X. Lady Murasaki em seu *Tale of Genji* deixou um quadro da vida (vivida, sem dúvida, "acima das nuvens", como ela própria diz) de uma sutileza, de um refinamento e ao mesmo tempo de uma genuinidade de delicado sentimento humano, nunca ultrapassado na literatura mundial. Nada nas artes gráficas do Japão contemporâneo a Lady Murasaki ou mais tarde (incluindo muitas tentativas de ilustrar sua obra-prima) nem ao menos sugere um equivalente visual.

Uma heresia, que precede ambas as outras, foi iniciada por outro professor vienense, Frans Wickhoff. Desconsiderando o que dezoito séculos de vento e intempérie, sol, chuva e geada fizeram aos nobres relevos no Arco de Tito — a última grande realização da parte antiga — e vendo-os em sua presente condição com os contornos meio apagados, modelagem borrada e um efeito geral de imprecisão, Wickhoff tirou a conclusão precipitada de que foram feitos por "impressionistas", que deliberadamente pretendiam que eles tivessem a aparência que possuem agora. Sua tese teve um grande êxito, talvez por causa da palavra "impressionista", que estava então em circulação, e seus adeptos acharam que indicava não absolutamente aquilo que significava para os pintores parisienses de mais de sessenta anos atrás, mas algo esboçado, rascunhado, sem restrições e indiferente ao desenho e à modelação corretos. Esta noção levou de alguma maneira à alegação de que não havia algo semelhante à decadência em arte, mas apenas mudanças de gosto, uma fase seguindo outra com preferência deliberada pelo último modo florescente de apresentação e notação.

Essa visão, baseada em uma cândida ignorância do específico, dos elementos decorativos na obra de arte, ainda é dominante entre a maioria de escritores sobre os séculos que estamos para estudar — séculos, por falar nisso, que nunca foram antes considerados dignos da atenção do arqueólogo, mas que agora se tornaram da moda.

Alguns leitores podem acusar-me de ignorar a individualidade de escolas regionais e de ver configurações gregas e a influência da forma grega em todos os artefatos da antiguidade mais recente de toda parte do mundo antigo.

Confesso ser por temperamento inclinado a discernir o único tão claramente na Multidão que do ponto de vista tomado neste ensaio as diferenças não me parecem importantes. Na experiência real, as diferenças não são despidas de interesse. No entanto, em arte como forma e não como conteúdo (em meus próprios termos como "decoração" e não "ilustração"), as configurações impostas pela forma helenística em toda parte do mundo conhecido pela antiguidade tardia são tão obviamente dominantes, tão dadas por certas, que as pessoas se sentiam exortadas a fazerem reivindicações para sua própria província de uma certa independência e originalidade. Estas reivindicações eram a princípio modestas e justificadas, até que a ascensão do nacionalismo as levasse a se tornarem exageradas a ponto de estarem fora da realidade e da razão. Elas são em essência uma volta à comunidade arcaica da qual os gregos, os judeus e os romanos que convergiam ao Cris· tianismo tentaram salvar nosso mundo. Eles falharam porque ele estava sendo constantemente assediado de todos os lados, e por fim foi invadido por tribos de bárbaros não-adiantados e sem lei. A defesa absorvia cada ːz mais as energias disponíveis e a riqueza acumulada da comunidade, até que finalmente o vasto Estado Romano desmoronou e se fragmentou. Os restantes arrastaram-se de volta ao totalitarismo, esperando sobreviver pela concentração de todas as energias em um único propósito. Por razões semelhantes a Igreja também tornou-se totalitária, e com pretensões mais pronunciadas do que aquelas que nosso mundo conhecera antes ou desde então, até aquelas feitas pelo Estado em nossos próprios dias. A Igreja, como uma instituição, estava desde o início contaminada pelas reivindicações oniabarcantes da Sinagoga; e quanto mais bem sucedida ela tanto mais experimentou a sina de todas as instituições que não se protegem de si mesmas através de crítica constante e implacável. As instituições, não importa quão bem intencionadas e louvavelmente iniciadas, não importa quão admiráveis as idéias e os princípios que desejam promover, podem ser postas em prática só através de indivíduos. Estes indivíduos acabarão convertendo os princípios e ideais à sua própria compreensão, sua própria conveniência e proveito.

Levou séculos para o nosso pequeno mundo ocidental atingir uma relativa emancipação de uma Igreja totalitária, e de sua sucessora, a quase totalitária monarquia barroca. Só no mundo de língua inglesa esta emancipação era valorizada e apreciada por uma maioria da população inteligente. No Continente ela era pouco entendida e talvez nunca sentida. Após a última guerra foi dado o brado para uma volta aos regimes autoritários. A crise econômica que veio no auge do nacionalismo ofendido e amargurado levou ao sacrifício de "liberdades arduamente ganhas" e à volta entusiástica ao totalitarismo.

A guerra atual pode acabar sufocando-o, desmascarando a fraqueza destes totalitarismos da Europa Central, Meridional e Oriental, baseados como o são em "ideologias" absurdas bem como desumanas. Mas é concebível um totalitarismo que evitasse o absurdo e no entanto retivesse a desumanidade, um Estado-Mundo dirigido por biólogos e economistas semelhantes aos guardiães platônicos, pelos quais nenhuma atividade, nenhuma vida, seria tolerada que não contribuísse para um propósito estritamente biológico e econômico. A vivissecção em seres humanos seria praticada, e aqueles julgados doentios ou inúteis seriam eliminados, incluindo todos cuja idade não oferecesse um proveito adequado para a comunidade.

É semelhante mundo que temo. Vivendo como o fiz física se não espiritualmente no Continente a maior parte de minha vida, tornei-me ciente, como os anglo-saxões que ficam em seu país não têm nenhuma oportunidade de estar, da fragilidade tanto da liberdade como da cultura. Nós americanos estávamos demasiado inclinados a insistir no lado pior de ambas, dando por certas sua invulnerabilidade e sua permanência. Esquecemos que até em nossa pátria nem a liberdade nem a cultura estão tão seguras a ponto de poderem dispensar a luta que se faz por elas.

Em tal mundo, governado por Oxford e Cambridge, Harvard e Yale, bacharéis da mais alta posição, orgulhosos de seu zelo impiedoso, mas estonteados pelos vapores do poder, incapazes de ouvir os forasteiros e reduzindo-nos a servos do arrecadador de impostos e a cobaias de laboratório para o psicanalista do governo, poderia haver espaço para o alívio fisiológico na forma de variados entretenimentos, mas certamente nenhum para as artes humanísticas e a formação de uma Casa da Vida como a advogada neste ensaio.

A arte não é vida real, é verdade, mas é vida ideada e talvez igualmente importante. O que nos distingue de outros mamíferos superiores é precisamente a capacidade para esta vida ideada. Esta capacidade leva cada vez mais para o alto, e a meta pela qual ansiamos está muito longe. Mas a meta do totalitarismo não está distante, e se vencer as dificuldades ele dará ao homem a forma de um bruto completamente mecanizado, com a garantia de permanecer um bruto até se tornar um animal doméstico.

Todo indivíduo que sente a necessidade de uma sociedade humana deve aprender a entender sua responsabilidade perante a arte quase tanto quanto perante a vida. Ele deve evitar encorajar as formas indesejáveis e muito menos as bestializadoras, não só da vida mas da arte também. Só pode fazer isto se der-se ao trabalho de educar-se para o mundo ideado como o faz para o mundo real. Pois a arte pode oferecer o escape mais certo do tédio do totalitarismo ameaçador. Esta arte não deve ser imprudente, excêntrica, fantástica (como permitida em eras de liberdade), mas deve consolar, enobrecer e transportar-nos do mundo de cada dia para os reinos de felicidade ideada.

O epíteto "germanófilo", que usarei com freqüência, aplica-se apenas aos últimos sessenta anos, durante os quais tem havido entre as pessoas de língua alemã não importa de que raça ou credo um fluxo rápido para o culto do sub-racional, do críptico, do hermético. Isto serviu para subverter tanto os valores culturais como os políticos que mais estimamos, substituídos por um culto-do-Estado que inevitavelmente acaba em autoritarismo. Também produziu uma atitude niilista para com a orientação da razão, e uma hostilidade desdenhosa para com tudo que a razão fez por nós. Quando toma em consideração esta realização, é para tratá-la como um fenômeno geológico em vez de humano, ou, se humano, então discute-a de uma maneira que é tão torcida, intricada e sutilmente obscura, além de ser amiúde tão irrelevante, que pessoas como eu ficam desconcertadas e humilhadas.

Não sou de modo algum o primeiro a dar o brado contra este germanismo que agora é demasiado predo-

31

minante. Há muito tempo foi dado por William James e mais tarde por Paul Elmer More.

Pode bem acontecer que serei acusado de ver toda arte do ponto de vista de um estudioso da Pintura. Mas quem pode livrar-se das preocupações e hábitos de uma devoção vitalícia a uma profissão? Entretanto, permitam que eu pleiteie uma circunstância atenuante. A Pintura é a mais abarcante, a mais inclusiva das artes de representação visual, concorrendo com a Escultura de modo a deixá-la com pouca vantagem — exceto de fato sua resistência à ação do tempo e sua conseqüente preeminência como um acessório da Arquitetura e outras necessidades ao ar livre da decoração ou comemoração.

A Arquitetura, como sua irmã no mundo do som, a Música, não é representativa e está portanto excluída deste ensaio. No entanto não posso abster-me de falar a seu respeito.

O artefato arquitetura, mais claramente do que qualquer outra criação visual, pode ser dividido em duas partes distintas: a perícia do construtor e a arte do arquiteto. Existiu pelo menos desde os tempos neolíticos a construção de várias classes, mas era tão utilitária quanto os estilos de nossos anos recentes desejariam ser. Como arte, distinta de uma perícia, pode ter despontado nas mentes dos antigos construtores egípcios e babilônios, e seus tardios congêneres da América Central. Massa sólida em configurações geométricas é impressiva; mas estes antigos edifícios devem também ter sido opressivos. Perguntamos a nós mesmos como era um edifício egípcio como o de Karnak em estado perfeito coberto com teto e fechado por paredes. Templos em estado quase intato, como Denderah e Edfu, causam apenas pequeno deleite artístico, quando comparados com o que restou de Komombo. Esta espécie de construção tem de ser reduzida ao pitoresco de uma ruína para ser sentida como arte, como o *Alt-Schoen* de Riegl, e deste modo deveria certamente ser classificada em paisagem mais que em arquitetura.

> *Ó tempo! o embelezador do morto,*
> *Ornamentador da ruína...* [1]

(1) Byron. *Childe Harold*. IV, 130.

A Arquitetura como arte consciente pode ter sido uma invenção grega. Como forma, como arte, a Arquitetura é a irmã gêmea da poesia lírica; e, com as outras artes não-utilitárias, entrou em decadência com a Escultura e a Pintura. Por outro lado, a perícia geométrica da Engenharia sobreviveu, embora não no âmbito geralmente aceito. É duvidoso que durante cinco séculos após a Santa Irene, Santa Sofia, e S. S. Sergius e Bacchus, todos em Constantinopla, e S. Vitale em Ravena, estruturas monumentais que mesmo como engenharia manifestassem tudo exceto decadência tivessem proliferado. Com exceção da imitação de S. Vitale de Carlos Magno, e sua modesta irmã St. Germain-des-Prés, as estruturas sobreviventes daqueles séculos parecem ter sido inspiradas pelo que restou de castelos, torres, muralhas de cidades, portões e outras coisas utilitárias romanas. Os construtores tornaram-se tão tímidos que erigiram alvenarias de uma ponderabilidade desproporcional àquilo que estava previsto sustentarem. O resultado nos impressiona apenas por sua massa, raramente ou jamais como Engenharia, e nunca como a arte de Arquitetura.

Como engenharia, como estrutura, as construções começam a ser interessantes quando tentam resolver e dominam o problema da construção de abóbadas. Como arte só se tornam deleitáveis quando por fora a massa possui composição e proporções, e o espaço interior tem relações que são tanto exaltadoras como harmoniosas. Assim, o paralelo entre o destino da Arquitetura e o das outras artes visuais nos séculos pré-românicos não é tão remoto como é em geral aceito pelas gerações educadas, como a minha, para ignorar em uma construção — particularmente em uma construção medieval — quase tudo que não seja estrutural.

Entretanto, na Arquitetura, a decadência nunca foi tão longe quanto nas artes figurativas. Os construtores conservaram os rudimentos necessários de seu ofício, ao passo que os escultores os perderam. Quanto aos pintores, foram reduzidos a borrarem sobre paredes ou painéis puerilidades espectrais de cor berrante e configurações destorcidas, que por todo mundo latino mancham as igrejas que eram demasiado negligenciadas, ou demasiado pobres, para serem redecoradas quando a arte se recuperou.

Se em algumas partes posso parecer contradizer aquilo que digo em outras não é de admirar, pois nada que somos capazes de dizer, exceto talvez nas ciências quantitativas, pode ser mais do que uma meia verdade. A outra metade surgirá ocasionalmente, pelo menos em alguém como eu, um pensador casual para quem os sistemas e dogmas são como as árvores desarraigadas, despidas de seus galhos, desnudadas de sua folhagem, preparadas e adequadas apenas para serem cortadas em pedaços pelo construtor do sistema seguinte.

Eu poderia de fato desejar contradizer-me com maior freqüência. Isto provaria que meu modo de pensar sobre arte não é como um longo túnel escuro, que se estende de um ponto de luz a outro, mas uma estrada ao ar livre com todos os tipos de diversões atraentes que eu não pudesse deixar de ver, mesmo que fosse apenas com o canto do olho — vendo, e ao mesmo tempo lastimando que o propósito em mão não me permitisse dar-lhes a atenção que solicitam.

Toda tentativa para um sistema é feita à custa de fatos, fantasias, sugestões e idéias que clamam por atenção como os moradores do Inferno de Dante. Nunca posso arrancar seus gritos de meus ouvidos. Sistematizar é instintivo e útil desde que não tomemos o produto seriamente e elevemo-lo a um dogma que exclua a experiência, a sensação e o pensamento. A toda semelhante construção deveria dizer-se como Alice no País das Maravilhas: "Sumam-se, vocês não são nada mais que um baralho".

"O dia da arte acabou", pensou Hegel; e infelizmente ele pode estar certo — certo, aconteça o que acontecer, até que desponte outro dia, sobrevindo ao cataclismo e seguindo-se à noite na qual já podemos estar mergulhando. Tanto maior a razão por que deveríamos apreciar, preservar e tentar entender aquilo que o gênio humano criou até nosso próprio dia infeliz.

34

Agora será bom dizer algo a respeito da "Natureza" — um termo que ocorrerá muitas vezes no curso deste ensaio. Conquanto vá tentar em exemplos particulares exprimir o que quero dizer com esta palavra, procurarei defini-la aqui um pouco detalhadamente.

O mundo que está fora de nós mesmos, o não-ego que se estende à nossa frente e em torno de nós mesmos, é um texto que temos de aprender a ler, além disso um texto, não como o chinês com seus insignificantes quarenta mil ideogramas, mas com um número infinito deles.

A "natureza" é o mundo material que aceitamos como uma coisa comum, aceitamos como existente fora de nós mesmos, pelo menos fora de nossos egos, pois a natureza pode incluir nossos próprios corpos, e suas funções, mentais como físicas. Assim, o todo de nós — corpo, alma e mente — é e não é "natureza" e fazemos uma concessão quando o chamamos de "natureza humana".

O homem médio, a pessoa ingênua aceita sem questionar a realidade bem como a efetividade desta "natureza". Poucos suspeitam que, embora subjetivamente real, ela seja um artefato tanto quanto nossas cidades, nossos jardins, nossos campos, até nossas florestas. Sabemos que as cidades são inteiramente feitas pelo homem, os jardins são menos, os campos ainda menos, e as florestas menos de todos. Nossas florestas, contudo, estão longe de serem tão virgens quanto as selvas amazônicas. Até as águas em nosso planeta estão sujeitas à interferência do homem. Até agora ele pouco domina os altos mares, embora nós europeus tentemos com bastante empenho impedi-los de impor sua vontade em nossas costas, que eles corroem incessantemente. Controlamos nossos lagos e rios com algum êxito apesar das revoltas de sua parte. Drenamos a terra, de modo que, como Jeová no Gênesis, separamos o que é molhado do que é seco, em vez de abandoná-la como um lugar de pântano e emaranhamento selvagem onde não há nem lugar para apoiar o pé nem para ir de barco. Os rios estavam obstruindo suas embocaduras, expandindo a terra para dentro do mar de modo a formar a maior parte da Mesopotâmia e o todo do Baixo Egito. Só através de vigilância perpétua e dragagem contínua é que mantemos nossos rios em seus leitos, e damos a eles uma desembocadura adequada para o oceano.

Se o homem, no curso das eras, foi capaz de fazer tanto para o mundo que está realmente fora de si mesmo, não é de admirar que no mesmo lapso de tempo ele tenha sido capaz de colher e agrupar, moldar e fixar em panoramas relativamente estáveis e aparentemente "objetivos" a infinidade de imagens visuais que foi muito mais fácil para sua mente arrumar em padrões. Estes padrões, aceitos durante milhares de anos com pouco ou nenhum questionar (e esse pouco apenas durante os últimos dois milênios), constituem o que vale para nós como "natureza" e igualmente como "natureza humana".

Esse processo deve ter sido em grande parte auxiliado, bem como acelerado, por artefatos que tentavam representar objetos. Quando estas representações se transformaram em Pintura, Escultura e Arquitetura, eram os artistas que nos davam a idéia da "natureza", como poetas e músicos da "natureza humana".

Eles ainda o fazem, deixando que os pintores lidem com a primeira e os escritores de ficção e músicos com a segunda. Estes artistas estão constantemente ampliando e aprofundando nossa noção tanto da "natureza" exterior como da "natureza humana". Eles apresentam em suas obras configurações e cores, luzes e distâncias que não foram vistas antes na arte visual, além de aspectos e sutilezas, profundidades e alturas que nunca foram antes claramente sentidos mesmo por um público culto.

O crítico deveria de sua parte revelar e interpretar a obra de arte para os outros, como a obra de arte revela e interpreta a "natureza".

Quando, em épocas conscientes de si mesmas como a nossa, o público acaba vendo e sentindo aquilo que o artista ensinou-lhe a ver, a observação espirituosa de que a natureza imita a arte está justificada; e até hoje continua um gracejo alegre ligado aos nomes de Whistler e Wilde embora devesse ser atribuído a Sainte-Beuve e Goethe, e seus precursores gregos.

Corretamente interpretada, a frase não é nada senão exata. Significa simplesmente que o público agora vê e sente, no que considerava previamente como natureza, coisas que até este ponto vira e sentira apenas em obras de arte, pinturas, narrativas, música recentes. Como o público está inclinado a acreditar que a obra de arte é um produto da mera imitação ou da mera fantasia, fica dominado pelo espanto ao descobrir a correspondência entre as obras-primas recentes e o que *estas* obras-primas ensinaram a *este* público a ver e sentir por si mesmo. Após um intervalo não demasiado longo, esta adição ao conhecimento público fica tão integrada nas noções prévias que dizem respeito à "natureza" a ponto de formar um todo indissolúvel, e o público permanece pouco mais ciente de que é através de conexões similares que nossas idéias tanto da "natureza" como da "natureza humana" foram moldadas. Este processo continua e continuará enquanto a humanidade florescer neste planeta.

O leitor pode tornar-se consciente de que as palavras "beleza" e "belo" raramente ocorrem neste livro. Não as evitei de modo deliberado, mas história da arte é a história da arte como experiência e é indiferente a questões de beleza. Tendo a usar qualquer uma das duas com relação a objetos "naturais" mais do que a representações deles. "Belo" é uma palavra de acepção demasiado ampla para o nosso propósito. É usada para expressar satisfação com qualquer atividade. Assim relembro frases com uma "bela operação cirúrgica", uma "bela solução" de um problema, um "belo truque", usadas com o mesmo sabor que uma "bela mulher", uma "bela paisagem", um "belo quadro". Por esta entre outras razões raramente me permito usar as palavras "beleza" e "belo" quando tento apreciar bem como avaliar uma obra de arte.

Sou um daqueles amantes de sons e visões, dos quais Platão na *República* (476, B) fala com piedade, que "se deleitam com os belos tons e cores e configurações e com tudo que a arte molda a partir deles, mas seu pensamento é incapaz de apreender e de deleitar-se com a natureza do belo em si". Ele me chamaria de um *philodoxos* e não de um filósofo (*Ibid., 480, E*) e eu não me zangaria, "pois não é lícito zangar-se com a verdade".

Settignano

1º de novembro de 1941

(Revisto em 1947)

VALOR

O que é algo exceto o valor que se dá a ele?

SHAKESPEARE

Troilus and Cressida

Um grande historiador, Leopold von Ranke, pensou que a tarefa da História era descobrir o que aconteceu em uma dada época e lugar. Concordo! Entretanto, para quem, por que, e em benefício de quem? Todas as espécies de coisas acontecem, uma infinidade de coisas, em toda parte e o tempo todo. Poucas chamam a atenção, e ainda menor número é registrado. O olho da mente está cerrado para tudo exceto para aqueles raros eventos do passado que ainda ardem com paixões não inteiramente dissipadas, ou para aqueles que alimentam a curiosidade no que diz respeito a questões que as tendências do momento por acaso estimulam. Tomemos como exemplo as Cruzadas. Sabemos o que Villehardouin e Robert de Clary dizem sobre a conquista de Constantinopla pelos cristãos latinos. As crônicas bizantinas e muçulmanas fornecem um quadro diferente. Esperamos uma apreciação dramaticamente contrastante dos resultados, mas não estamos preparados para ver que os elos da corrente que preparam o caminho para a catástrofe, os próprios eventos, não sejam nem os mesmos, nem, quando são os mesmos, sejam dados na mesma ordem, e com a mesma ênfase.

Ou tomemos as várias epopéias francesas a respeito de Antioquia, Jerusalém, Reynaud de Châtillon e Saladino, São Luís e seus paladinos. Lemos os relatos árabes dos acontecimentos e personagens presumivelmente idênticos. Admiramos e amamos São Luís, mas os hereges e os judeus tinham boa razão para uma avaliação menos entusiasmada de uma caridade da qual eram cruelmente excluídos. Que dizer de tais figuras santificadas como Santo Ambrósio, São João Crisóstomo — verdadeiros lobos para os judeus! Não que os judeus fossem melhores. E então o Imperador Tito, para o resto do mundo o deleite da raça humana, para os judeus o singularmente iníquo. É como diagramas que podemos ler do começo ao fim como côncavos ou convexos.

Não posso deixar de me referir à guerra que está ocorrendo entre o Leste e o Oeste — digo Leste, porque ou por bem ou por mal o Leste começa no Reno. Leio jornais de Berlim, Paris e Londres bem como da Suíça e da Itália. As avaliações dos eventos são não só quase diametralmente opostas; os próprios relatos são tão coloridos pela paixão que, exceto pela identidade dos nomes, de lugares e datas, poder-se-ia deixar de reconhecer que lidam com os mesmos acontecimentos.

No curso da guerra, as emoções são aprofundadas e as paixões intensificadas. Elas estão sempre lá, todavia, ardendo sob o limiar da consciência. Elas moldam a estória que no momento querem forçar os outros a acreditarem. No sentido pleno das palavras, então, a definição de história de Napoleão como uma fábula com a qual se concorda — quando se está do lado vencedor — é correta.

Se fôssemos capazes de alcançar conhecimento acurado do que aconteceu no passado, não estaríamos à altura de lidar com ele. O tempo não seria suficiente, a paciência não agüentaria. Muito antes que qualquer um dos dois falhasse, a curiosidade estaria saciada até o ponto de aversão. A crônica mais árida tem de ser uma seleção, e não é tão cândida quanto pode parecer aos amantes do esquisito. É uma seleção motivada por um interesse definido com sua cortina de fumaça de ideais, mesmo quando feita sem malícia. Pois, com toda probabilidade, o compilador, meio ciente talvez de estar mentindo ou inventando, permaneceu imperturbavelmente inconsciente daquilo que estava formando sua composição.

Os historiadores do século XIX eram tão diferentes daqueles dos bárbaros ou da Idade Média? Os melhores deles sem dúvida evitaram o que eles próprios reconheciam como inverdades e fantasias. Eram, não obstante, bastante ingênuos em aceitar quase sem questionar sua idéia platônica, sua noção precipitadamente concebida ou preconcebida do período ou pessoa que estavam retratando. Com freqüência os documentos, que eles recuperavam de modo tão diligente e revelavam tão ansiosamente, poderiam ser usados para uma distribuição de luz e sombra diferente daquela usada em seu quadro. Isto tem sido feito desde então, mas naquela época de fé que era o último século, de modo tão preeminente, teria sido difícil, talvez impossível. E o que dizer de todos os documentos que eles puseram de lado mais ou menos deliberadamente porque não se ajustavam ao padrão desejado! E por que razão o padrão?

Até algumas décadas atrás ninguém questionava que os eventos de toda natureza tinham qualidades a eles vinculadas tão definidas quanto às coisas que se come, bebe ou cheira. Admitia-se que o que cura um mata outro, que um homem preferirá banha de porco e outro poesia metafísica, que Pio V e sua corte regocijar-se-iam com o massacre de São Bartolomeu e Mílton clamaria por vingança "por causa do recente massacre no Piemonte", que alguns prefeririam a arte do quinto século antes de Cristo, e outros serão tão exclusivos a ponto de encontrar perfeição em uma e apenas em uma particular moeda bizantina; que poderiam existir pessoas inversoras de valores que colocam Greco acima de Velásquez e Luca Giordano acima de Tiziano, Carracci acima de Michelangelo, e Magnasco acima de Tintoretto; e assim por diante em centenas, milhares e dezenas de milhares de exemplos de todo reino da vida. Mas é algo novo no mundo que o valor, a escolha, a preferência, não importa quão excêntricos e quão perversos, deveriam ser completamente excluídos. O valor deve ser declarado tabu não só em questões de arte mas em questões de história e até da própria vida. Assim, ouvi de um nobre italiano da melhor sociedade, que não podia entender por que haveria tal clamor por causa do tratamento dos judeus na Nazilândia e nenhum por causa da alimentação forçada de gansos em Estrasburgo. E certa vez conheci uma senhora que duvidava do nosso direito de destruir animais nocivos, incluindo micróbios, e considerava nossos pedidos de ajuda na guerra contra eles impertinentes, e nossa reivindicação de solidariedade impudente.

Atrás dessa atitude existe, sem dúvida, a sensação desconfortável de que toda entidade tem o direito de existir por sua própria conta, não obstante o seu efeito sobre outras entidades, e, além disso, que existe bem nas piores coisas, e beleza em formas muito feias.

Sem dúvida, em um universo de êxtase perpétuo, toda entidade realizar-se-ia completamente, sem interferir em qualquer outra entidade. Às suas qualidades intrínsecas seria permitido plena atividade e nunca às custas de outras. Nem o ser mais desprezível seria obrigado a murchar para que outros pudessem florescer, a morrer para que outros pudessem viver.

Mas a estrita economia deve ser praticada por nós se quisermos encontrar abrigo ainda por algum tempo na requintadamente ideada Casa da Vida que estivemos construindo no curso de milênios.

42

Nada de falcões do lado de fora, nada de vermina do lado de dentro. Os "falcões" são as forças hostis de fora, o "vermina" as energias destrutivas, desintegradoras, cancerosas de dentro; desde micróbios, que ainda frustram nossas mais pacientes tentativas de esterilizá-los, aos indesejáveis de nossa própria espécie.

Nem estamos desatentos à fragilidade de nossa habitação e à precariedade de nossas posses. É provável que nunca tenha havido um momento em que a humanidade estivesse mais pronta para assegurar sua posição expulsando aqueles de sua própria espécie que parecem parasíticos ou perigosos. Na Alemanha era o judeu, na Rússia quem quer que não fosse proletário, na Espanha os vermelhos, no México o sacerdote, nos Estados Unidos o comunista declarado, e em todos os países os rebeldes militantes que são contra a política da oligarquia governante.

Esmagados sob o peso de decretos amontoados pelos bípedes de tendências policiadoras, com seu utilitarismo grosseiro, e suas esperanças e temores zoológicos por uma sociedade na qual ocuparão os mais altos postos, alguns conseguem esquivar-se, e em reação inconsciente a valores demasiado embrutecedoramente estreitos, refugiam-se em um reino de "liberdade não-privilegiada" onde não existem absolutamente quaisquer valores, quaisquer padrões, quaisquer críticas, quaisquer julgamentos. Como se pudesse existir qualquer coisa humana, distinta da zoológica, que não fosse uma questão de valor.

Em nosso domínio, no campo da representação visual, aqueles filósofos, conhecidos como "arqueólogos clássicos", tentaram evitar essa anarquia polonesa, este *liberum veto*, avaliando uma obra de arte de acordo com a quantidade de luz que ela derramava sobre um texto, um problema de história antiga, ou quanto servia como uma ilustração ao mito, à fábula e à história. Um Winckelmann veio para julgar nos meados do século XVIII. Dos materiais já reunidos e que ainda estão sendo escavados não só em Roma e perto dela mas nos recentemente redescobertos Herculano e Pompéia, Winckelmann tentou selecionar certas configurações, perfis e proporções, e padronizá-los como cânones de beleza

43

plástica. Estamos familiarizados com seu ideal corporificado no *Apolo do Belvedere*, no *Laocoonte*, na *Juno* de Ludovisi, o favorito de Goethe, etc.

Em Winckelmann, esses padrões tinham muito de artístico. Mas para a maioria dos arqueólogos, estas formas e padrões derivavam antes sua autoridade de escritores antigos, principalmente de Plínio e Pausânias. A atração direta do objeto como uma experiência em arte e gosto foi ignorada. Por exemplo, um Apolo em Munique costumava ser admirado porque se supunha que era uma estátua citada por Horácio. Quando esta identificação foi invalidada, os filólogos e arqueólogos não perderam tempo em abandonar seu antigo ídolo.

Felizmente, poucos escritores são hoje em dia tais arqueólogos, mas sua autoridade e despotismo costumava influenciar todos nós. Assim como o mais despreocupado político ou jornalista pode falar de Platão e Hegel sem ter lido uma palavra de qualquer um dos dois, o mais frívolo e irresponsável crítico de arte pode falar de Winckelmann ou Mengs, e continuar tão inconsciente do que está fazendo quanto Monsieur Jourdain estava de que falava em prosa.

Com o triunfo do movimento romântico surgiu entre os pintores franceses mais adiantados uma certa tendência a se emanciparem dos cânones de arte winckelmannianos e arqueológicos, mas ela não fez grande progresso na França. O movimento pré-rafaelista e ruskiniano foi ainda mais fraco. Após 1870 a "Filologia", deusa dos vitoriosos alemães, inspirou e dominou a arqueologia onde quer que fossem prosseguidos os estudos clássicos.

Como começou a revolta contra essa tirania e quão rapidamente ela arrebatou toda posição há tanto tempo mantida por arqueólogos, daria uma leitura tão interessante quanto a estória do recente desaparecimento da Ortodoxia da Santa Rússia. Mais ou menos entre 1900 e 1910 o próprio arqueólogo clássico perdeu a fé em seus padrões e sistemas. Descobriu que estava sendo soterrado por onda após onda de objetos de arte que não poderiam ser avaliados com referência a configurações e proporções winckelmannianas. Estes objetos foram trazidos do Extremo Oriente e ilhas do mar,

44

dos corações do interior da Ásia e partes próximas dela, da mais obscura África e América Central, em resumo, de regiões que até então não tinham lugar nos estudos de arte, também de períodos ausentes nos livros de arte, o aurignaciano, o capsiano, o neolítico, as primeiras dinastias do Egito, o bizantino, a Idade Média latina, sem falar de tais revelações no próprio mundo grego como o minóico, o micênico. Por fim no santuário da arqueologia clássica mais recente, anteriormente restringida ao quinto século mais tardio, chegou a redescoberta e reavaliação dos mármores arcaicos de Delfos, da Acrópole e da planície da Ática.

O arqueólogo não ousou negar, como em minha juventude ainda costumava fazer, que essas eram obras de arte, mas não pôde encontrar um modo de classificá-las sob um denominador comum. O único que tinha era o de Winckelmann, e este não deu resultado. Como vimos, todo seu treinamento fora em filologia e não em apreciação de arte. Nada lhe restara exceto desistir da avaliação e juntar-se à alegre multidão para a qual não havia quaisquer padrões, que ignorava ou se recusava a reconhecer a existência de meios para julgar a obra de arte. Tudo foi reduzido ao mesmo nível. Tudo era igualmente interessante de modo intrínseco, ou como um elo em uma corrente de eventos. Não deveria mais haver distinções discriminadoras. Um produto em massa de bronze — por exemplo, fivelas de Minnusinsk — era posto em um nível tanto histórico quanto estético junto com o Teseu do Partenon, e os rabiscos de Dura-Europos junto com os afrescos da Villa dei Misteri ou da Casa di Menandro, em Pompéia. E como o arqueólogo, embora tivesse abandonado seu próprio barco, ainda goza, ou até outro dia gozava, da autoridade de um piloto, sua negação de valor concordou muitíssimo bem com a ausência de padrões entre a sociedade financeira e janotamente mais alta mas intelectualmente mais baixa, para a qual a obra de arte nunca é mais do que mera notícia, e mesmo assim notícia trivial. Deste modo vi e ouvi professores solenes concordarem com diretores de museus e com aquelas encarnações do desperdício conspícuo, senhoras da sociedade elegante, na exaltação de artefatos humildes da Confusolândia.

As pessoas às quais acabei de me referir estariam longe de serem ridículas se pudessem sentir e apreciar as qualidades positivas destes estranhos produtos. Para os modernistas que tenho em mente, estes produtos possuem um mérito simplesmente negativo, o de não serem objetos alardeados ontem.

Quando a escultura negra chegou pela primeira vez a Paris, há uns trinta e cinco anos, o negociante que a lançou esperava conquistar-nos dizendo que nenhuma obra-prima grega poderia comparar-se a ela, e que ela era arredondada. Este brado, de que a escultura negra era arredondada, era ouvido durante uma temporada em todos os negociantes e colecionadores de Paris, e em todas as reuniões sociais de Paris, e na temporada seguinte por toda parte em New York, e finalmente após um intervalo decente lia-se em linguagem nauseante em diários, hebdomadários e mensários de Londres, e ouvia-se em todos os almoços e mesas de chá de Londres: "O principal a respeito da escultura negra é que ela é arredondada"! Não ocorreu a ninguém perguntar aos negociantes pioneiros e seus discípulos, aos críticos e diletantes londrinos: "E que tem isso? Que importa que sejam arredondadas?" E "que tem o fato de elas serem arredondadas a ver com o fato de serem grandes obras de arte? Os gasômetros não são arredondados, e os enormes canos que desfiguram os belos vales subalpinos?" "Ah, mas eles são cilíndricos", e nenhum epíteto poderia ser mais decisivo, mais majestosamente final.

Esses escritores e amadores teriam tido grande dificuldade em fornecer uma resposta satisfatória, e do mesmo modo os críticos que nos pedem para admirar uma peça de escultura porque ela é bem entalhada, muito polida, ou o contrário, longe de estar acabada; ou uma pintura porque ela é minuciosamente desenhada, ou, o oposto exato, livremente salpicada, delicada ou audaciosamente pintada, porque é toda cilindros, toda pirâmides, ou toda diagonais. E que tem isso? Tenho alguma coisa a ver com isso? Não sou nem pintor nem escultor, e para quem não é um artífice, demonstrações de habilidade nas artes visuais não são nem um pouco tão excitantes quanto demonstrações semelhantes no circo, na luta de boxe, na briga de galos, ou na praça de touros. Quanto aos cilindros, cubos e diagonais, que são eles para tornar-me impressionado e fazer-me com que me curve e os venere? São porventura primordiais? Se são, prove-me que são, e também eu os adorarei.

Uma indiferença relativa a valor pode ser tolerada em história comum. Seus eventos passados foram peneirados pelo tempo, e se lembrados é pelo interesse que ainda podem reivindicar. Eles deixaram de ser distinguíveis como as energias que foram em sua época, e se em qualquer medida são operantes, ainda assim só como fundidos na corrente oceânica que nos impele para frente.

Mas as obras de arte em geral, e as visuais em particular, ainda estão conosco. Não só ainda estão conosco, mas valem como os únicos documentos fundamentais para a história da arte. Neste campo, os documentos escritos são ancilares e não têm significado exceto com relação a obras de arte sobreviventes.

Nada que sobrevive, que ainda está vivo, pode ser tratado impassivelmente. Temos de ser ou insensíveis, inconscientes, ou ambos a fim de assumir objetividade para com obras de arte. Não podemos deixar de ser atraídos ou repelidos por elas, de senti-las como forças com as quais agimos como amigos ou evitamos como com outras criaturas vivas. Tudo que tem vida, e enquanto retém vida, possui uma capacidade de fazer bem ou mal, que não podemos e não devemos ignorar.

Os objetos feitos pela mão do homem são de duas classes. Aqueles que não têm vida, como a maioria dos produtos da humanidade primitiva, chamamos de artefatos. Por outro lado, os objetos visuais que estão vivos são obras de arte. Um artefato é tudo em qualquer material feito pelas mãos humanas. Um pote, uma panela, uma pá, uma colher, uma faca raramente é hoje em dia mais do que um artefato embora sempre pudesse ser, e no passado foi, também uma obra de arte. Portanto a conta de um merceeiro não é literatura, nem, embora em um plano mais elevado, é *Dichtung* a melhor prosa expositória. Um apito a vapor

47

é um artefato auditivo, um toque de corneta já é música.

A razão principal da indiferença ao valor tem sido que estudiosos, quando historiadores, estão ocupados explorando os arquivos por documentos e como arqueólogos clássicos estão decididos a descobrirem tudo que possa esclarecer a antiguidade. Não haveria nenhum dano se nós, sendo humanos, não tendêssemos a apaixonarmo-nos pelos produtos de nossas atividades e a atribuir-lhes valores intelectuais, espirituais e artísticos, que raramente são aceitos como válidos fora de nosso universo privativo. O hábil paleógrafo e o caçador de arquivos não recebem nenhum treinamento na apreciação da qualidade, ou no entendimento daquilo que em um dado estilo é criador e pioneiro e daquilo que é imitativo, estagnado, ou até retrógrado. Em outras palavras, o paleógrafo não será capaz de decidir se coloca a obra de arte em questão no começo ou no fim de um estilo. Além disso o interesse arqueológico ameaça eliminar a distinção entre as Belas-Artes e as artes industriais, entre as artes monumentais e as menores, entre objetos de arte e objetos de curiosidade.

Entrementes os arquivos foram esquadrinhados e os campos arqueológicos por todo mundo sulcados e escavados. É improvável que, dentro dos limites de nosso interesse, as descobertas vindouras sejam tão relevadoras quanto as feitas nos últimos duzentos anos. Não mais precisamos nos apoderar de uma parte inédita de manuscrito e exibi-la triunfantemente como até um verdadeiro historiador como o falecido Bisbo Creighton o fez, no fim de seus esclarecedores volumes sobre o Papado durante o período humanístico; ou como alguns colegas meus elogiariam de modo elaborado um automaticamente aprovado Bernardo Daddi ou Andrea del Brescianino. Não há nenhuma razão ulterior para negligenciar os valores a fim de que as explorações possam ser encorajadas custe o que custar. Podemos agora nos dar ao luxo de avaliar objetos e artefatos de acordo com sua significação, primeiro no tocante ao grau em que nos capacitam a reconstruir o passado em geral; depois a reconstruir a história de uma dada arte; e finalmente a selecionar e interpretar a história do passado que ainda pode vitalizar-nos e humanizar-nos.

O passado que a história precisa reconstruir não é o passado dos ilhéus de Andamã, dos lolos, ou dos peles-vermelhas, nem mesmo de tais povos altamente civilizados como os chineses e seus culturalmente dependentes, os anamitas, os japoneses, os siameses e os coreanos. O passado que nos interessa, povos mediterrâneos e atlânticos, não importa que continente habitemos agora, o passado que é história para nós é a seqüência de eventos — medos, paixões, ilusões e esperanças — que nos tornaram aquilo que pensamos que agora somos. De certo modo existem tantas histórias a serem escritas quanto existem indivíduos; e toda tribo, toda associação, toda igreja, terá sua própria história privada. Em outras palavras a história é a biografia de uma comunidade, grande ou pequena, tão extensamente espalhada quanto a raça branca, tão limitada quanto os catequizadores paroquiais. Portanto, os eventos passados interessam-nos na medida em que contribuem para a nossa concepção do passado, como no presente momento queremos defini-lo.

Na história humana comum, incluindo as biografias de artistas, os valores quer políticos quer éticos estão ligados a eventos formativos e personalidades criadoras celebrados por Plutarco na Antiguidade, pelas vidas de pessoas ilustres na Idade Média, e em muitos livros mais próximos de nossos próprios dias. Na história da arte, por outro lado, o valor é derivado de qualidades que serão agora discutidas de modo um pouco detalhado. Em um aspecto esmagadoramente importante ela difere de outros tipos de história: seus eventos — isto é, suas obras-primas — ainda estão até certo ponto conosco e são conhecidas por nós não meramente por ouvir dizer como acontece com reis, conquistadores, estadistas, pregadores, fundadores em geral, violinistas, cantores, atores, em resumo oradores empolgantes de toda espécie. As obras de arte falam conosco, atraem-nos, agem sobre nós como entidades vivas.

Todas as artes gozam dessa vantagem, mas nenhuma tanto quanto as artes visuais. Quão mais fácil

49

aprender a linguagem dos mármores de Egina, da Acrópole Korae, ou dos frontões olímpios, sem falar das esculturas de aparência mais moderna como as de Peônio, Lisipo, Praxíteles e os escultores helenísticos posteriores, do que apreciar, no original grego, as odes de Píndaro, as tragédias de Ésquilo, Sófocles e Eurípedes, ou os idílios de Teócrito. Pode-se lê-los em tradução, mas mesmo a melhor versão em outra língua dá apenas uma impressão pálida de sua verdadeira qualidade, ao passo que uma estátua grega pode ser tão bem copiada que, como no caso do *Hermes* de Praxíteles, permanece a dúvida se ela é ou não a própria obra daquele escultor fascinante.

Materiais

Um pouco depois da revolta romântica contra o frígido classicismo, foi iniciado um movimento para deduzir padrões de materiais e técnicas, como por exemplo madeira, pedra, argila, ouro, bronze e têxteis; ou pigmentos e vernizes — em resumo, as matérias-primas e os artifícios técnicos que serviram na produção do artefato ou obra de arte.

Em vez de considerar os materiais como consideramos o resto da matéria, como inanimada e inerte até que a mente a ponha em movimento e lhe dê vida, foi pregada a seguinte doutrina, que ainda tem seus adeptos: não que o artista deva fazer o melhor uso possível dos materiais para buscar seu fim, mas que o próprio fim era inspirado e dirigido pelos materiais e não meramente formado a partir deles. Tudo que o artista devia fazer, foi-nos dado a entender, era deixar-se guiar pela natureza bem como pelos caprichos dos materiais, a ponto de excluir outros interesses. Os meios, isto é, os materiais, não só justificavam o fim, mas por sua própria volição, por assim dizer, por seu próprio potencial, criavam o fim.

Assim nos têxteis, o grau de elasticidade, lisura ou fragilidade das fibras; na madeira o veio, os nós, a flexibilidade, a intensidade com que se lasca; no marfim e osso quase o mesmo; nos metais sua ductilidade, sua maleabilidade; nos minerais e pedras de todas as espécies, a cristalização, a densidade, a dureza, a resistência ao fogo e à congelação, ao martelo, ao cinzel, à serra, eram qualidades que decidiam o valor de uma obra de arte feita nestes materiais. Se a arte obedecesse às exigências do mesmo material, e se submetesse a suas resistências e caprichos, o resultado seria perfeito, e, se não, seria um fracasso.

Em um sentido negativo isso é assim. É óbvio que o material não dará o que tem de melhor ao artífice que o violenta, ou ignora seus caprichos. Ele não deve lutar contra o veio de madeira ou marfim ou deixar de levar em conta os nós. Ao contrário, tirará deles vantagem convertendo-os em ganho como o fizeram os entalhadores chineses, japoneses e góticos, como os maoris com suas canoas e remos, e os tlinkits com seus pratos. Se insistir em dar a mesma orla ao pórfiro ou granito que consegue no calcário ou mármore, ele desperdiça as qualidades específicas de densidade concentrada, dureza e impenetrabilidade que apreciamos na estatuária egípcia e na tardia escultura antiga, com seus contornos carnudos e configurações frouxas, ou nos sarcófagos de pórfiro no Vaticano e em Constantinopla.

Entretanto, exceto em *objets d'art* não-representativos, o material tem valido tão pouco que até o Renascimento e sua descoberta de uma antiguidade, quer em ruínas de arquitetura quer em fragmentos de estatuária, que foram descorados pelo tempo e condições atmosféricas, as construções eram revestidas de tinta e a escultura tingida quando não era completamente colorida. Quando perguntaram a Praxíteles qual de seus próprios mármores preferia, ele respondeu: "Aqueles que Nícias coloriu". Mesmo numa época tão recente como o século XV, pintores tão notáveis quanto Jean Malouel eram empregados para multicolorir a cavalaria de Sluter, agora conhecida como "Puits de Moïse" na Cartuxa perto de Dijon. E permitam que cite Huizinga em *Waning of the Middle Ages* (p. 235) a respeito destas mesmas esculturas: "Os pedestais eram verdes, os mantos dos profetas eram dourados, suas túnicas vermelhas e azuis com estrelas áureas. Isaías usava uma roupa de tecido de outro. Os espaços abertos eram preenchidos com sóis e iniciais dourados. O orgulho da blasonaria exibia-se não só à volta das colunas sob as figuras, mas na própria cruz, que era totalmente dourada... Como *bizarrerie* coroadora um par de óculos de latão dourado... foram colocados sobre o nariz de Jeremias". Nas figuras sobreviventes não restou nenhum traço de todo este esplendor colorido.

As estátuas que nunca foram expostas ao ar nem pintadas a mão, como as do século XII em Étampes, parecem cruas, como que destituídas de pele. O mesmo pode ser dito dos entalhes arquitetônicos recentemente escavados em Sarsina, no interior de Cesena, que foram soterrados por deslizamento de terra há uns dois mil anos, antes que o estuque e a cor encobrissem a angulosidade da pedra bruta.

Até marfim e osso do mais belo veio eram igualmente pintados. Quanto aos bronzes do mundo grego, eram polidos como latão, ou dourados, ou tão espessamente envernizados que sua verdadeira substância ficava irreconhecível.[1] Com toda probabilidade, as colunas do Partenon eram multicoloridas com azul ultramarino e vermelhão como em épocas posteriores o eram os pórticos românicos e góticos. Estes vários processos tornavam impossível que o material específico tivesse importância no efeito. Além disso, em nenhuma representação visual percebemos que desenho, que configuração ou até que forma é modificada pela diferença de material mais do que é estritamente requerido por sua natureza. Uma figura ou grupo na arte egípcia ou grega, românica, gótica ou renascentista, muda apenas levemente em obediência ao material no qual é produzido, seja madeira ou marfim, bronze, mármore ou argila cozida, e não muda de modo algum como deveria se os materiais determinassem as configurações e seu agrupamento.

Ou tomemos o vaso grego de mais ou menos 480 a.C. Não posso descobrir nenhuma conexão entre a humilde argila da qual é feito e sua "forma ática", adornado com figuras de linha mais funcional, de con-

---

(1) E agora em 1946, enquanto "As portas do paraíso" e outras portas de bronze do Batistério Florentino estão sendo limpadas, revela-se que eram maciçamente douradas. Ghiberti em seus ensaios não menciona isto, o que prova que ainda era uma prática comum.

torno mais sutil que a arte de desenhar posterior jamais alcançou.

Na Ásia Central e no Extremo Oriente acontece o mesmo, embora o chamado "estilo animal" tenha ainda menos consideração para com as configurações reais do que a maioria dos pintores surrealistas de hoje em dia. A expedição Kozlev de 1924 desenterrou na Mongólia Setentrional objetos em madeira, em osso, em metais, bem como em lã. Em todos eles prevalecem os mesmos padrões, as mesmas distorções, independentemente do material.

Não só nas artes figurativas e nas "Belas-Artes", mas na própria Arquitetura, poucas igrejas e palácios do Renascimento italiano dependem, para sua qualidade, dos materiais. Muitas construções, pátios, conventos e saguões florentinos são estucados por fora, caiados por dentro, com nenhum material mais precioso aparecendo do que a pedra cinzenta das colunas e pedras de veio melhor para os capitéis, umbrais de portas e caixilhos de janelas. Tudo o mais é uma questão de espaço, de proporções, isto é, de tato, de gosto — em resumo, de mente educada.

O material tem mais importância onde sua natureza está menos sujeita ao disfarce e ao encobrimento. Isto só poderia ocorrer no mosaico, na jóia, nos esmaltes, nas cerâmicas vitrificadas, no vidro e em pequenos *objets d'art* de várias espécies e regiões. Até os menores fragmentos de vidro alexandrino proporcionam deleites de cor translúcida que nada pode ultrapassar, nem mesmo os mosaicos cristãos, muito menos os têxteis helenísticos, sassânidas e persas. A fascinação de um *objet d'art* como o pequeno prato redondo de pedra dura e escura, incrustado com pequenos peixes em ouro, do tesouro de St. Denis, agora no Louvre, não pode ser descrita. É como se na palma da mão tivéssemos a noite com suas constelações. Na mesma Salle d'Apollon, onde este pequeno prato está exposto, pode ser visto um esmalte de Limoges igualmente pequeno ou ainda menor do século XIII, cuja beleza material seria muito mais apreciada se o tratamento do motivo não absorvesse nossa atenção. Nem mesmo o próprio Giotto ou qualquer outro artista que pintou o mesmo motivo, São Francisco pregando aos pássaros, tratou-o mais poeticamente.

E quem diria qual foi o efeito daquele paradoxalmente colossal *objet d'art,* a Grande Pirâmide! Mesmo dois mil e quinhentos anos após ser construída, quando Heródoto descreveu sua cobertura de monólitos altamente polidos de pelo menos nove metros de comprimento cada um, delicadamente combinados, com seu ápice de electro deslumbrante, deve ter brilhado sob o firmamento egípcio como um espelho que reflete auroras, ocasos e nuvens raras.

A abundância de determinado material e a carência de outros pode inspirar os artistas a conseguirem o máximo efeito de seu uso. Assim, os arquitetos armênios sobrepujaram seus modelos bizantinos porque tinham à mão suprimentos abundantes de pedra adequada, como o tinham os desenhistas das jóias, que lembram ainda os nobres palácios dos Grandes Senhores de Malta ou das vilas encantadoramente elegantes que levam a Ombla perto de Ragusa e as de Risan no caminho de Cattaro. Por outro lado, Lecce oferece um triste exemplo do uso errado de um material demasiado dócil.

O entalhe em madeira dos nórdicos, primeiro em seus navios e mais tarde nos pórticos de suas igrejas, é facilmente justificado pela qualidade da madeira das árvores florestais apreciadas e exploradas por artesãos talentosos. Isto também foi sem dúvida o que aconteceu com os maoris que, contudo, devem ter valorizado sua madeira muito mais, uma vez que, diferentemente dos navios e pórticos dos nórdicos, seus entalhes não parecem ter sido completados com pintura.

Fala-se muito dos materiais na pintura de quadros, de resinas e óleos, de emulsões e vernizes, e sobretudo de têmpera.

Van Eyck, Antonello, Tiziano, Rubens, Velásquez, Rembrandt tinham todos uma técnica adequada. Masaccio era tão grande quanto qualquer um deles; mas quem fala de sua técnica? A técnica de Antonello era magistral, mas o que fez com ela antes de 1475? Pouco até esta data. Então sob a influência de Giovanni Bellini tornou-se o artista que, nos três ou quatro anos de vida que lhe restavam, pintou não só seus impressionantes e convincentes retratos mas a sublime *Pietà* do Museu Correr, e o nobremente grandioso *São Sebastião* de Dresden. Quanto à técnica de Giovanni Bellini, consiste em pequenas pinceladas uniformes que não solicitam nenhuma atenção.

Não sou insensível à beleza de uma têmpera ou superfície a óleo bem conservadas. Na companhia de dois dos mais apaixonados técnicos que jamais conheci, com o persuasivo Roger Fry e o muito mais sutil, penetrante e sério Denman Ross, fiquei emocionado com a qualidade de uma têmpera como o painel Sassetesque de Berlim que representa o jovem São Francisco ouvindo missa, ou de um óleo como "Pintor e Modelo" de Vermeer, da coleção Czernin de Viena. Infelizmente poucas pinturas conservam sua cor e superfícies originais por tempo suficiente para serem deleitáveis em si ou para darem uma idéia correta daquilo que eram quando deixaram a mão do artista. A cor pintada não só está propensa a sofrer deterioração, notoriamente nos azuis usados pelos mestres italianos, mas a superfície fica coberta por repetidos envernizamentos que apodrecem e escurecem — sem falar do repintar deliberado. Entrementes, quadros que têm séculos de idade raramente conservam muita semelhança com seu estado original. Testemunhemos as telas de Hintoretto de S. Rocco, a maioria dos Rembrandt posteriores, muitos de Sir Joshua e pinturas tão recentes quanto as de Sargent, além de quase todas as paisagens holandesas cujos verdes vívidos originais são agora cor de chifre. Longe de deleitar-se com o material de um quadro, o espectador só o vê como se fosse uma pele coberta de rouge e repintada que esconde a corrupção abaixo. Quando são feitas tentativas de acabar com esta sujeira, verniz e repintura, o amador fica ultrajado, e como no recente caso de um retrato bem limpado do Louvre, surgiu um clamor de *"on l'a ruiné, mon Rembrandt"*; e não menor indignação foi expressa há pouco tempo por causa da restauração de um Velásquez para seu caráter original na National Gallery de Londres. Acostumamo-nos tanto a quadros descorados quanto a esculturas sem cor, e pela mesma razão, a saber, que quase nunca vemos uma obra em qualquer das duas artes que ainda se assemelhe ao que foi quando era nova. Quando por um milagre uma pintura reteve seu frescor, como no caso de uma *Anunciação* de Catena em Carpi, ela desagrada ao nosso gosto atual; e sob a *Crucifixão* de Tintoretto em S. Rocco há um pedaço de tela enrolado nunca exposto à luz, que está muito mais próximo de um Renoir do que de qualquer veneziano do século XVI em seu estado atual.

Material e técnica — amiúde me pergunto o que são. A escultura é entalhar um sólido, como nos é dito, e a pintura é a aplicação de um desenho a uma superfície. Segue-se destas definições que "As portas do paraíso" de Ghiberti e as portas de bronze de Filarete em São Pedro são esculturas. A meus olhos elas são tão pinturas quanto qualquer outra feita por seus contemporâneos do Quatrocentos. Nem são esculturais os relevos Santo de Donatello em Pádua, no sentido em que são esculturais as métopas olímpicas, os mármores do Partenon, e os relevos de túmulos da Ática. Quanto às suas últimas obras, não posso acreditar que o fato de serem em argila ou bronze as torne tão diferentes dos últimos Rembrandt feitos com pigmentos. O "pintor" holandês tem muito mais em comum com o "escultor" florentino, de cuja existência ele pode nunca ter ouvido falar, do que com qualquer predecessor em seu próprio ofício, quer na Holanda quer na Itália.

Ou tomemos as figuras nigeladas com prata nas portas de bronze de San Michele al Gargano. Elas são desenhadas tão sinuosa e funcionalmente quanto um Antonio Pollaiuolo. Devemos chamá-las de escultura? E os esmaltes contemporâneos do século XI, os imperadores e imperatrizes, damas e cavalheiros da corte ataviados em seus mantos de esplendor, fabricados com preciosa pureza de cor pelos artífices de Constantinopla — que são eles exceto quadros em miniatura exatamente como aqueles nos manuscritos iluminados da mesma época e lugar, mas feitos em materiais e com uma técnica que ultrapassa toda possibilidade de refulgência de jóia que a pintura com tintas poderia produzir.

Escrevendo no fim de um dos períodos mais frutíferos da criação de arte que nosso mundo conheceu, Vasari, o Heródoto da História da Arte, chama seu livro de a estória das artes do *design*. Não entendia por isso, como o fazemos, o projeto apenas no sentido de composição ou padrão, mas também, como permite a língua italiana, de desenho. Para o artista renascentista a arte do desenho era a base de todas as artes visuais, e era uma questão de circunstância, mando ou compulsão que o levava a praticar uma arte e não a outra, como era notavelmente o caso de Verrocchio, Pollaiuolo e Michelangelo.

Às vezes vou mais longe e pergunto se os materiais do artista não consistem em mente em vez de matéria? Quer dizer mente no sentido de idéias e problemas. O artista vive destes. O resto é uma questão de meios, sejam eles materiais ou técnicos. O criador é aquele que como Masaccio inicia um problema e corre em direção a uma solução, ou aquele que como Michelangelo encontra a solução. A técnica de Masaccio, como já observei, não desperta nenhum interesse, nem a de Michelangelo. Embora o último confessasse não ter nenhuma prática no afresco, nenhuma realização nesta técnica igualou-se ao teto da Capela Sistina. Alguém se aproximou dela? Talvez nem mesmo Giotto, nem mesmo Masaccio. A mão de Michelangelo é tão indiferente ao material e à técnica, que sua cinzelada tem a mesma caligrafia — por assim dizer — que seu traço de pena, ou qualquer outro meio que usou no desenho. Tenho em vista, portanto, uma classificação menos óbvia e mais significativa das artes do que a que pode ser derivada dos materiais e técnicas empregados, uma classificação mais psicológica, mais metafísica e menos materialista. Permitam que em relação a isto adicione uma nota rascunhada em março de 1907, que reza o seguinte: "O material de cada arte não é seu meio, mas as sensações ideadas enriquecedoras das quais se compõe".

Antes nessa discussão admitiu-se como algo óbvio e indiscutível que o artista não deve nunca ir contra a natureza de seus materiais ou sua técnica, mas ao contrário deve tirar proveito de suas idiossincrasias e resistências. Estas apresentam-se como problemas a serem solucionados e por isso servem como estímulo. Como fato de história, quando o artista torna-se senhor de um material ou uma técnica a ponto de eles não mais poderem opor qualquer resistência, eles deixariam de inspirá-lo. Ele fica sem problemas e não sabe a que recorrer, como aconteceu freqüentemente no curso da história, e como parece estar acontecendo agora. Pela falta de problemas ele boceja, gesticula e vangloria-se, mas não cria.

Em outras palavras, a técnica é um estímulo auxiliar, mas nunca um criador de arte. A arte pode usar uma certa técnica quando o problema de forma a requer. Até então, a arte irá ignorá-la como os séculos que precederam os Van Eyck ignoraram os óleos embora estivessem muito familiarizados com eles. Por outro lado, quando o problema é urgente, ela inventa a técnica necessária.

Os materiais, a técnica e as cores também têm importância cada vez maior quando desaparece o gênio criador, quando a arte de desenhar é negligenciada e as artes figurativas entram em decadência. Os homens de mera perícia sobrevivem para adornar templos e habitações que dependem para seu efeito da cor de pedras semipreciosas e mosaicos. Estas construções são reduzidas a *objets d'art* apreciados pela beleza intrínseca dos materiais e pelo que é permitido ao artífice extrair dos materiais com o menor esforço mental. Outros meros artífices fabricam jóias que consistem em engastes infantis de triângulos e losangos incrustados de coral, de turquesas, de granadas, pedras preciosas artificiais e vidro colorido. A preferência pelo último estava destinada a conquistar nosso mundo de Cadiz a Calcutá e a sobreviver no Oriente Médio até nossos próprios dias, em particular na configuração de janelas e portas envidraçadas de vidros azuis, rubis e amarelos gritantes.

Assim nem os materiais nem as técnicas oferecem padrões para a apreciação e avaliação das artes figurativas, por mais que possam interessar aos estudiosos de ofícios que nunca são superiores às artes menores, e facilmente decaem para os produtos de caldeireiros ciganos.

É deplorável que não mais façamos uma divisão precisa entre as Belas-Artes e as artes menores. Esta é uma distinção que se fundamenta apenas nos elementos ilustrativos e naqueles elementos que se ocupam sobretudo com a figura humana. De fato as Belas-Artes podem ser melhor descritas como aquelas cuja preocupação principal é a figura humana.

Se quisermos entender o que devem valer os materiais e instrumentos, ouçamos música. Nela, os sons extraídos por madeira, metais ou cordas distinguem-se em toda nota. Em comparação, o efeito produzido nas artes visuais até pelo material mais favorável e indisfarçável é de fato muito pequeno.

O prazer dos materiais e também o prazer da cor está talvez mais na natureza das sensações reais do que das ideadas. Esta pode ser a razão por que a indulgência nas virtudes dos materiais leva a uma indiferença primeiro à forma e depois à representação, acabando com uma preferência por artefatos, enquanto finalmente aqueles que são mais estimados são os que mais sacrificam para exibir o caráter do material.

Daí sem dúvida o presente culto das moedas e esmaltes bizantinos bem como das jóias bárbaras, e de certos artefatos cristãos antigos — um culto que eu mesmo não posso deixar de praticar embora com a consciência pesada.

As Conclusões na Crítica de Arte

As conclusões na crítica de arte, se é que existem, devem ser procuradas no enriquecimento que resulta de nos identificarmos com o objeto com o qual nos deleitamos ou de nos colocarmos em seu lugar. Pois o ato de decifrar configurações em um dado desenho, padrão, ou composição oferece uma satisfação que é pouco mais que mental, e absolutamente quase não enriquecedora. A fim de ser enriquecedor, um objeto deve atrair o todo de nosso ser, os nossos sentidos, nervos, músculos, vísceras e a nossa sensação de direção, de apoio e de peso, de equilíbrio, de tensões e contratensões, e do mínimo de espaço requerido para nossa indispensável autonomia corporal — uma autonomia tão preciosa que ceder um pouquinho dela é ser um amante, ser compelido a renunciar a um centímetro é ser um prisioneiro desindividualizado. Como podemos nos identificar com um cubo ou nos colocarmos em seu lugar? É mais fácil sem dúvida nos imaginarmos como um cilindro, mas se isto nos desse alegria, deveríamos amar as chaminés de fábricas, e os recentes minaretes turcos, como por exemplo os da Mesquita Maomé-Ali na cidadela do Cairo. Eu e a maioria de meus leitores somos demasiado não-sofisticados para entender que prazer físico pode ser tirado da diagonal. Quando à pirâmide, possui uma sugestão de compacidade repousante, e beneficia-se da facilidade com que a memória evoca o Egito e as configurações que em Gizeh nos cobriram de orgulho pela audácia de simples homens, como nós, que ousaram construir na escala do horizonte, e inserir na desordem da natureza configurações geométricas racionais em contraste harmonioso com ela.

Para ser enriquecedor um objeto deve ser aquele com o qual possamos não só nos identificar, mas nos identificar mais fácil, completa e felizmente do que o fazemos em condições comuns. Em arte, o objeto não deve despertar quaisquer daqueles apetites canibais alertas que nunca podem ser satisfeitos, nem mesmo pela saciedade. Na linguagem de Keats deve ser

Toda vivente paixão humana pelo superior
Que deixa um coração muito triste e saciado
Uma fronte ardente, e uma língua seca...

Não deve excitar-nos para a ação, embora não possa deixar de influenciar a conduta; não deve afetar nenhuma de nossas energias produtivas, reprodutivas ou transitivas, mas afinar-nos como instrumentos — instrumentos para o êxtase.

Os objetos naturais, quer animados quer inanimados, porque estimulam atividades que são cobiçosas, predatórias ou friamente analíticas, que acarretam excitação e exaustão, com a resultante sensação de diminuída vitalidade, não podem ser enriquecedores. Para serem enriquecedoras, as coisas visíveis — nas quais estamos interessados aqui — devem ser apresentadas de modo a nos fazer sentir que estamos percebendo-as mais rápido, entendendo-as mais profundamente do que em geral o fazemos. O resultado instantâneo é uma ilusão de invulgar e inesperada facilidade de funcionamento, e sua concomitância inseparável a sensação de vitalidade aumentada, que creditamos ao objeto apresentado a nós deste modo.

Segue-se que apenas obras de arte podem ser enriquecedoras, pois as coisas meramente visíveis por si não são — exceto onde aprendemos a apreciá-las como se já fossem obras de arte, como no caso da paisagem para muitos de nós. Foi-nos ensinado, através de assíduo embora nem sempre consciente, olhar representações de paisagem, a não só ter prazer em *sentir* a natureza como alguns podem instintivamente, mas a ter prazer em vê-la em termos de arte.

Nem todos os artefatos são enriquecedores. Alguns são e outros não. Por que é assim? O que os torna assim e não assim?

Quando os artefatos não são simplesmente representações de configurações, quer na natureza quer na mente, mas possuem valores táteis e movimento, só então são enriquecedores.

Valores Táteis

Os valores táteis são encontrados em representações de objetos sólidos quando comunicados, não como meras reproduções (não importa quão verazes), mas de modo a incitar a imaginação a sentir seu volume, a avaliar seu peso, a compreender sua resistência potencial, a medir sua distância de nós, e a encorajar-nos, sempre imaginativamenute, a entrarmos em contato íntimo com eles, a entendê-los, a cingi-los ou a rodeá-los.

Permitam por essa razão que cite Bergson:

"Um corpo é em essência aquilo que é para o tato. Possui configurações e dimensões distintas que são independentes de nós. Ele ocupa um dado espaço e não pode mudá-lo sem tomar o tempo de ocupar uma por uma as posições intermediárias. A imagem visual que temos dele julgamos ser uma simples aparência cujos aspectos diferentes devem ser sempre mudados com referência à imagem tátil. Esta imagem é a realidade para a qual o outro chama a nossa atenção." (*Les deux Sources de la Morale et de la Religion*. Paris, Alcan, 1932, p. 139.)

A luta para manter-nos vivos em um universo onde temos de defender-nos incessantemente de qualquer tipo de pressão e ameaça de fora fez de nós criaturas que, com raras exceções, percebem em um objeto visível apenas aquelas feições que possam servir-nos ou desservir-nos, que devemos evitar e das quais devemos nos aproximar. Quanto mais bem sucedidos somos, tanto mais perdemos de vista o outro elemento do mesmo objeto. Para a maioria de nós, este objeto é reduzido a um mero sinal, atenuado a uma cifra, ou descorado a uma nódoa. As únicas pessoas que retêm de modo natural ou laboriosamente adquirem imunidade contra este processo desintegrador são os cientistas e os artistas.

Tanto os cientistas como os artistas querem inverter esse processo reintegrando o objeto. O cientista remonta a seus elementos constituintes, a suas dimensões, seu mecanismo, suas potencialidades. Sua recompensa reside não só na satisfação da curiosidade e no orgulho justificado da realização intelectual, mas nas possibilidades que esta inversão do processo comum lhe fornece de explorar o objeto para seu próprio proveito material e da comunidade em geral. O artista, por outro lado, intuitivamente reanima a nódoa utilitária, o sinal, a cifra em que o objeto se tornou, para o que imagina ser a plenitude de seu próprio ser. Ele vê a configuração completa, percebe a necessidade orgânica de todo contorno, de todo ponto e sombra e todo toque de cor. Não só vê e compreende como o faz o cientista com sua mente e entendimento, mas, diferentemente do cientista, apreende o todo com um padrão, único e insubstituível porque sua individualidade particular nunca existiu antes, e nunca existirá outra vez, e deve ser portanto acarinhado como algo ao mesmo tempo sagrado e íntimo, remoto e próximo, intangível e no entanto acariciante.

Além disso, o artista não só percebe o objeto, mas vive-o e identifica-se com ele. Comunicando o que vive, ele nos surpreende com a alegria de sentir elevada a uma capacidade superior, percepção mais clara, apreensão mais completa. O objeto que nos dá esta sensação é enriquecedor.

Se essa descrição do artista como distinto do cientista for admitida, segue-se que as meras configurações dos objetos não o satisfazem. Ele próprio precisa vivê-los e ser capaz de comunicá-los em termos que sejam enriquecedores; e estes termos são primeiro valores táteis e depois movimento.

Essa representação particular de configurações é além disso aquilo que queremos dizer com a palavra "forma". A forma não deve ser confundida com a configuração. A forma nunca é uma configuração — isto é, um objeto geométrico que pareça o mesmo para todos. A forma é uma qualidade que está além do conhecimento comum. E qualidade é aquilo que encontramos em um objeto quando em um ou mais aspectos e em qualquer plano ideado ele é enriquecedor.

A forma é aquela radiância de dentro, que a configuração atinge quando em uma dada situação ela se realiza completamente. É como um manto jogado em torno de configurações, não uma capa consumidora como a de Nessus, mas uma vivificadora como o manto de Ísis, com a condição de que não o ergamos; pois em arte a aparência é a única realidade.

A forma é o aspecto enriquecedor das coisas visíveis. É um monossílabo tão universalmente usado quando escrevemos sobre arte, e quase tão universalmente mal empregado, que rogo ao leitor lembrar-se de que neste livro (e em qualquer outro livro que publiquei) a palavra "forma" significa valores táteis primeiro e antes de tudo, e que estas duas denominações são encontradas com freqüência como sinônimos. A "forma significativa" da qual alguns de nós falam exprime exatamente isso.

Não podemos nos predispor contra os valores táteis e perguntar "Que têm eles?", como fizemos quando nos mandaram admirar obras de arte porque eram bem

63

pintadas ou entalhadas, ou porque estavam cheias de cilindros, cubos ou diagonais. Os valores táteis são enriquecedores e não estimulam apenas admiração, mas dão gratificação e alegria. Eles, portanto, fornecem uma base na qual, como críticos, podemos erigir nossos critérios de julgamento. Através de todas as épocas, e em todo lugar, sempre que uma representação visual seja reconhecida como obra de arte e não como simples artefato, não importa quão elaborado, elegante e surpreendente, ela possui valores táteis. Pode ter muito mais além disso, que seja de maior ou menor importância ou absolutamente de nenhuma, mas para ser aceita como obra de arte estas outras atrações devem repousar numa base de valores táteis, ou estar em conexão íntima com eles.

Assim em certas frases da primitiva arte mesopotâmia e na escultura grega arcaica bem como no antigo românico e em todos os entalhes em pedra da América Central, quer no arredondado quer no relevo, e em especial na assim chamada "arte animal", quase não existe nada exceto valores táteis para justificar sua fealdade, seu desajeitamento, sua falta de proporção e o grotesco de sua expressão. Ou voltando aos nossos próprios dias, o que é que salvo os valores táteis combinados com movimento nos faz omitir e quase esquecer em tantas pinturas de Degas a vulgaridade de suas lavadeiras, suas bailarinas que estão longe de serem apetitosas, e suas mulheres disformes lavando-se e limpando-se? Poderia citar-se centenas de outros exemplos de arte recente e contemporânea, em particular Cézanne como pintor de figurativo. Omitimos suas deficiências porque elas nos vitalizam com uma transmissão de energia que seria esmagadora se não fosse pelo fato importante de pertencerem ao reino de sensações ideadas e não da realidade. Por outro lado, a maior parte da arte italiana do Seiscentos, apesar de seu conteúdo ilustrativo, seu domínio de toda artimanha do ofício, sua magnificência, sua ingenuidade ornamental, permanece aquilo que de fato ocultou ser, uma arte subsidiária, uma arte que dá esplendor a templos deslumbrantes, bem como a gabinetes de diletantes.

As Sensações Ideadas

Preciso agora explicar o que quero dizer com a frase que acabei de usar, "reino de sensações ideadas".

Para começar, as sensações ideadas não são as sensações experimentadas psicofisicamente no momento em que se percebe e contempla a representação de um objeto ou evento (quer o objeto seja do mundo exterior, ou do interior da mente). As sensações ideadas, em nosso campo, são as imagens das sensações que as mesmas representações oferecem quando são obras de arte e não meros artefatos.

Assim na presença de uma pintura podemos ter todos os tipos de sensações corporais reais, como de boa ou má postura, calor ou frio, conforto ou desconforto nervoso visceral e muscular, que não têm nada a ver com a Pintura, embora possam dispor-nos ou indispor-nos no que diz respeito a desfrutá-la. Recebemos também sensações retinianas de pontos contrastantes de luz e sombra com ou sem cor, e estas, como tentarei explicar mais tarde, podem ser usadas como instrumentos na orquestra da arte.

As sensações ideadas, ao contrário, são aquelas que existem apenas na imaginação e são produzidas pela capacidade do objeto de fazer-nos compreender sua entidade e viver sua vida. Nas artes visuais, esta capacidade é manifestada primária e fundamentalmente através de variedades de imaginadas sensações de contato e suas múltiplas implicações; e através de igualmente imaginadas sensações de alterações barométricas, termométricas, viscerais e acima de tudo musculares, que devem estar acontecendo nos objetos representados. É desnecessário falar, estas dizem respeito principalmente a figuras animadas e sobretudo humanas, embora possam também incluir todo o reino vegetal, plantas de toda espécie, flores, arbustos e árvores, bem como configurações inanimadas, tais como ribeirões e outras extensões líquidas, rochas, penhascos e todas as feições paisagísticas que animamos a tal grau que instintivamente falamos de rios correndo, árvores acenando, curvando-se, pendendo ou estendendo seus galhos e de montanhas erguendo-se. Vamos tão longe a ponto de usar uma frase como "estudar o terreno", com isso tirando vantagem da máxima elasticidade da idéia.

Comumente não nos é necessário admitir estas sensações imaginadas, imagens de sensações, "sensações ideadas" como prefiro chamá-las, dentro do limiar da consciência. Elas não têm talvez nenhuma utilidade imediata, e além disso não são insistentes e menos ainda clamorosas. As pessoas, que não são conscientes de si mesmas, não estão atentas para o que acontece sob sua pele, raramente se tornarão cientes de sua tímida presença, e mesmo aquelas que estudam seus próprios mecanismos encontrar-se-ão com elas apenas quando apresentadas apropriadamente. Esta tarefa é deixada para o artista: uma tarefa que ele realiza não (como ele próprio está propenso a pensar, e como os esnobes da cultura que o ouvem pensam que pensam) pelos processos técnicos do desenhista, do pintor, do escultor, do gravador ou qualquer que possa ser a habilidade particular. O artista não usa seu ofício, e explora sua técnica particular, para produzir um objeto como que através de um espelho de reflexão. Se o fizesse, apenas *duplicaria* o aspecto externo do objeto, sem chegar mais perto da criação de uma obra de arte. Não, ele imagina todas as sensações sentidas ou que deveriam ser sentidas por um objeto que as limitações e vantagens de seu ofício permitem que organize e harmonize num equivalente daquilo que ele sente que o objeto é intrinsecamente, e que ao mesmo tempo diz e significa para nós. O homem de letras fá-lo-á com palavras, o escultor com seus materiais plásticos, o pintor, gravador ou água-fortista com luz, sombra e corantes. Excluindo o homem de letras da inquirição, pois não é um artífice visual mas verbal, podemos dizer que o que o artista tem de fazer é obrigar o espectador a sentir como se ele fosse o objeto representado, e a imaginar seus processos funcionais na amplitude requerida pela representação. O artista deve decidir a que amplitude, se de fato podemos falar de decidir no caso de uma atividade provavelmente tão inconsciente e com certeza tão não-deliberada como é a do artista atrás do artífice sempre consciente e altamente resoluto. Estou falando de artistas reais e de artífices reais, e não de seus imitadores e estou pensando na relação entre o artista e o artífice no caso de um Leonardo, o artista mais consciente de si próprio exceto talvez Delacroix, que deixou um relato de si mesmo. E no entanto quão pouco Leonardo parece ter pensado seriamente a respeito de arte e quão sinceramente a respeito de questões de técnica!

O artista só tem uma maneira de fazer o espectador colocar-se no lugar do objeto que deseja representar: chamando a atenção para as mudanças musculares, para as tensões e relaxamentos que acompanham toda ação por menor que seja. De fato, ele consegue, acentuando estas alterações onde é mais fácil senti-las e onde elas são mais marcadas, a saber, nas juntas e outras articulações. Também exagerará um pouco as manifestações de estrutura anatômica de modo a nos tornar mais cientes do que comumente estamos das tensões e contratensões, das resistências e cessões, e acima de tudo dos relaxamentos. Pois é óbvio que qualquer malogro do tecido e músculo em alcançar repouso, após exercitar suas funções, seria debilitante, e neste ponto anti-artístico. Mesmo quando o objeto representado é inanimado, como uma cordilheira ou um edifício, tem de ser tratado como se fosse orgânico e vivo.

Essas manifestações nunca devem ser exageradas, como é feito por maneiristas para facilitar sua tarefa. Mesmo o melhor deles, diz o florentino Pontormo, tenta interessar-nos pelas demonstrações acrobáticas mais do que pelas ações normais de pessoas normais; enquanto os cubistas de ontem foram tão longe a ponto de reduzir as configurações a suas hipotenusas geométricas, seres humanos a esqueletos (como os florentinos Rosso e Salviati já haviam feito no século XVI), e qualquer combinação de figuras a uma dança da morte.

Por outro lado, as artes primitivas vitais tendem a concentrar-se em energia comunicadora. Isto se manifesta em representações de homem e besta em ação violenta que adornam os capitéis de edifícios românicos; pois a maior parte da escultura românica e muitos produtos da arte bárbara por todo mundo, o assim chamado "estilo animal" em particular, são expressões exasperadas de vitalidade e energia animal.

Nem todas as sensações ideadas são artísticas, mas só aquelas que são enriquecedoras. Assim, representações que comunicam sensações de depressão ou náusea seriam as menos artísticas, quanto mais habilmente e com êxito tivessem sido feitas. Por outro lado, não devem incitar à ação, pelo menos não de imediato, embora com o correr do tempo não possam deixar de influenciar a conduta. Devem permanecer intransitivas, não inspirando nenhum desejo definível, não estimulando nenhum apetite, não despertando nenhuma luxúria de prazer sensual. Não devemos deslizar ou escorregar, ou menos ainda saltar de sensações ideadas para as reais, da arte para a realidade. Os versos que atiçam para a batalha como uma trombeta ou um tambor não são poesia. As representações visuais que produzem excitação no adulto normal podem ser artefatos requintados mas não são obras de arte. Pois as sensações ideadas que constituem a obra de arte pertencem a um reino separado, um reino além da realidade onde o ideal é a única realidade, um reino de contemplação, de "emoção recordada em tranqüilidade", um reino onde nada pode acontecer exceto para a alma do espectador, e nada que não seja moderador e refinador.

Talvez tal reino de sensações ideadas seja aquele em que nossos primeiros pais viveram, antes que a ânsia por ação se apoderasse deles e os jogasse para fora do Paraíso onde a Divindade tencionava que vivessem em pereno êxtase. De modo concebível ele pode antecipar um céu no qual (com as sensações e experiências da vida terrena empregadas como os tardios arquitetos antigos usavam mármores e pedras duras e preciosas) idearemos a Atenas ideal, a Cidade do Homem.

Movimento

O movimento — que, depois dos valores táteis, é o elemento mais essencial na obra de arte — nada tem a ver com a mudança de lugar, ou mesmo com a mudança de atitude ou pose, e menos ainda com atividade transitiva de qualquer espécie. O movimento é a manifesta energia residente que vitaliza as periferias delimitadoras de um artefato e as delineações de todas as partes dentro destas periferias. A periferia ou delineação assim ativada é um contorno. Em escultura arredondada estes contornos são infinitos e seu número só pode ser diminuído colocando-se as esculturas de modo que elas atuem como altos ou baixos-relevos. Quanto mais baixo for o relevo, tanto menor a quantidade de possíveis contornos, ao passo que em representações bidimensionais eles são reduzidos ao número que o próprio artífice determina.

Descrever essa energia vital que transforma uma simples linha ou curva em um contorno, isto é, em uma linha ou curva com movimento, é uma tarefa que não posso empreender. É quase como o que vemos em ribeirões que correm rapidamente mas são serenos, onde redemoinhos, turbilhões e vórtices produzidos pela corrente permanecem constantes enquanto perduram as mesmas condições, embora nenhuma gota de água que contribua para moldar estes padrões aquáticos seja a mesma por dois segundos consecutivos. Sem dúvida como toda outra entidade visível ela é matematicamente mensurável e definível. Isto não ofereceria nenhuma ajuda maior para nossa percepção do que a fórmula para o infinito matemático nos conduz para mais perto da Infinidade Divina pela qual ansiamos. O que posso dizer é que em meu próprio caso ela é acompanhada por um latejo ideado sobre e dentro de minha própria pele correspondente ao movimento do olho, tanto retiniano quanto muscular, mas que a sensação como um todo é de identificação estética, como se não houvesse nada em mim que não estivesse vivendo a vida do contorno no momento em que ele desliza, vira, é arrastado, suave ou turbulentamente, sempre animado e sensível, ansioso e saboroso.

Esse contato direto com uma diversidade, exceto pela circunstância de ela não precisar de nenhum toque de "elevação", é em essência uma experiência mística, talvez não mais comum do que outras experiências místicas. Lembro-me de quando aconteceu comigo pela primeira vez. Eu já publicara dois livros. Durante anos havia indagado, escavado, dragado meu ser interior, e procurado em minha experiência consciente um teste satisfatório. Precisava de um teste para aplicar aos artefatos que eu pensava que admirava mas não podia hipnotizar-me ou habituar-me a gozá-los com completo abandono, enquanto o verme da dúvida continuava a corroer a felicidade do paraíso ideal. Então uma manhã enquanto contemplava os arabescos folhosos esculpidos nos umbrais das portas de São Pedro fora de Spoleto, repentinamente haste, gavinha e folhagem se tornaram vivas e, ao se tornarem vivas, fizeram com que me sentisse como se emergisse para a luz após longo tatear nas trevas da iniciação. Senti-me como alguém iluminado e contemplei um mundo onde todo contorno, toda borda e toda superfície estava em relação viva comigo e não, como até então, em uma relação meramente cognitiva. Desde aquela manhã, nada visível tem sido indiferente ou mesmo enfadonho. Em toda parte sinto a pulsação ideada da vitalidade, quero dizer energia e radiância, como se tudo servisse para acentuar meu próprio funcionamento. Para mim nada é morto na natureza, embora algumas coisas sejam mais vivas do que outras. Nem pode a mão do homem produzir coisas completamente inânimes; pelo menos não podia até há pouco tempo. Agora talvez possa, pois hoje em dia quando é permitido à mão fazer certas coisas que em geral são deixadas para as máquinas é na condição de que ela se torne mecânica. Apenas a máquina pode produzir artefatos que tenham a garantia de serem não--condutores de uma centelha vitalizadora.

A revelação que me veio enquanto olhava o frontispício de uma igreja em Spoleto há cinqüenta anos produziu várias coisas para mim.

Em primeiro lugar, emancipou-me da necessidade de arte, pois tornara-me meu próprio artista, por assim dizer, e via em termos de arte. Para ilustrar o que quero dizer, permitam que conte o que aconteceu anos mais tarde em uma tarde gelada em Detroit, Michigan, enquanto visitava a famosa coleção Freer. Havia contemplado durante horas quadros chineses de árvores em paisagens nevosas. A luz do dia estava desaparecendo e como não eram permitidas lâmpadas ou velas, não havia nada a fazer senão começar a ir embora. Quando estava me levantando da mesa voltei-me, e sem me dar conta de que estava olhando para fora através de uma janela, para objetos naturais e não artefatos, gritei: "Olhe, olhe, estas árvores são ainda mais belas!" De fato elas eram, pois como pode o homem competir com a "natureza"? Eu fora capacitado a sentir isso sem a ajuda de um artista para revelá-lo.

Não sou competente para lidar com o problema e, tendo lido pouca filosofia, não sei se já foi tratado — quero dizer a questão que diz respeito ao que é que eu, que me tornei meu próprio artista, vejo em qualquer dado objeto, digamos uma flor, uma árvore, um animal — uma qualidade de arte que nenhuma obra de arte que represente o mesmo objeto pode igualar.

Sendo, como somos, praticamente vasos idênticos para acumular tanto de caos, e instrumentos igualmente idênticos para moldá-lo em objetos que presumivelmente todos reconhecemos como idênticos, o que acontece aos objetos quando a pessoa percebe neles, além daquilo que todos vêem e sentem, no que lhes diz respeito, uma qualidade de arte que apenas poucos de nós podem ver que nenhum artefato pode igualar? Está ela ali e sempre esteve ali permanecendo oculta para a percepção, até que alguns de nós com certos dons tentam desvelá-la e conseguem torná-la mais e mais perceptível? Os véus, sem dúvida, parecem inumeráveis, de modo que nunca penetramos na manifestação plena e o revelador, o artista, pode nunca chegar a ver o fim de sua tarefa. Ou está na pessoa, que por acaso é um instrumento invulgarmente projetado para moldar e formar que, quando molda e forma, adquire poderes sempre mais penetrantes e maiores capacidades para emitir de si mesma as qualidades que comunica àqueles que são mais parecidos consigo no perceber e apreciar, embora não no criar? Faço estas perguntas mas não posso conceber nenhuma resposta que poderia entender ou sobre a qual poderia discutir.

Mas voltando à revelação que tive em Spoleto: esta revelação aumentou meu desfrute da obra de arte e quanto maior a confiança que senti em minhas próprias sensações e percepções ou, para falar mais acuradamente, na genuinidade dos sucessivos êxtases que estava experimentando, tanto mais estava aliviado da incerteza a respeito de sua realidade e fidedignidade subjetivas. Em outras palavras, como acontece em toda experiência mística, adquiri fé em minha visão e sua revelação de valores. Esta fé nunca me abandonou, embora com muita freqüência se tenha momentos de aridez quando, como para o místico religioso, Deus está fora do alcance.

Finalmente essa mesma revelação levou-me a perceber que embora sentir o movimento não seja talvez bem o mesmo que sentir a qualidade, os dois são quase o mesmo, de fato muito idênticos quando na mesma trilha, a trilha, a saber, de linhas, curvas e figuras lineares. Apenas quando existe um atributo de luz e sombra, isto é, de modelação com transições do escuro para a luz, ou luz para o escuro, em vez de com contornos, só então o movimento não é idêntico à qualidade.

Se sentir o movimento ou sentir a "linha funcional" — como o chamei em meu *Drawings of Florentine Painters* (1903) — é quase idêntico ao sentir a qualidade e, se é psicologicamente uma condição do êxtase, pode ser tão raro quanto a experiência misticamente religiosa e igualmente ininteligível para aqueles que não a tiveram. No reino da arte, como no reino da fé, o espírito floresce onde deseja e quem quer que tenha bom gosto para roupa e até seu criado ou criada, ou quem quer que tenha inclinação para mobiliar poderá ter esta sensação enquanto o pintor ou escultor que cria obras que têm movimento com muita freqüência não se dará conta dela conscientemente em sua própria obra e deixará de reconhecê-la nas obras de outros e de fato na própria natureza.

Assim não raro me aconteceu encontrar sensação mais rápida, mais profunda, mais convicção e confiança na presença de obras de arte, entre alfaiates, modistas, camiseiros e tapeceiros, em rapazes elegantes e em moças atraentes do que na maioria de nós historiadores, críticos e estetas.

Não posso esquecer que uma das mais admiradas autoridades de minha época, ele próprio um pintor, um estilista em prosa e um pioneiro em descobrir sempre novo gênio, perguntou-me o que eu queria dizer por movimento em uma linha. Consegui fazer com que ele o sentisse naquele momento. Ele já era, contudo, demasiado famoso, demasiado generoso em distribuir, para ter energia ou lazer para receber. Quanto aos eruditos que abordam a arte através de textos, inscrições, arquivos e apenas palavra escrita, não posso lembrar de muitos cujas publicações revelem que experimentaram o movimento, a qualidade ou o estilo da linha.

Disse agora mesmo que igualo movimento à qualidade. Vou mais longe e igualo ambos ao estilo. Estou bem ciente de que possa ser requerida muita explicação para tornar claro meu pensamento, e muita discussão antes que possa ser aceito por outros. Permitam aqui que me valha do ensejo para observar que "bom desenho" é outro sinônimo para movimento. Um desenho correto pode ser um artefato valioso, cheio de informação desejada a respeito do objeto reproduzido, mas continua sendo um mero diagrama a não ser que possua também movimento. Quando possui movimento podemos também afirmar que tem qualidade e estilo.

Antes de deixar o assunto do movimento no sentido proposto, permitam que relembre a anedota de Apeles e Protógenes e pergunte se não revela uma idêntica apreciação da linha no movimento: Apeles foi visitar Protógenes e, não o encontrando em casa, deixou como cartão de visita uma linha desenhada em um painel preparado para pintura. O "O de Giotto", relatado por Vasari, também pode ser posto em conexão. Estou tentado neste ponto a perguntar se Platão no *Fileho* poderia possivelmente ter pensado na linha em movimento quando fala que por beleza de forma quer dizer linhas retas e círculos e as figuras planas e sólidas que são formadas por tornos rotativos, réguas e medidas de ângulos. Ele afirma que esses são não só belos de modo relativo como as coisas comuns mas eterna e absolutamente belos. É de se temer que Platão tinha em mente exatamente aquilo que os pintores "abstratos" e "não-objetivos" estão produzindo agora. Mas se ele voltasse para nós hoje em dia encontraria seu desejo realizado não tanto pelas pinturas "abstratas" e "não--objetivas" que são no momento a moda, como por nossa maquinaria e nossas armas. Sua dialética, sua realização, sua perfeição geométrica ultrapassaria qualquer coisa que ele pudesse ter imaginado ou concebido.

Fundamentos em Artes Figurativas

Tendo proposto definições de "valores táteis" e "movimento", simples definições de trabalho, entretanto por enquanto suficientes, volto à declaração feita antes, a saber, que os fundamentos em uma obra de arte são primeiro os "valores táteis" e depois o "movimento".

Nem remotamente alguém sugeriria que são suficientes para tornar as obras de arte completas e perfeitas. Há muito além dos valores táteis e movimento em toda grande pintura e escultura. Existem as proporções das figuras individuais e o arranjo do desenho; há a composição do espaço; há o tópico da ilustração, a questão da significação espiritual, além da essência fornecida pelos valores táteis e movimento. É minha intenção, à medida que este livro prossegue, tocar nestes elementos do problema e acentuar sua importância. Mas repito, aqui, que um artefato continuará sendo uma obra de arte não importa que aspecto tenha, se possuir valores táteis ou movimento, ou, ainda melhor, ambos.

Com esta convicção como pedra de toque, podemos percorrer o mundo inteiro, e desde os mais remotos remanescentes de Aurignac e magdaleanos rabiscados e entalhados em pedras, borrados e pintados em cavernas, ou modelados em argila, até as realizações de hoje em dia, nada precisa escapar à nossa apreciação, ao nosso deleite, ao nosso amor. Altamira e as cavernas da Dordonha bem como os mais recentes bosquímanos deixaram desenhos murais que possuem movimento e valores táteis adequados. Também os possuem as esculturas negras e maias e os entalhes em madeira da Indonésia, do Pacífico Sul e escandinavos; as iluminuras irlandesas, bronzes citas, vasos Shang e Chou e os afrescos de Ajanta; as esculturas Wei e pinturas Sung e muitíssimos artefatos que não teriam em absoluto parecido arte para meus próprios educadores uns sessenta anos atrás.

Esses educadores ainda viviam em um mundo de configurações que exclusivamente pareciam dignas de consideração como obras de arte; configurações limitadas em sua maior parte a um par de séculos de realização grega e seus imitadores, uma geração ou duas de gótico, o "Alto Renascimento" e alguns artistas individuais desde então, Guido, talvez Rembrandt e ainda duvidosamente Velásquez. Tudo mais era Etnologia ou má arte. Relembro quando menino de meu primeiro relance para entalhes chineses e japoneses em museus de História Natural; e os melhores espécimes de objetos de madeira ou pedra africanos, do Pacífico e até da América Central ainda não podem ser vistos apenas em coleções etnológicas? Quanto à escultura românica, quem naquela época conhecia Moissac, Souillac ou Saint-Gilles, ou a riqueza da estatuária e relevos do século XII por toda a Europa latina, desde a Galícia atlântica até a Hungria danubiana, de Bergen a Bari?

Entretanto, aqueles que (como o compilador de um recente livro de fotografias sobre a arte grega, que deliberadamente ignorou todas as obras-primas criadas entre o arcaico e o bizantino) não gostam da escultura antiga e são loucos por tudo que é exótico não têm razão para zombar. Eles também vêem apenas as configurações e é suficiente que estas não sejam clássicas mas distorções de nosso modo tradicional de ver, para dar-lhes a satisfação de serem modernos como amantes de arte. No entanto tudo que fazem é amaldiçoar as configurações que seus antepassados abençoaram. Estas configurações contribuíram muito para construir uma desejável Casa da Vida, ao passo que as confusas, como meras formas, podem na melhor das hipóteses iniciar-nos na civilização de uma aldeia selvagem.

Valores Táteis e Movimento em Escultura

Os valores táteis e tudo que queremos dizer com eles: como, pode-se perguntar, aplicá-los à Escultura? É uma questão que espero discutir em uma próxima obra, onde esta arte reclamará mais atenção do que a Pintura. Aqui será suficiente observar que a Escultura, enquanto usa materiais que possuem sua própria massa, configuração e peso, transcende-os quando não os ignora. Quem, quando olhou para a criselefantina *Atená* de Fídias, pensou na massa, peso e configuração originais do ouro e marfim que foram usados para produzi-la? Se massa e peso retêm significado na Escultura é como na Pintura através das figuras representadas e não através do volume original. Isto seria mais manifesto se a Escultura retivesse o colorido — com freqüência surpreendentemente natural — que quase sempre tinha até muito depois do Renascimento, quando caiu em desuso. Frontões com figuras arredondadas e frisos em baixo-relevo vistos a certa distância devem ter parecido mais como quadros do que podemos agora acreditar. O mesmo aconteceu com a estatuária nos portais de igrejas medievais, como ainda podemos ver na realidade em Saint-Germain-des-Prés, no coração de Paris, e nas reproduções em inúmeras pinturas e manuscritos iluminados.

O pouco senso de volume e peso na pedra ou mármore como meios na escultura é belamente ilustrado pela estatuária do gótico tardio em toda a Europa. Ele é em toda partícula tão frágil e tão pouco capaz de evocar qualquer coisa sólida quanto o é a pintura do mesmo período, de cujas falhas compartilha tão abundantemente, embora tenha tão pouco de suas qualidades.

Cor

Já enumerei vários elementos, além dos valores táteis e movimento, que contribuem para formar a completa obra de arte, mas ainda não fiz nenhuma menção daquilo que pode parecer de primeira importância, o elemento de cor.

De acordo com o método de pensar que foi mais ou menos esboçado aqui, onde a obra de arte é encarada como existente em um reino de sensações ideadas e não de sensações como aquelas experimentadas no mundo de cada dia, a cor é um assunto difícil de ser tratado. Pois a cor pertence ao mundo de sensações imediatamente presentes e não apenas imaginadas, e só é menos material do que o gosto, o olfato ou o tato, porque é percebida por um dos dois sentidos que transmitem por sinais, relatam e informam, e não pelos três mais canibais. Os artefatos coloridos têm muito em comum com os produtos de confeiteiros ou coquetéis. Como estes, podem ser delicados ou deliciosos e o produto de grande habilidade por parte do confeiteiro ou *barman*. Apenas nos têxteis produzidos por nômades não-ocidentalizados a cor representa o supremo papel, consistindo o desenho apenas em superfícies contrastantes de padrão geométrico. Os príncipes de Ormuz e de Ind, que passam seus dedos por sacos de pedras preciosas, não só pelo orgulho do poder que as grandes posses dão, mas também pelo tato, e talvez principalmente pela alegria e cintilação da cor, não serão julgados capazes de apreciá-las como obras de arte.

Pode-se perguntar perfeitamente quanta arte, diferente do simples engenho, existe em nossos melhores vitrais dos séculos XII e XIII. Seu desenho não é fácil de decifrar, de tanto que está fundido na cor; e quando decifrado quão inferior é em atração! Já vi vitrais, não meros fragmentos, mas vitrais inteiros, de St. Denis removidos do interior em que foram projetados para transfigurar e confesso que nosso deleite neles assim isolados não era tão diferente da exultação do Rajá nas mancheias de esmeraldas, rubis e outras pedras preciosas. Os turcos, guiados por seu credo, entenderam isto e não tentaram fazer figuras nos vitrais adornados de jóias de suas mesquitas, por exemplo na Suleiman, em Constantinopla.

Nas pedras preciosas e duras, e suas imitações em massa vítrea e vidro, bem como em cerâmica e têxteis, o prazer sensual da cor é tão mais importante do que qualquer ideação evocada pelo desenho, que podem ser classificados como obras de arte apenas em um sentido limitado. Como já foi sugerido quando se falou de materiais, eles representam um papel secundário em épocas de grande criação, e assumem uma posição dominante em tempos de decadência. Provavelmente as colunatas gregas eram pintadas de azul ultramarino e vermelhão. Muitas se não talvez todas as esculturas em mármore dos séculos gregos antes de Cristo eram tingidas. Platão fala como se em sua época toda a estatuária estivesse revestida de corantes (*República,* 420 c). Foi apenas sob os romanos que a arquitetura e escultura gregas passaram a usar primeiro mármores multicores, depois pedras duras e semipreciosas, basaltos, granitos, pórfiro e finalmente mosaico de vidro. Este último, a propósito, pode ter sido sugerido pelo revestimento de ouro aplicado às paredes interiores de templos, como foi feito por Antíoco IV em Antioquia. Pareceria como se a forma e a cor não pudessem existir juntas e que quando a primeira decaiu a outra cresceu e floresceu. Afigura-se, além disso, que a forma era a expressão de uma sociedade em que a vitalidade e a energia eram severamente controladas pela mente, e que à cor entregavam-se as comunidades onde o cérebro estava subordinado ao músculo. Se estas suposições forem verdadeiras, podemos alimentar a esperança de que uma maravilhosa explosão de cor está à nossa frente.

Em todas as variedades de representação e reprodução visuais de objetos que supomos estarem fora de nós, e de imagens que esvoaçam por nossas mentes, a cor deve necessariamente ser o servo, primeiro da configuração e do padrão, e depois dos valores táteis e movimento. A cor não pode vaguear livremente mas deve servir ao reconhecimento e identificação rápidos, facilitar a interpretação das configurações e a articulação das massas, e acelerar a percepção da forma, ou valores táteis, e movimento. Nas artes figurativas não podemos sacrificar qualquer destes a fim de atingir o não-adulterado prazer da cor que é oferecido por têxteis, jóias, pedras preciosas e vidro, bem como por certos metais e esmaltes.

A cor então deve ser subordinada, pelo menos na Pintura, onde nosso sentido de veracidade e do que é "fiel à natureza" é mais facilmente ferido; e a cor só pode representar o papel de luz e sombra tingidos, de um claro-escuro policromo. "As mais belas cores aplicadas confusamente", diz Aristóteles, "não darão tanto prazer quanto o contorno em giz de um retrato" (*Poética,* VI, 15). Cavalos cor-de-rosa e verdes podem ser tolerados em um experimentador *incunabuloso* como

78

Paolo Uccello, mas lembro-me de ter estremecido ao olhar retratos impressionistas com faces, bustos e mãos borrados de vívido verde-folhagem refletido da ramaria circundante, laranja e escarlate das sombrinhas seguradas pelas pessoas. Se a intenção claramente expressa de Uccello, Besnard, Rolle ou Zorn tivesse sido estudar o efeito das reflexões sobre os pêlos dos animais ou peles das mulheres, teríamos nos adaptado adequadamente. Este não era o caso. Os referidos retratos quase não encontrarão agora os admiradores que tiveram quando sua mera novidade excitava e, por um instante, fascinava o espectador.

Assim, quando eles se tornaram mestres completos de sua arte, o idoso Tiziano, o idoso Hals, o idoso Rembrandt, e Tintoretto e Veronese em sua maturidade, tendiam a pintar em uma espécie de monocromo, de um tom fraco no caso dos primeiros três e de um tom forte no dos outros; mas em todos eles muito distanciado da exibição infantil de ouro, escarlate, azul ultramarino e outras tintas deslumbrantes, e isto explica a resposta que o Trezentos ou o Quatrocentos catalão e alemão encontram em todos nós, que não superamos o anseio pelo reino encantado, ou o anelo por uma nova Jerusalém visualizada como um cartão de Natal.

O problema da cor nas artes figurativas bem como em outras artes de representação visual é complicado. Longe de mim fantasiar que os parágrafos precedentes oferecem algo como uma sinopse das questões a serem discutidas. Tudo que desejo sugerir aqui é que a cor é subordinada à forma e ao movimento; como, por exemplo, o cabelo na cabeça, tão ornamental é transfigurador, está subordinado ao crânio e à face. A justiça da comparação é reforçada pelo fato que, como o cabelo humano, a cor pode prolongar por algum tempo uma animação sepulcral própria, depois que a vida espiritual e física abandonou o corpo. A cor pode sobreviver à maioria das outras feições de uma arte decadente.

Antes de deixar o assunto por enquanto, aventuro-me a duas observações ulteriores. Em primeiro lugar a cor é um pobre imitador. A forma e o movimento podem parecer representar os objetos de um modo que corresponde de perto à minha própria visão; a cor nunca. Onde, em toda a extensão da Pintura, existe uma reprodução adequada da carne, sem mencionar uma perfeita? Aceitamos quadros do nu sem esperar que eles se igualem às cores da pele. Nem Botticelli, nem Giorgione, nem Correggio, nem Tiziano, nem Rubens, nem Rembrandt, nem Boucher, nem Ingres, nem Manet, nem Gauguin, nem Degas, nem Renoir oferecem mais do que substitutos convencionais para a cor da carne.

Devo então observar além disso que estamos propensos a confundir o problema da cor com o problema da tinta ou pigmento; pois a tinta não é meramente cor, ou apenas cor. O verdadeiro pintor, um Veronese ou Tintoretto, um Rembrandt ou Velásquez, um Renoir ou Cézanne, não usa a cor como Botticelli ou Michelangelo, para tingir seus cartões modelo, mas usa-a como um material, como argila, mármore ou bronze no qual trabalha, dominando ou levando a melhor de suas resistências e lucrando pelas vantagens que ele proporciona. Um grande pintor é aquele que faz o melhor uso dos pigmentos do modo que acabei de indicar. Ele pode ser também um grande colorista, pois os efeitos mais magníficos de cor podem ser produzidos apenas pelo artífice que extrai dos pigmentos o equivalente visual daquilo que o compositor arranca de seus instrumentos musicais. Neste sentido que pintor é um colorista supremo? Certamente não um Renoir.

Menciono Renoir precisamente porque ele é tão colorido, e desejo insistir que ser colorido não é o mesmo que ser um colorista. Um mosaico florentino é colorido. Assim são as reproduções em mármores coloridos ou tingidos de quadros feitos para os altares de São Pedro. Assim são os Rubens mais pobres, e os melhores Jordaens. Assim são Holman Hunt e a maioria dos "pré-rafaelistas" ingleses, e assim são todos os "nazarenos" alemães. Nem colocaria entre os grandes coloristas um artista como Greco — o Greco admirado pelos esnobes da cultura — que usa pigmentos para chocar e impressionar só como o trovão de palco. O melodrama não é grande arte no campo visual mais do que o é no mundo das palavras. A arte é um monarca demasiado poderoso para ter a necessidade de gritar e berrar a fim de chamar a atenção. O Senhor veio a Elias não na tempestade e tumulto, mas em uma voz tranqüila e fraca.

Basta de cor como decoração. Mais tarde com relação à Ilustração encontrá-la-emos novamente. Mas permitam que insira uma nota rascunhada em 29 de abril de 1931: os valores viscerais são para a cor aquilo que os valores táteis são para a forma e os valores respiratórios para a composição do espaço. Os valores táteis referem-se a nossos contatos corporais com o mundo externo; os valores viscerais referem-se às sensações de conforto ou desconforto dentro de nossos corpos; os valores respiratórios (que equivalho aos valores espaciais) referem-se à nossa sensação de liberação, de liberdade do peso, e à ilusão de ascender a relações harmoniosas com o céu e o horizonte. Os valores viscerais, que equivalho a valores de cor, são relacionados de perto com os valores térmicos ou de temperatura. De fato, falamos constantemente de cores como "quentes" ou "frias", "mornas", "geladas" ou "tépidas". Por esta entre outras razões, o tom na pintura deve ter maior importância do que a cor local ou variegada. Partículas de cor diferente espalhadas sobre uma superfície podem produzir apenas alfinetadas de morno e frio, gelado e quente, ao passo que o tom causa um efeito contínuo dominante.

Não pode haver nenhum absoluto em estética dialética mas a arte visual goza de um absoluto relativo, pois depende de tais constantes como as funções corporais ideadas. A arte visual torna-se caprichosa, volúvel e na melhor das hipóteses meramente divertida quando foge completamente daquelas funções; e deixa de ser arte quando reduzida a configurações geométricas e diagramas abstratos.

Finalmente, se um quadro atrai através dos valores táteis os contatos externos ideados, através dos valores viscerais as sensações internas ideadas de toda espécie, e através dos valores respiratórios ideados as nossas relações harmoniosas com o espaço, então a Pin-

81

tura é, como Leonardo sustentou, a mais ampla e a mais completa das artes visuais.

O Momento Estético

Alguns parágrafos atrás usei a frase "momento estético". Uma palavra de explicação não pode ser inoportuna aqui.

Na arte visual, o momento estético é aquele instante fugaz, tão breve a ponto de ser quase infinito, em que o espectador está de acordo com a obra de arte que está olhando, ou com a realidade de qualquer espécie que o próprio espectador vê em termos de arte, como forma e cor. Ele deixa de ser seu eu comum, e o quadro ou construção, estátua, paisagem ou realidade estética não mais está fora dele. Os dois tornam-se uma entidade; o tempo e o espaço são abolidos e o espectador é possuído por uma percepção. Quando recobra a consciência rotineira é como se tivesse sido iniciado em mistérios iluminadores, exaltadores e formativos. Em resumo, o momento estético é um momento de visão mística.

Decoração e Ilustração

Termos que reaparecerão constantemente neste livro são "decoração" e "ilustração". Uma distinção nítida foi feita primeiro em meu *Florentine Painters,* escrito na primavera de 1895. Não deixou de ser aceita, mas não como deveria ter sido, sem dúvida porque foi colocada demasiado breve e abruptamente. Isto deve ser remediado antes de seguirmos adiante. Sem um sentido agudo da diferença continuaremos a confundir os assuntos, a entender mal uns aos outros e a discutir.

A decoração abrange todos os elementos de uma obra de arte que a distinguem de uma mera reprodução da configuração das coisas: os valores táteis e movimento é claro, proporção, arranjo, composição do espaço, em resumo, tudo no campo da representação visual que é tornado enriquecedor por meio de sensações ideadas. Em outros termos, a decoração é apresentativa e não representativa. A parte representativa é a ilustração.

Os valores táteis e movimento foram, eu espero, assaz definidos para o propósito em pauta, embora longe de adequadamente em qualquer sentido metafísico. Pode ser oportuna uma palavra a respeito de proporção, arranjo e composição do espaço.

Proporções

As proporções são as relações das várias partes da figura humana umas com as outras que melhor se prestam para descrever os valores táteis e para oferecer a ilusão de que somos alguém com um corpo que se mantém tão bem, respira tão bem, está tão bem adaptado para a ação competente de modo que conseguimos o máximo enriquecimento dele. Para o pleno efeito desta imaginária auto-substituição, o nu é preferível. É apenas através do nu que a identificação é completa e instantânea, como nas estátuas gregas do século V, em particular aquelas do assim chamado "estilo severo".

O Nu

O nu não é o despido. É um produto convencional, o resultado de milhares de anos de esforço consciente e inconsciente e muito pensar laborioso. Começou talvez com os egípcios pré-dinásticos, e absorveu as mentes de artistas gregos antigos e renascentistas italianos. O nu em arte é um cânone transmitido por estes criadores, e está agora estabelecido de modo tão firme que qualquer homem comum visualiza em seus termos tão ingenuamente quanto usa sua língua nativa, que a propósito levou menos séculos para ser moldada. Também forma seus padrões. Ele atribuirá beleza a corpos humanos despidos, na medida em que eles se assemelhem a esta configuração ou padrão.

O nu então, já é uma criação de arte, gerado e desenvolvido pela necessidade de fornecer configurações com as quais podemos nos identificar de modo

83

muito fácil: configurações como as nossas próprias, mas libertadas de defeitos, lisonjeiramente proporcionais e que se movem de modo livre.

Portanto, o nu, e melhor de todos o nu ereto e frontal, tem sido através de todas as eras em nosso mundo — o mundo que descende do Egito e da Hélade — a preocupação principal da arte de representação visual.

Composição

Quando a figura não é vista apenas por si só mas com outras, o arranjo torna-se necessário, e tanto mais necessário quanto maior o número de figuras que estiverem em ação. Quando estão em posição vertical, umas não se metem no caminho das outras e podem ser comprendidas e desfrutadas como se cada uma estivesse sozinha. Se, por outro lado, agem, e agem juntas, é preciso tomar cuidado para que os valores táteis e movimento de uma figura não sejam confundidos com os de outra, ou estejam até ocultos atrás dela. Se a figura inteira não pode ser mostrada deve ser colocada de tal maneira que não se perca aquilo que não está representado. O apinhar portanto deve ser evitado, a não ser que de fato o artista deliberadamente vise a (como Michelangelo em certos desenhos para seus afrescos da Sistina, ou Leonardo para sua *Epifania,* ou Rubens em seus numerosos esboços a óleo em Munique e em outras partes) um efeito de massa compacta com a mesma energia comum palpitando e arfando dentro dela.

Composição do Espaço

A arte de conseguir os máximos valores táteis e movimento das figuras e massas em ação é conhecida como composição ou desenho. Desde o começo da História, a tendência tem sido compor em duas dimensões como se não houvesse espaço atrás das figuras isoladas ou grupos. Rostovtzeff estabeleceu que a pintura pompeiana evitava de modo sistemático a profundidade da paisagem. Quando a ciência florentina finalmente capacitou os pintores a arrumarem os objetos em perspectiva, eles continuaram colocando as figuras como se estivessem na anteborda de um mapa em relevo. Para exemplos precisamos apenas olhar para o retábulo de Pollaiuolo em S. Miniato, ou seu díptico de Hércules em Uffizi. Foi Perugino quem iniciou e Rafael quem aperfeiçoou aquilo que chamei de "composição do espaço", composição que (como praticada pelos Van Eyck duas gerações antes) não só é em três dimensões, mas sugere a amplitude e a liberdade cercada das dimensões cósmicas. Esta última aquisição foi tão pouco apreciada que continua sendo duvidoso que tenha sido sentida algum dia tão criativamente quanto Rafael a sentiu. Claude e Turner amiúde, e Rembrandt, Seghers, Constable, e Cézanne só às vezes, parecem tê-la entendido e tentado com certo êxito. A imitação meramente cênica bastava para a maioria dos artistas. Até o problema de relacionar um sólido com um dado espaço está longe de ser solucionado na pintura de hoje e é concebível que o desespero e a exasperação por causa das dificuldades envolvidas levaram ao Cubismo, Futurismo, Dadaísmo, Surrealismo etc., todos eles caracterizados por zombar da terceira dimensão ou blefá-la, e ignorar as relações do espaço.

Mas o que dizer da paisagem chinesa ? A paisagem chinesa oblonga, quadrada ou vertical possui composição de espaço com tanta freqüência quanto as paisagens européias. A resposta é mais difícil no que diz respeito às paisagens contínuas dos famosos Mestres Sung. Quando as desenrolamos é curiosamente fácil mostrarmos partículas que por si só fazem boas composições de espaço, tão fácil que o fazemos de modo instintivo. Como isto acontece é um problema que preciso deixar para outros solucionarem. Talvez seja porque, tendo nos tornado nossos próprios artistas, expomos aquilo que basta para um ato de visão, exatamente como na própria natureza entendemos com um olhar o que faz uma composição do espaço ?

Isso por enquanto seria o suficiente a respeito do espaço. Infelizmente um outro professor alemão de nome eslavo, August Schmarsow, há uns sessenta anos, abriu um novo campo de interesse pelo espaço, não como o vácuo insignificante pelo qual fora tomado até então mas como a única existência. Os objetos, sejam grandes ou pequenos, só existem para fazer-nos compreender a mera extensão, e existem apenas para isso, embora eles mesmos sejam somente interrupções impertinentes do vácuo místico. Assim, o escrever sobre arte germanófila tem sido cada vez mais dedicado à discussão da determinação do espaço, preenchimento do espaço, espaço isto, espaço aquilo — mas que eu me lembre nunca a composição do espaço. Os objetos são interessantes na medida em que ocupam espaço. Um muito admirado escritor sobre Giotto foi tão longe a ponto de declarar que os valores táteis eram apenas questões de espaço.

Essa preocupação levou ao culto do espaço no abstrato, e a interpretações fantasiosas do tratamento do espaço na assim chamada pintura "cristã antiga". Aliás, esta pintura, caindo mais e mais na senilidade, voltou ao modo infantil primitivo de ignorar completamente o espaço como o fizeram os antigos egípcios e sumérios. De fato, até Empédocles, ninguém parece ter tomado bastante interesse no espaço para notar que ele não era um vácuo total, mas estava preenchido com ar.

O problema dos germanófilos é que eles nunca parecem considerar a arte como uma experiência. Se algum deles o fizesse, poderia ocorrer-lhe como ele, quando criança, tentou representar os objetos em uma lousa ou um papel, digamos cachorros, cavalos e bípedes de toda espécie. Relembro claramente que a questão de representar o espaço que se estende entre sólidos massas nunca me perturbou. O espaço como uma entidade não existia. Eu dispunha os objetos para a direita ou esquerda, para cima ou para baixo sem pensar na sua relação uns com os outros. Os antigos egípcios dinásticos mal ultrapassaram este modo de visualizar o espaço exemplificado na civilização nilótica pré-histórica por exemplo, a badariana. Representavam-no colocando sólidos em filas uma acima da outra com vazio entre elas. Um sutil egiptólogo alemão recomendava que olhássemos para tal representação não no plano vertical como comumente fazemos, mas no horizontal em que estas filas de figuras, bípedes ou quadrúpedes e outros objetos erguer-se-ão e tomarão seu lugar umas atrás das outras como batalhões em parada.

E assim foi com a maioria das tentativas de representar vários sólidos no mesmo plano, mais ou menos como nos vasos chineses, quase até nossa própria época. Foram os assírios que despertaram para uma noção de espaço como agora o sentimos, e no relevo em pedra ou bronze conseguiram pela primeira vez dar um sentido do que existia, e o que acontecia nas posições intermediárias entre os sólidos, *e assim inventaram a paisagem.* Foi adotada pelos gregos na Lícia, e através da estrada da Mesopotâmia desceu para a Índia. Por todo o Egeu teve pouco êxito. O mundo grego como um todo parece ter possuído pelo espaço leve interesse limitado ao seu meio, por assim dizer. Nunca foi talvez bastante forte para penetrar em meros artesãos pintores e escultores; o que pode ter ocasionado sua ausência no trabalho que fizeram para proletários da mesma classe, a maioria esmagadora dos primeiros cristãos.

Paisagem

A paisagem, como até recentemente e durante vários séculos a apreciamos, é a arte de representar algo ao ar livre, onde a "natureza" (como definida na Introdução) domina e não permite que quaisquer artefatos, não importa quão próximos uns dos outros, amontoados ou importantes, monopolizem a atenção do espectador. Quando o fazem, como em Pannini, em Canale, em Bellotto e em milhares como eles, são panoramas de cidades ou quadros de arquitetura e não paisagem. Cézanne ao contrário, mesmo quando amontoa ou coloca em terraços várias edificações, nunca nos deixa em dúvida de que não está interessado apenas nas estruturas mas muito mais nas posições intermediárias, as distâncias percebidas entre elas.

A Pintura quando age apenas através do olho, pode nos fazer desfrutar a natureza como raramente desfrutamos enquanto a experimentamos, e assim cumpre sua meta mais alta, que é dar-nos a ilusão de funcionamento rotineiro melhor do que comum.

O propósito destes poucos parágrafos não é discutir como isso deve ser realizado. Só podemos nos permitir uma olhadela naquilo que a paisagem pode fazer e fez.

As representações cruamente pictográficas ou simbólicas da mais remota antiguidade cederam lugar na arte bizantina à espécie de paisagem simbólica que encontramos nos menológios do período macedônico. Isso foi adotado por pintores do mundo latino, quer de manuscritos, painéis, quer de afrescos, e estava na moda até o século XV. Foi seguida por dois tratamentos divergentes: por um lado, os Van Eyck, Rogier van der Weyden, Van der Goes, Dierick Bouts e os discípulos renanos que, como "o Mestre da Vida de Maria", vivificam-nos com a ilusão de visão aumentada e iluminada; e, por outro lado, artistas como Gentile da Fabriano e Sassetta que, de modo ingênuo, com o uso apropriado do ouro, azul ultramarino e prata, atraem diretamente ao coração, usando os olhos como mero trampolim para alcançá-lo.

Seguiu-se a paisagem topográfica, quase cartográfica, como praticada, por exemplo, por Baldovinetti e Pallaiuolo em Florença e de modo menos tosco pelo emergente Giovanni Bellini em Veneza. No início do século XVI a pintura de paisagem estava se tornando mais e mais evocativa, romântica, cênica, não só na Itália com Giorgione e Tiziano mas no Norte com Patinier e seus companheiros.

Apesar das tentativas individuais de mera descrição, das quais a de maior êxito foi feita por Constable há mais de cem anos, a paisagem tem sido evocativa mais do que literal. Aventuro-me a questionar se mesmo Constable com seus maravilhosos dramas de céu não nos fascina mais como poeta do que como estudioso. A paisagem como a música liberta sensações e sonhos mais do que estimula a observação, e isto é tão verdadeiro para Cézanne e seus precursores franceses do século XIX como para os holandeses do século XVII e os chineses do período Sung.

ILUSTRAÇÃO

Uma definição negativa de ilustração como aquilo que em uma obra de arte não é decoração não serve. Tal definição reduziria a ilustração a algo indiferente, insignificante ou até oposto ao que é mais específico na obra de arte. A ilustração como praticada por todos, exceto os grandes mestres, expõe-se a tal acusação, mas não precisa fazê-lo. Não é meramente porque eles desenham ou pintam melhor que preferimos um Giotto a um Gaddi, um Rafael a um Giulio Romano, um Dürer a um Kulmbach, um Rubens a um Jordaens, um Goya a um Lucas, e assim por diante. É porque eles criaram mitos visuais maiores.

Um mito é o precipitado de uma mente que tem estado fermentando com as sensações, emoções e impulsos que recebeu do contato com um objeto ou evento vitalizadores. Na arte verbal, isto é, na Literatura, o objeto tem de ser um herói e sempre enriquecedor. Se ele cair ou até morrer deve ser por causa de um excesso de vitalidade, de uma superabundância de energia que o conduz ao conflito com forças esmagadoras reunidas contra ele.

Se por outro lado os eventos, no sentido aristotélico, são mais excitantes do que qualquer indivíduo envolvido neles, como acontece na *Ilíada,* nos *Eddas* e em outras sagas islandesas, ou em nossas baladas, nas epopéias francesas, e, é claro, no *Nibelungen* e o *Gudrun* alemães, estes eventos devem prestar-se ao aplauso de uma sociedade indiferente às conseqüências, contanto que seja provida com orgias de presunção comunal.

O que a Arte Visual pode fazer

A arte visual é mais inocente. Não pode acalmar, persuadir com agrados e lisonjear e menos ainda induzir-nos a nutrir uma ilusão mesmo momentânea de que nossas derrotas foram vitoriosas, ou teriam sido se não fosse pela traição e maldade! A arte visual não pode mentir, e não deveria ser acusada de fazê-lo, quando acontece de a ignorância ou a fraude tentar persuadir-nos de que um dado retrato não é de Lênin mas de Pedro o Grande, ou que uma garatuja de Sinibaldo Ibi é de Rafael. Em tais casos não é a representação que é mendaz, mas as pessoas que tentam fazê-la passar por aquilo que nunca pretendeu ser. Nem podem de fato enganar ninguém exceto os crédulos.

Tem-se debatido com demasiada freqüência e demasiado decisivamente a respeito do que a arte visual pode fazer e o que seria melhor que deixasse para a Literatura, para exigir discussão ulterior. O problema reside inteiramente dentro do reino da ilustração, e fora das fronteiras da decoração. Não há nenhum lugar para o feio na arte como decoração, mas só na arte como ilustração. A decoração dá seu próprio valor aos objetos independentemente do que são na realidade. Ela é indiferente ao tema e pode ser usada para vitalizar qualquer representação. Mas se uma representação causa repugnância ou provoca oposição, ou é meramente incôngrua, o "momento estético", como chamamos o instante de êxtase enriquecedor, não é alcançado e o efeito planejado não é produzido.

A Incongruência e o Grotesco

Acabei de mencionar a incongruência. Tomamos tanto por certo seu oposto, a congruência, que poucas vezes paramos para pensar, e raramente compreendemos qual o papel representado por ele. Tomamos determinadas configurações por certas, em particular todas as configurações animais familiares. Se nos deleitamos com a incongruência de monstruosidades como os achados do Kuban, é porque eles nunca lidam seriamente com a figura humana, mas com peixes, quadrúpedes corníferos etc., que têm apenas a relação mais remota com as configurações humanas. O corpo humano em si e por si só nada mais é que qualquer outro objeto "natural" dotado das qualidades enriquecedoras de uma obra de arte. Ele é agradável por várias razões biológicas, com as quais estão associadas muitas razões éticas. Sua autoridade deriva do fato de que decide inapelavelmente quanto ao que é e ao que não é coerente e côngruo em todos os outros corpos vivos, e quanto espaço deixa para o jogo. Certos desvios feitos por deliberados caricaturistas em todas as épocas, bem como por pintores destorcedores de hoje em dia, divertem enquanto permanecem dentro das paredes abrigadoras do grotesco permissível. A distorção deve evitar aproximações ou mesmo paralelos humilhantes. Lembro-me da aversão que senti quando criança no momento em que notei pela primeira vez a semelhança entre uma rã que nadava e uma criautra humana. A propósito, é curioso termos menos repugnância pelas semelhanças faciais com outros animais, rãs, peixes, ursos, gatos, elefantes, pássaros, do que por aquelas da figura inteira; talvez por nossos rostos serem tão móveis que estamos acostumados a surpreendentes mu-

91

danças de expressão. Na verdade, nossos corpos como um todo são raramente caricaturados. A intenção não seria reconhecida. O Anúbis de cabeça canina, o Khesmet de cabeça felina, e a Hator semelhante a uma vaca possuem troncos e membros humanos normais. O grotesco não é o incôngruo, e deve de fato evitá-lo. O grotesco pode deformar as figuras animais e humanas, exagerando uma ou outra feição, alongando ou engrossando e reduzindo proporções, mas nunca deve mudar as relações anatômicas ou multiplicá-las. Assim, além de outras razões que tornam a arte indiana tardia desagradável, nenhuma é mais válida do que os muitos braços e pernas de suas divindades folgazãs e dançantes. Os olhos não devem piscar da barriga, uma mão sair da cabeça, um pé da virilha. Além disso, feições como a boca e as orelhas, olhos e nariz, não possuem atratividade própria. O gosto do começo do século XIX pela semelhança de uma boca sozinha em marfim, ou um olho sozinho, é agora repugnante; e até o retrato em mármore ou cera de uma mão desvanecida é mais esquisito do que comovente.

O poder de vetar que a aversão, a repugnância ou a indiferença obstinada podem exercer é considerável. Até a moderada obscenidade de um Bosch, um Breughel ou um Brouwer tende a desviar a corrente de simpatia propulsionada por méritos ganhos no campo da decoração. Se toleramos certas páginas de Rabelais ou Joyce é talvez devido ao fato de as evocações verbais serem muito mais fracas do que as visuais. O perigo reside no contrário. Um rosto atraente, belas pernas, gesto gracioso podem ser usados quase inconscientemente para criar um anseio por Eros, ou podem ser mal utilizados de modo deliberado para excitar a luxúria. Eles podem também ser empregados para atrações sentimentais, e podem ser facilmente transformados do plano intransitivo, do estético, os reinos das sensações ideadas, para o transitivo e ativo.

Expressão Facial

A expressão facial como uma arte e um gesto específicos pertencem antes de tudo ao mimo e ao palco.

O pintor ou escultor que os explora compete por seu risco com o ator. O ator tem a aparência e comporta-se da maneira que o faz apenas durante os minutos que sua representação teria na vida, ao passo que o pintor e o escultor perpetuam indefinidamente aquilo que deveria ser um momento fugaz. É claro que existem boas e más maneiras de fazer aquilo que seria melhor que a arte pura não tocasse. Assim alguns entalhadores e pintores espanhóis supremamente, e alguns alemães em alto grau, podem expressar pesar e até desespero de modo a despertar admiração solidária, ao passo que os franceses fazem-no indiferentemente e os italianos quase sempre mal, às vezes abominavelmente.

O italiano era demasiado artista para ser bem sucedido naquilo que a arte não deveria tentar. Pois na arte visual, só o sofrimento isolado pode ser representado, o trejeito de dor, o definhamento provocado pela angústia, ao contrário da Literatura, que pode simultaneamente representar e conformar-nos com a razão, heróica ou talvez retribuidora, que levou a este sofrimento.

Ilustração Autônoma

A ilustração como uma arte independente, autônoma, expressa em termos de forma visual os anseios e êxtases bem como os sonhos idílicos do coração que, quando traduzidos em palavras, são poesia e em harmonias, sem palavras, de som rítmico são música. Ela é muito mais restrita em âmbito, e muito menos comovente em atração do que a poesia ou a música. Justamente por ser muito menos evocativa e excitante, presta-se melhor à contemplação, ao desfrute de "emoção recordada na tranqüilidade". Não pode expressar o *cri du coeur*, o enlevo do deleite, a indignação, a piedade ou lágrimas que a poesia e a música podem expressar. Se empreender alguns destes, está fadada a fracassar porque gestos violentos e feições destorcidas, olhos virados e movimentos convulsivos provavelmente gerarão tanto repulsa como simpatia, e são, na melhor das hipóteses, informativos mais do que inflamadores. Sons que são música e palavras que são poesia vão direto ao coração. Se a ilustração insistir em tais tentativas cai nas puerilidades dos iluminadores medievais de Saltérios que representam Davi em toda realeza lançando sua alma na imagem de um bebê enfaixado, ou então mostra distorções das feições através de presunção explosiva, como em Frans Hals; ou alegria vulgar, como nos Breughel, Jordaens e Cia.; ou pesar, como em Carlo Dolci ou Morales; ou os êxtases insípidos de Guido, Greuze e outros de sua classe.

Entretanto até Guido é às vezes um ilustrador no melhor sentido da palavra, como em *A Corrida de Atalanta,* o *Sansão* e o *Massacre dos Inocentes,* porque nestas obras-primas das galerias de Nápoles e Bolonha e ainda mais naquela composição radiante, sua *Aurora* Rospigliosi, Guido não consegue seus efeitos apenas através de mudanças faciais, que descrevem em vez de comunicar aquilo que o personagem possa estar sentindo, mas também através de elementos enriquecedores; através de valores táteis e ação dos corpos, como o arranjo das figuras e sua relação com o espaço que dominam.

O que um artista secundário como Guido pôde realizar com seus valores táteis relativamente fracos e pálida cor de carne poderia ser facilmente superado por desenhistas melhores, por exemplo, os pintores de vasos áticos e outros mestres antigos, cuja grandeza vislumbramos de modo indistinto em cópias nas paredes de Pompéia e Herculano; ou pelos criadores helenísticos posteriores da sublime iconografia da Igreja Triunfante; pelos intérpretes românicos da história cristã que culminam em Giotto; os toscanos, desde Masaccio, com seus afrescos solenes, até a majestade de Michelangelo na Capela Sistina. Depois temos Rafael, que deu ao mundo humanístico o equivalente visual daquilo que ele poderia aceitar das narrativas e dos personagens da Bíblia, Giorgione e Tiziano, os Keats e Shakespeare da pintura, e os mágicos da luz, tais como Claude e Rembrandt, acabando com a galáxia de ilustradores do período napoleônico desde Flaxman a Géricaut e Delacroix. Posso ser exaltado, transportado e arrebatado, posso cantar e dançar dentro de mim quando olho para suas obras; e não sinto necessidade de palavras mais do que quando ouço música. Não peço para dizerem o que representam; não quero ter cada figura rotulada. É verdade que obtenho certa satisfação meramente mental se a informação aquietar minha curiosidade; mas é fatal se ela for forçada ou excessiva. Uma obra de arte nem deveria despertar, no instrumento bem afinado que o espectador teria de ser, a espécie de curiosidade que exige explicação verbal elaborada. As descrições mais simples bastavam para um conhecedor do Alto Renascimento como Marcantonio Michiel, ao passo que nenhuma explicação é suficientemente elaborada para o comentador insaciável de hoje em dia.

Não posso abster-me de citar Shelley aqui:

> *"Como um poeta escondido*
> *Na luz do pensamento*
> *Cantando hinos espontâneos*
> *Até que o mundo esteja forjado*
> *Para simpatia com esperanças e temores não*
> *considerados"*

> *"Mais adoçado pela distância"*

> *"Mais amado por seu mistério"*

> *"Imagem não-esculpida"*

E Gérard de Nerval disse de seus próprios sonetos *"qu'ils perdraient de leur charme à être expliqués, si la chose était possible"*.

Nada deveria ser atribuído à ilustração que não estivesse manifesto nela, em termos de representação visual. Após esgotar todos os temas possíveis que quadros de Botticelli, Giorgione ou Tiziano pretendiam ilustrar, textos de poetas obscuros ou linhas de versejadores esquecidos; após aceitar a diligência e a acuidade do erudito, e reconhecer que o episódio foi insistentemente repetido na cabeça do pintor antes que ele começasse a trabalhar, o que conseguimos? Quando nos é dito que os três homens no "Giorgione" de Viena real e verdadeiramente representam Enéias, Evandro e Palas, e que no Tiziano de Borghese a mulher nua representa o Amor Sagrado e a vestida o Amor Profano, ou Vênus e Medéia — como Wickhoff após pesquisa cuidadosa e raciocínio elaborado tentou provar — o que há lá que perdura? Nada restaria se o mero casamento de assuntos, personagens e incidentes verbais com representações visuais fosse tudo que o artista pudesse fornecer. Para o verdadeiro artista, o assunto é pouco mais que um trampolim do qual ele mergulha em um mundo que é seu. Neste mundo não tomamos em consideração a inspiração e as ordens, não importa de que fonte elevada ou forçada. Neste mundo só ouvimos aquilo que as figuras cantam e o que seus ambientes orquestram. Onde está o poeta que poderia explicar o significado de *Fête Champêtre* de Giorgione! Quem poderia sussurrar em palavras o que Watteau queria dizer com seu *Embarquement pour Cythère!* Que elucidação, que glosa poderia aprofundar ou acentuar a presença fascinante e misteriosa na *Flagelação* de Piero della Francesca em Urbino dos três espectadores que parecem tão não-afetados pelo que está acontecendo? Não! A ilustração como arte independente é tão autônoma, e tão infinita, quanto a Música ou a Arquitetura. Do contrário, ela seria um diagrama, um pictograma ou meramente informativa, como acontece com as reproduções na maioria dos jornais e livros ilustrados. Estes, admito, são inestimáveis ao seu próprio modo. Seria uma privação ter de passar sem o *Illustrated London News* e seus concorrentes; mas embora reproduzam obras de arte com abundância generosa eles próprios não são obras de arte. Por outro lado, suas descrições e comentários a respeito do que reproduzem podem ser recomendados a todos aqueles críticos que "leriam as horas por álgebra". Estes mesmos sábios poderiam aprender ainda mais das legendas que um grande intérprete como Rostovtzeff põe sob as reproduções, e poderiam descobrir que colocar legendas é em si uma arte.

Precisamos resistir ao impulso de traduzir toda outra arte em termos verbais. Deveríamos sentir a obra de arte e deixar que ela exale sugestões, noções, sonhos. Não queremos saber de alguma estória, ou alguma doutrina, que pode ter excitado o artista mas que sua arte não poderia expressar. Tudo que nos interessa é o que ele pôde levar a cabo.

Tantos efeitos na natureza e na arte visual e musical dizem tanto através de insinuações, todas as espécies de vagas sugestões alegóricas simbólicas que não podem ser expressas em palavras, nem mesmo pelos maiores poetas.

As explicações só podem satisfazer em um mundo de objetos que não têm nenhum atributo exceto a mensurabilidade. No mundo da arte, onde a qualidade é suprema, as explicações não são nada mais que veículos. Elas não podem tocar a obra de verdadeira arte, mas apenas a de arte falsa: quero dizer o artefato informativo, a exposição que se afirma, ou o supérfluo ilustre. A História tem de levar em conta estes produtos, registrá-los e interpretá-los, mas, quanto menos artísticos, tanto mais fácil escrever a seu respeito. Seu historiador não deveria desencaminhar seus leitores para a crença de que escreve a respeito de arte. Toda obra de arte deve ser em primeiro lugar uma alegria e inspiração permanentes, e não pode ser degradada para servir como documento na história da técnica e gosto ou da civilização em geral.

A Ilustração Apresenta Padrões

A ilustração como arte autônoma tem, para começar, a missão de apresentar padrões de como as pessoas deveriam comportar-se: como deveriam ficar em pé e sentadas, usar seus membros, compor suas faces, vestir-se e andar. Os próprios padrões têm sua origem nos subprodutos da procura de figuras cujas proporções, cujos valores táteis, cuja ação serão mais enriquecedores individualmente ou em combinação com outras figuras. Em momentos altamente criativos, a arte impõe estes padrões com tanto êxito a ponto de tornar impossível o desfrutar de outras configurações, ou o acreditar que elas têm o direito de existir.

Durante seis séculos inteiros a arte grega impôs seu modo de ver não só a seu próprio povo nas suas vastas migrações, mas aos bárbaros, etruscos, romanos, citas, iranianos, africanos, iberos, gauleses, bretões e finalmente aos teutões. Os agitados postos avançados da civilização, como Dura-Europos, ou as povoações nos limites dos Garamantes, pictos ou ceruscos, fizeram o máximo para obedecer aos cânones da arte grega. Se alguém ficasse farto de seus produtos teria de ligar-se a tribos que não tinham absolutamente quaisquer artes representativas, como os nômades da Arábia e seus afins que se acotovelavam e se empurravam uns aos outros desde o Amur e as nascentes do Iang-Tsê até o Reno e o Danúbio; ou, de fato, teria de abrir caminho através destes e refugiar-se na China. Pode-se dizer a mesma coisa do gótico, que impôs seus padrões em todo objeto desde uma catedral até um broche não só na França Setentrional, a terra de sua origem, mas até Trondheim, até os Cárpatos, Chipre e Síria, e até Belém. Durante três séculos ninguém dentro destas fronteiras poderia fazer um objeto que não fosse gótico. Desde o século XV, nós do mundo ocidental, apesar do fato de os vários estilos derivados do Renascimento nunca atingirem a calma uniformidade dos estilos antigos e medievais, deixamos em quatrocentos anos de fugir de sua versão do antigo. Tentamo-lo com o barroco, tentamo-lo com o rococó, apenas para recorrer ao neoclássico e *Império* e até Luís Filipe — de fato uma recorrência! — estilos progressivamente empobrecidos, precursores da *art nouveau,* com a qual a estória acaba. Pois desde 1900, fora os sobreviventes, temos tropeçado, chafurdado e nos pavoneado e, a cada mudança de posição, nos vangloriado como Jack Horner * de como éramos bons meninos; mas nenhum dos novos gênios ousou permanecer em qualquer posição, e os mais notórios acabaram não negando completamente a representação mas reduzindo-a aos rébus proto-hieroglíficos das primitivas sociedades secretas com a mesma relação com a arte da pintura que os cauris e o wampum têm com as moedas sicilianas e áticas do século V a.C.

Para voltar à ilustração, algo deve ser dito a respeito dos intérpretes. Pois a maioria das objeções que os estudiosos como eu tem para com a ilustração não devem ser postas na conta da ilustração como uma arte autônoma, tão autônoma à sua própria maneira

(*) Jack Horner é um personagem de uma estória infantil americana. (N. da T.)

quanto a própria decoração, mas ao uso incorreto e abuso que estes intérpretes fazem dela. Permitam que explique.

Os Intérpretes e o Artista

Esses intérpretes têm o direito de lidar com a obra de arte como com qualquer outra entidade. Toda entidade pode ser discutida dos pontos de vista de uma infinita variedade de interesses, curiosidades, aspirações, predisposições e obsessões. Assim, temos a liberdade de ignorar no Partenon tudo, exceto o aspecto mineralógico de seus mármores, ou o custo do transporte das colunas de Pentelicon para a Acrópole. Somos livres para ver nas termas das cidades antigas, por exemplo, as Termas de Caracala e de Diocleciano, apenas o problema das florestas inteiras que devem ter sido usadas para cozer as quantidades de tijolos requeridas para sua construção. Ninguém deveria desencorajar-nos de devotar dias laboriosos para a investigação das doenças que atacam os bronzes antigos.

Os químicos, silvicultores, peritos em cânhamo e linho, em têmpera, óleo e gesso de qualquer espécie, devem ter a permissão para investigar pinturas em parede, painel ou tela. Estas não são apenas ocupações legítimas, como de fato o são todas as ocupações não imediata e manifestamente nocivas, mas podem em uma contingência remota revelarem-se úteis para o amante da arte.

Mais duvidoso é o esforço para descobrir qual era a intenção de um pintor ou escultor quando criava uma obra-prima; ou o que precisamente estava acontecendo em sua mente naquele momento; que poemas e livros ele estivera lendo, que versos obscuros, ou passagens em prosa ainda mais obscuras de um Padre da Igreja, teólogo medieval, ou narrador de contos da carochinha inflamava sua imaginação criadora. Samuel Butler em alguma parte de seus cadernos de notas diz que os comentadores de grandes poemas são úteis se desejamos estudar a mente do comentador. Duvido que possamos conhecer a mente do artista mesmo através da confissão do próprio artista.

Goethe, quando interrogado por Eckermann sobre o que exatamente tencionava transmitir quando escreveu seu *Fausto,* exclamou "Como posso dizer-lhe! Como posso saber! Minha cabeça estava em alvoroço" — ou qualquer coisa neste sentido. Sócrates, na *Apologia* de Platão, diz que quase qualquer homem comum faiaria mais sensatamente sobre poesia do que um poeta. Há a estória de completa perplexidade de Delacroix com tudo que Baudelaire podia supor que estava acontecendo em sua mente enquanto compunha um de seus quadros.

Muitos anos atrás no estúdio do único artista de primeira categoria ainda vivo, lamentei que os tipos nas telas que ele então pintava eram tão cambojanos. Ele assegurou-me de que não poderia ser assim. "Mas você tem imitado isto", disse eu, apontando para o grande número de formas de gesso que atravancavam a sala. Ele não se dera conta disto.

O verdadeiro artista, se no momento de criação de algum modo pensa, pensa em pouca coisa salvo em sua arte, sobretudo na ação e arranjo, e em toda a habilidade e mestria que anteriormente adquiriu — quero dizer como desenhar, como pintar, que proporções, que tipos dar a suas figuras. Estes são agora seu estilo, isto é, sua maneira habitual de visualizar e executar seu trabalho habitual. O verdadeiro artista pode ser humilde como os ilustradores japoneses da guerra de seu país com a Rússia. Lembro-me da Batalha de Tsushima desenhada por um deles, como poderia ter sido feita por seus predecessores que nunca haviam visto quadros europeus. Cada forma isolada, seus navios e os navios russos, seus uniformes e os do inimigo, eram *ocidentais.* No entanto o espacejamento, o horizonte, a perspectiva, os contornos caracterizavam-nos como do Extremo Oriente. Ou pode ser igual aos antigos ilustradores soviéticos que atraíam o povo através dos termos bizantinos dos ícones aos quais ele e seu público estavam acostumados, cujas configurações eram inteligíveis a ambos. O verdadeiro artista, se grande, impõe sua visão aos seus contemporâneos, e se pequeno acompanha a correnteza, sem um plano e sem dizer "Ânimo, reflitamos e iniciemos um novo modo de ver e sentir". Os verdadeiros artistas não se preocupam com sensação e visão, mas só com o aprender como desenhar, entalhar e pintar de um modo mais satisfatório. Eles não precisam pensar nas configurações, no espacejamento, nas composições, pois extraem estes inconscientemente do cabedal comum formado pelas contribuições de todas as atividades de arte do momento. Até no Renascimento italiano não foi o anseio humanístico pelos esplendores, glórias e majestades dos antigos que absorvia o artista, mas os métodos técnicos e realizações do antigo.

A ilustração, repito, é uma arte independente e não uma glosa visual a respeito de um poema ou o acompanhamento visual de uma narrativa. Ela deve ser completa em si, e de nenhum modo dependente para seus méritos artísticos de apoio externo, quer à guisa de informação, quer de interpretação. Muito daquilo que é sujeito à objeção na maneira germanófila de estudar arte é que ela é investigada ou por filólogos, com métodos forjados no estudo de textos, inscrições e documentos, ou por historiadores que usam a obra de arte apenas como uma ajuda para reconstruir o passado.

Esses métodos são inadequados no estudo de obras de arte criadas sobre as quais temos informação abundante e que ainda existem no original. Como todas as coisas que estão em lugar errado, estes métodos são um incômodo. Eles só conseguem enterrar a obra de arte sob montes de lixo, e em breve ela precisará de grupos de salvamento para descobri-la novamente, de modo que possa servir ao propósito fundamental de qualquer obra de arte, que é dar enriquecimento.

A preparação prévia ajuda-nos a apreciar uma obra de arte, e houve escritores que ajudaram no único modo que alguém pode ajudar um espectador, colocando-o em um estado de antecipação ansiosa e prazerosa. Há o risco de decepção; e os autores do período romântico, impregnados de tudo que leram sobre a Idade Média nominal, um Renascimento de vinheta colorida ou um barroco de latão, autores como Mrs. Jameson, Rio, Lindsay e Ruskin, nem sempre (nem mesmo Ruskin) fornecem o vinho fino pelo qual nos dão

101

água na boca. Entretanto, não posso reconhecer suficientemente minha dívida para com Pater por aquilo que escreveu sobre Botticelli e Giorgione, Burckhardt por seu inesquecível e insubstituível *Cicerone,* Woelfflin pos sua obra-prima a respeito da arte clássica, Bode por seu manual scbre escultura italiana, Fromentin por seu famoso *Maitres d'Autrefois,* Baudelaire por tudo que disse a respeito de seus contemporâneos parisienses, Jacques Blanche por artigos sobre pintores franceses do século XIX, dignos de Vasari em sua melhor forma, Foucher por sua obra elucidativa e construtiva sobre arte greco-budista, Blochet por seus ensaios sobre arte do Oriente Médio e Extremo Oriente e von Falke por sua valiosa história da tecelagem de seda. E só tenho o maior elogio para filólogos como Matsulevich e Kalgren, que há poucos anos foram capazes de provar: o primeiro, quão recente é a maior parte da prataria bizantina remanescente, e o segundo, quão antigos são muitos dos bronzes chineses, contribuindo assim através de suas pesquisas não só para a História da Arte mas para a História da Civilização em geral.

Antes de deixar esses mestres da apreciação e erudição humanísticas, permitam que mencione Emile Mâle, cujos estudos sobre a iconografia da arte cristã desde o século XII ao século XVIII oferecem a informação e a interpretação melhor calculadas para darem um apetite devorador para o desfrute das obras de arte que está discutindo.

Arte e Filosofia

Agora algo a respeito dos filósofos. Usei a palavra porque aquela que gostaria de usar, a palavra "sofista", assumiu um sentido bem justificado na maioria dos casos mas não em todos, um sentido de trapaça mental deliberada, de desonestidade intelectual, ou especiosidade retórica. Um sofista pode ser um homem que, quando exortado a falar sobre um dado tema, confessa de modo franco sua falta de preparo, enfrenta honestamente os problemas não solucionados, e de ma-

102

neira sincera sumaria e conclui. Houve semelhantes sofistas. O maior deles foi Sócrates. Até há pouco tempo podíamos orgulhar-nos de Paul Valéry, e ainda temos George Santayana. Infelizmente, poucos são como estes. Em nosso campo, a maioria deles escreve em alemão, mesmo quando as palavras são inglesas, francesas ou italianas. Para eles a obra de arte não é um objeto a ser desfrutado, amado e consumido, um enriquecimento para sempre, mas uma ocasião oferecida aos pensadores profissionais para deleitarem-se com sua própria argúcia, sua própria sutileza e habilidade dialética. Eles são generosos e gostariam de compartilhar conosco o prazer que extraem do exercício de suas próprias funções sobre a obra de arte. Lamentavelmente, isto não é o que deveríamos exigir do crítico. Ele deveria tornar-nos famintos e sedentos da obra de arte, fazer-nos experimentá-la e pensar nela e não no crítico.

Eu não privaria um autor do direito de tirar o que pode de uma obra de arte ou literatura ou de qualquer outra coisa no universo. Se for um poeta, contar-nos-á que os céus declaram a glória de Deus, ou que apresentam "enormes símbolos nublados de um romance elevado". Como intérprete dar-nos-á a famosa tirada de Pater sobre a Mona Lisa, ou a análise penetrante de Gundolf sobre Shakespeare, ou de Romano Guardini sobre Dostoievsky. Tudo está bem enquanto não tomamos o autor literalmente e desde que ele não fuja do que vê e sente e não impinja na obra de arte aquilo que existe apenas em sua imaginação filosófica ou seu sonho psicanalítico.

Entretanto, estamos longe de desejar abandonar a ilustração, por mais que possamos deplorar o fato de estar sendo mal usada e abusada não só pelo artista mas pelo historiador, pelo esteta, pelo metafísico, pelo chauvinista e pelo popularizador cínico. Estes exploradores podem exasperar-nos bastante. Tanto maior a razão para não descarregar vingança sobre a vítima de suas atividades predatórias, a arte da ilustração autônoma.

103

A Ilustração como Representação

No fundo, a ilustração é representação. A memória armazena configurações e padrões concretos como imagens, mas retém qualidades só como abstrações. Portanto, é natural que, quando trazemos à lembrança uma obra de arte, ela devesse aparecer como um desenho ou composição completos incluindo configurações, atitudes, expressões bem como qualidades; mas tudo como uma unidade indivisa, baseada em configurações e padrões criados por valores táteis, movimento e composição. Não podemos separar a ilustração da representação, exceto reduzindo as artes gráficas à mera geometria; e isto nunca aconteceu com êxito entre pessoas que uma vez praticaram a representação. Mesmo durante os períodos mais geométricos da arte heládica, perduravam as configurações antropomórficas e zoomórficas não importando quão alongadas, angulosas e atenuadas fossem, como, por exemplo, nos vasos Dypilon de cerca de 1000 a.C. e de fato nas pinturas dos geometrizadores de hoje. Estes últimos, compreendendo que nenhuma fuga da semelhança levá-los-á mais longe do que à representação incorreta e distorções disformes, tentaram imbricar segmentos de círculos e quadrados sobre outros segmentos de quadrados e círculos, atrás dos quais se espera que vislumbremos a projeção de uma configuração, isto é, de uma representação; até agora, não-fixa no plano à nossa frente, mas faceiramente escondida nos labirintos da mente do artista. Mesmo assim, eles parecem achar que não é fácil escapar das configurações comuns, pois os rabiscos, se não reduzidos à ordem rítmica, tenderão a assumir o aspecto de objetos como os sons articulados sugerirão significados, embora talvez não aqueles que no momento da pronúncia estavam na mente de glossolalistas como Miss Stein e o mais recente Joyce. Richepin em sua época não proclamou que *"Le sens n'est qu'un parasite qui pousse quand même sur le trombone de la sonorité"*?

Após perto de sessenta anos de luta quase diária com a questão, devo confessar que o assunto, a ilustração, é tão necessário para as artes de representação visual, que sem ele estas artes não podem existir, e que é conseqüentemente tão essencial quanto a qualidade e o tato. Pois a arte só é grande quando os elementos decorativos e ilustrativos trabalham juntos. Sem significação espiritual, a obra de arte pode baixar ao nível de um objeto que absorve o interesse do provador de vinhos ou a curiosidade do antiquário, e pode ascender no máximo às qualidades enriquecedoras de um esboço vigoroso, um *netsuke* japonês ou uma *danseuse* de Degas — meros brinquedos para adultos. O artista completo dota sua criação de uma aura de valor e eleva-a para ser venerada no arredamento de um santuário. Para ser assim completo, o artista não precisa limitar-se, como se julgava até há pouco tempo, a assuntos cuja importância reside nos campos da história, mitologia ou do romance. Chardin e Cézanne podem dar esta espécie de *mana* a uma natureza morta, Velásquez a seus tecelões, mendigos e ferreiros, Hals a suas mulheres velhas, Rembrandt a tudo que tocou em seus últimos anos, Dürer a quase qualquer desenho, Watteau a seus idílios melancólicos. Na presença destas obras de arte tornamo-nos o Íon de Eurípedes, o Joas de Racine, Abraão no sacrifício de Melquisedec, um comungante no altar-mor de uma catedral.

Perguntemos o que nos entusiasma e lembremos de uma pintura. A resposta não será a mesma para todos. Deve variar de indivíduo para indivíduo, que podem ser divididos mais ou menos em três classes.

Os artesãos, que entendem tudo sobre seu ofício e apreciam os problemas solucionados e as dificuldades superadas.

Os colecionadores, de galerias quer públicas quer particulares, negociantes e *connoisseurs,* decididos a possuírem o item certo, e orgulhando-se dos meios materiais e mentais que os capacitam a adquiri-lo.

Depois há aqueles que amam um quadro, como amam um amigo, uma criança, uma paisagem, uma ação nobre, o morto heróico, como amam a magnificência, a simplicidade, sonhar, meditar e falar, como amam todas estas coisas, mas cada uma de maneira distinta, não confundindo uma com a outra. Poder-se-ia argumentar que apenas eles, completa e inteiramente, apreciam a obra de arte, ainda que estejam mais interessados no conteúdo do que na forma, sem pensarem em qualquer um dos dois. Poderia até afirmar-se que, na medida em que as outras duas classes também se deleitam com a obra de arte, deixam por ora de serem colecionadores e produtores, e tornam-se amantes e consumidores.

Em resumo, o artesão, o artista, o produtor elogiarão ou censurarão a proficiência ou incompetência técnica de uma obra de arte e aprenderão sugestões práticas a respeito de seu ofício. O colecionador-negociante-*connoisseur* irá avaliá-la, exibi-la, catalogá-lo e com toda probabilidade nunca mais deitará os olhos nela. Apenas o amante é desinteressado. Ele não tem nenhum desejo de possuí-la, nem mesmo de enquadrá-la no tempo e no espaço com precisão apurada de erudição filológica. Só deseja amá-la e desfrutá-la para sempre — visto que as obras-primas são inexauríveis e, pela medida humana, eternas. *Vie de rose pas de jardinier mort.*

O que esse amante, esse amador, arrebata do comércio extático da obra de arte se não a imagem, a representação, em resumo a parte ilustrativa? É o quadro que ele relembra e estima, se o convenceu de sua existência ideada, e lembra suas configurações em seu arranjo equilibrado e rítmico; não só por causa delas mas como partes integrais de um todo, de um universo onde, por um momento não importa quão breve, ele tocou a perfeição.

Eu que escrevo isso, e adquiri certa reputação como *connoisseur,* provador (*taster*) e *"expert"* — o que arrebato do desfrutar um quadro? Carrego uma imagem do todo como definido, claro e completo, mas como não-analisado e não-pormenorizado, como se fosse uma pessoa que conheci e não uma representação. Classifico-o, identifico-o e denomino-o exatamente como faria com qualquer outra configuração encontrada. Suas qualidades de arte estão tão inerentes na configuração do objeto quanto o caráter está na configuração de um indivíduo. Como identifico um homem por algo em sua silhueta, seu tamanho, sua postura e seu porte, e sobretudo em sua aparência, assim capto à primeira vista na pintura algo que me relembra certo artista. Aqui também é uma aparência, um jeito, um lampejo, algo que só ele coloca em suas pinturas. Em nove vezes entre dez uma atribuição feita deste modo é a certa, e a questão específica de arte, como distinta da representação, não contribui em nada para o resultado.

Na verdade, para a maioria de nós, quando desprevenidos, o quadro, estátua ou baixo-relevo, aparece no estado consciente não como decoração, não como pura decoração certamente, mas como ilustração ou representação, isto é, como uma composição formada de muitas configurações; e suspeito que é somente através destas configurações que a obra de arte cumpre sua missão. Não é a intenção, ou propósito, do artista que no final das contas tem importância, mas o efeito de sua criação quando afastada e separada de tal modo do artista que a criou que saiu completamente de seu controle. Pois na arte como na vida o homem põe e os eventos dispõem.

A obra de arte serve não apenas como um deleite eternamente, visto que oferece possibilidades permanentes de enriquecimento, mas desde o momento de sua conclusão, para as gerações futuras, serve como modelo, de acordo com a qual a sociedade em cujo meio surgiu tende, através de seus membros mais sensíveis, amoldar-se. Poderíamos aventurar-nos a dizer que enquanto o ofício do artista é criar a obra de arte, o ofício da obra de arte, quando criada, é humanizar aquele monstruoso pólipo "homem em massa". Por imitação inconsciente de configurações e atitudes, aparência e gesto; através dos efeitos enobrecedores e refinadores do espaço na arquitetura e paisagem; através da atração da música, poesia e ficção, e sobretudo através dos sublimes arrebatamentos da arte que resume a maioria das outras artes, o ritual como o conhecemos nas Igrejas Ortodoxas e Romanas, o homem não importa quão lentamente, e com que recaídas desencorajadoras, está aos poucos deixando de ser um abominável troglodita, um canibal glorificador de si próprio, um bárbaro híbrido, e está se tornando humano. Os exploradores bem como os professores de seus pares bípedes, de Licurgo e Platão aos estóicos e jesuítas de todo mito e credo, agiram todos como se estivessem bem cientes deste efeito mol-

107

dador da arte, e ninguém mais do que os neoneandertalenses que estão tendo agora seus dias.

As artes de representação visual tiveram parte integral na tarefa, quase tão desesperançada quanto a das Danaides que carregavam água em peneiras, a tarefa de tentar humanizar o gênero humano; e tiveram uma parte até mais óbvia no registrar os passos deste progresso. As artes visuais fornecem o único registro obtenível do passado do homem quando se desenrola nos milênios antigos. Sem elas não saberíamos nada do homem paleolítico ou neolítico. Quando começam os documentos escritos e a poesia, o que os hieróglifos, os cuneiformes e os silabários que esperam ser decifrados podem contar do Egito, da Mesopotâmia, de Creta e da Grécia Micênica, que nos explicam sua civilização como o fazem suas pinturas, seus selos, suas estátuas e seus baixos-relevos? Não fora por estes, ouviríamos simplesmente alardes de conquistadores, gemidos penitenciais de salmistas primitivos, e obteríamos vislumbres de sistemas jurídicos que antecipam a monotonia do Levítico bíblico. Pois a literatura é um recém-chegado e, antes de Homero e seus contemporâneos hebreus, escrever não era usado para expressar e registrar a pura alegria de viver que encontramos pintada nos relevos do Antigo Império do Egito, e o orgulho da vida que se irradia do corpo de um Quéfrem ou um Naramsin. Quando a palavra escrita finalmente triunfa, deixando para trás os outros instrumentos de expressão, não só deixaríamos de supri-la com a imageria certa, mas teríamos de visualizar esta imageria de modo tão absurdo quanto o fizeram nossos antepassados de 1700, que encenaram os heróis e heroínas da Antiguidade com perucas, falbalás, crinolinas e calções justos. Os vasos da Grécia antiga contam como Homero retrata seus aqueus e troianos; pinturas em Pompéia e mármores em Roma como Virgílio visualizava Enéias e Dido; marfins e mosaicos como Claudiano via Estilicão e Serena, e como Procópio via Justiniano e Teodora; ao passo que Giotto e Simone Martini revelam como Dante imaginava sua Beatriz, como Petrarca sua Laura. Aprendemos tão bem a lição que, exceto como uma sensação da época, nenhuma experiência que tenta retratar ou encenar eventos do passado nas indumentárias e ambientes do presente é bem sucedida. Nossas próprias ficções devem, como o *Hamlet* de Shakespeare ou o *Fausto* de Goethe, ser postas em sua perspectiva histórica de tempo e circunstância.

DEFINIÇÕES E ESCLARECIMENTOS

O significativo

Chega de ilustração, e é muito. "Se a ilustração e a representação são tão importantes", poderiam com razão perguntar, "por que todo este estardalhaço por causa da decoração, por causa da forma? O senhor torna-as tudo menos supremas, e agora faz o mesmo para as outras". Não inteiramente. A decoração só é suprema em objetos de arte, como observei mais de uma vez. Ela é um reino menor, mas um reino que pertence estritamente a si mesmo. A ilustração não é tão autônoma, pelo menos não do mesmo modo. A não ser que seja reduzida à mera pictografia, como ainda praticada por criancinhas e pessoas de desenvolvimento reprimido, a ilustração baseia-se nos produtos de decoração, quero dizer, no empenho pelos valores táteis, pelo movimento, pelo espaço, pelo arranjo, pela harmonia — em resumo, na forma. A forma cria os tipos e as proporções, a ação e o espacejamento, de fato, o padrão que intervém entre o artista e as coisas visíveis, e dita sua maneira particular de ver, sua comunicação individual. Isto, contudo, não pode acontecer à maneira de um jogo de damas ou xadrez. Atrás disso deve haver um senso do significativo.

O que queremos dizer com "o significativo", um termo que tem uso considerável na arte de escrever das últimas décadas, embora, como é tão freqüente nesta espécie de escrever, ninguém pareça ter-se dado ao trabalho de defini-lo? Eu mesmo usei-o, em geral, em dois sentidos, e escrevi da significação "material" e "espiritual", como se fossem inteiramente diferentes. Talvez estivesse demasiado confiante cinqüenta anos atrás de que a fronteira entre os dois pudesse ser claramente delineada. A distinção, que devo ter desejado fazer então, e na qual ainda deveria insistir, talvez possa ser afirmada desta maneira: a significação material refere-se aos valores táteis, ao movimento, ao arranjo das figuras, que tendem singularmente ou em combinação para o impressivo, o monumental, o heróico. Descubro pouco que seja imponente ou majestoso no colosso de bronze de Barletta, ou na ainda maior estátua de mármore de Constantino, cujos fragmentos se encontram e se espalham em um dos pátios do Capitólio, nem tampouco no *Hércules Farnese*. Nem o volume, nem a massa, nem a força muscular conferem significação material. Píndaro fala de seu concidadão Hércules como um homem pequeno, e foi preciso uma Hélade macedonianizada e, ainda pior, uma romanizada, para representá-lo como um gigante. Não é o peso físico, mas o ético, o moral, que nos intimida na presença de certos Giotto, Masaccio e Piero della Francesca, de um modo que o próprio Michelangelo raramente iguala, e Giulio Romano, Salviati, Vasari e Allori com seus pugilistas nunca tanto quanto sugerem. Os Giotto, Masaccio e Piero estão presentes de modo convincente, exatamente tão presentes quanto as estátuas de diorito do Egito dinástico antigo, como os melhores basaltos sumarianos, os fragmentos de mármore dos frontões do Partenon, ou as irresistíveis figuras sentadas de Branchidae. Nenhuma obra da qualidade destas em escultura ou pintura deixou no decorrer de cinqüenta anos de confortar-me e harmonizar-me. "Harmonizar é a palavra que expressa o que as obras de arte com significação material nos fazem. Elas não dizem nada que não pudesse ser dito melhor em palavras (Velásquez nunca é eloqüente e Veronese é quase mudo), mas nos sintonizam para nos sentirmos tão nobres e serenos quanto elas. E o que não daríamos para ter esta sensação mesmo por um minuto!

Por "significação espiritual", por outro lado, quero designar tudo que nos proporciona as perspectivas de aliviar o peso morto da matéria, tudo que nos dá a esperança de que nossas vidas elevar-se-ão a algo mais do que o desemaranhar da bobina de energia que trouxemos conosco ao nascer; mas promete que nossas atividades serão progressivamente dirigidas para a construção de uma estrutura social onde será seguro e louvável viver sem preocupações, cobiça e astúcia; onde ser será mais importante do que fazer, o intransitivo mais do que o transitivo; onde o homem poderá viver outra vez em um paraíso terreno, mas desta vez alimentando-se tão sem pecado da árvore da sabedoria quanto da árvore da vida, e abençoado pelos deuses revelados por sua própria conscienciosidade e consciência.

Como tudo isso deve ser traduzido em termos de Escultura e Pintura?

As artes de representação gráfica, pictórica e plástica sucedem no espaço. Elas consistem em unidades visuais separadas mesmo que seus conteúdos, quando narrativos, incluam episódios sucessivos, como acontece na assim chamada maneira "contínua", que é ocorrência comum em tempos de arte emergente e decadente, mas é rara em outras épocas. Assim é o maravilhoso arabesco que enlaça a coluna de Trajano e que veio no fim de um período que ainda era criador, embora se aproximasse de um declínio súbito. As artes visuais não podem competir no expressar significação espiri-

113

tual com artes como a música e a poesia, o drama, a ópera e o ritual. Isto por uma dupla razão. Elas não podem lidar com a passagem de um estado para outro, nem com a transição do prazer para a dor, alegria para tristeza, ou o contrário. Podem transmitir apenas uma ação e um estado de espírito de cada vez; mas, como foi dito antes, elas têm a vantagem e sofrem da desvantagem da permanência, ao passo que o que acontece no tempo desaparece e só pode ser reproduzido aproximadamente.

Portanto, a seleção desempenha um papel mais decisivo na representação visual do que nas outras artes. Homero pode acenar com a cabeça, Beethoven balançar, Wagner mugir, mas a estrada ziguezagueante na qual se precipitam nos inclinará para uma nova excelência antes que os efeitos do instante inferior encontrem tempo para incomodar, de modo que, no fim, o propósito do criador está manifesto, e as inadvertências e imperfeições esquecidas. O pintor e o escultor, por outro lado, precisam cogitar claramente que desenho, que padrão de linhas e cores, de projeções e recuos, luz e sombra, farão com que o espectador perceba o que ele, o artista, vê em um dado assunto. Aquilo que realiza fica aberto para inspeção permanente. Ele deve ter em mente que faces que sempre sorriem, olhares sempre agoniados ou estáticos, corpos contorcidos de sofrimento, entediarão ou angustiarão e não serão enriquecedores mas empobrecedores.

O problema então é como transmitir, em termos que sejam enriquecedores, um sentido completo desta significação espiritual e não meramente informação a seu respeito. Falo deliberadamente de "informação", pois muitas, se não a maioria das pessoas, descobrem significação espiritual apenas onde ela intimida ou mesmo terrifica. Mas as iluminuras otonianas, os manuscritos Beatus da Espanha e Aquitânia, os frontões e os portais de Languedoc, de Vézelay e Chartres, que representam imagens apocalípticas de pavor e pesar, ou sua culminação estupenda no *Juízo Final* de Michelangelo, são enriquecedores ou meramente esmagadores? As duas qualidades, comumente conhecidas como o su-

114

blime e o belo, são ao menos compatíveis? Elas não são mutuamente exclusivas?

Os defensores desse tipo de arte, que ocasionalmente ocorre na França, e talvez com maior freqüência na Espanha, que é rara na Itália, mas impregna a Alemanha, onde atinge o gênio otoniano e que em Dürer alcança eminência universal e não meramente nacional — os advogados destes ardentes ilustradores chamam-nos expressionistas, e podemos aceitar o termo, visto darem expressão à sua própria sensação e esquecerem o evento ou o próprio objeto, berrando suas próprias reações para com ele, com o propósito de afugentar-nos daquilo que faz com que a vida seja digna de ser vivida, e dirigem nossas energias e nosso esforço concentrado para preparar-nos para o dia do juízo final.

Essa espécie de mensagem, repito, não é mais arte do que o clarim ou a trombeta que incitam à guerra, ou a estória ou quadro pornográficos que excitam a luxúria. Sua indubitável reivindicação de superioridade não reside em bases artísticas, mas em bases éticas e metafísicas. Não importa quão destorcida, quão espectral, quão grotesca seja a mensagem apocalíptica, serve para lembrar-nos da verdade fundamental que jaz no fundo dos valores espirituais — a verdade, a saber, de que a vida humana, conscientemente vivida, reside em fundamentos trágicos. Pois, quer mitifiquemos o universo, quer recusemos dar-lhe uma Divindade antropomórfica, este universo parece indiferente à humanidade. As religiões que ainda requerem semelhante deus fazem-no tão abstrato que não podemos concebê-lo. Quanto a seus propósitos e mandados, sabemos demasiado bem que não são dele, mas são impostos pela ordem social à qual pertencemos. Se nosso destino supremo fosse glorificá-lo para sempre, como costumávamos ouvir, mesmo quando ele nos submete a torturas piores do que as que o universo material jamais faz, que conforto pode isto trazer (a quem quer que seja, exceto aos místicos intoxicados de palavras, e incandescentes) que não possa ser obtido por admiração extática do mecanismo astronômico! O universo não pode sequer ser acusado de algo como indiferença ao homem. Nada

115

que implique consciência ou qualquer espécie de conhecimento deveria ser atribuído ao universo.

É mais do que duvidoso que em qualquer parte fora de nossa própria espécie existe um conhecimento da distinção entre sujeito e objeto, de modo que podemos arriscar considerar e agir sobre o conceito de que no universo inteiro só nós, seres humanos, somos dotados daquele milagre dos milagres, consciência de si, e estamos cientes do universo como um objeto de contemplação, de estudo e pesquisa.

O universo com o qual temos comumente de lidar, nós que não somos físicos ou astrônomos, o universo dentro do alcance de nossos sentidos quase desprotegidos, designamos como Natureza. Não foi submetendo-nos a ele completamente, ou nadando nas satisfações com as quais ele recompensa um ou outro animal, mesmo aqueles do tipo mais rudimentar, que evoluímos para o humano bem como para as inteligências humanas que agora somos. Foi antes enfrentando a natureza e tirando o melhor dela, e fazendo-a trabalhar para nós e, se necessário, lutar por nós. Não é só no mundo exterior mas no interior que devemos enfrentar e lutar contra a natureza e tentar domar o tigre, a cobra ou o verme emboscado nos recônditos mais profundos do coração mais civilizado. Temos de fugir até onde possamos da selva, onde, como bestas selvagens, lutamos com outras bestas selvagens por comida, por sexo, por poder e por ostentação. Tão longe quanto nós mesmos possamos ir sem perdermos alguma vantagem de sermos os instrumentos que somos: instrumentos não só de inteligência e precisão, mas de sensação, de simpatia, entendimento, prazer, meditação e sonho. A todo custo devemos evitar aperfeiçoar um lado do instrumento a expensas de outros. Não devemos, como a casta militar japonesa das últimas décadas, voltar nossas energia para nos tornarmos meros mecanismos de destruição, "projéteis humanos" como um de seus próprios escritores os chamou, nem devemos sacrificar tudo para orgias frenéticas de viver furioso como os bárbaros nórdicos, nem por outro lado, como animais no cio, nos tornar simples agentes do instinto reprodutor.

Por outro lado, devemos acautelar-nos de refinar e adelgaçar o instrumento até que quebre. O homem deve manter um controle firme de seus sentidos e seus impulsos, mas não os destruir como o fariam os ascetas. Platão desejaria que o homem fosse um cocheiro que comandasse e dirigisse suas paixões e apetites como corcéis bem treinados, mas não devemos ser como o condutor que, incapaz de fazê-los obedecer, prefere em seu desespero e rancor destruí-los.

Se o universo torna-se consciente de si mesmo apenas no homem, ele está justificado para usá-lo para seus próprios propósitos, que, para nós, são os supremos. Viver de acordo com a natureza não significava para o grego antigo, e não significa para nós, viver de acordo com a natureza como acabamos de defini-la, isto é, o universo de nosso conhecimento, mas de acordo com nossa própria natureza, como o instrumento por meio do qual apreendemos e usamos o mundo fora de nós. Viver de acordo com a natureza não significa, portanto, como Rousseau desejaria, viver em um estado da natureza, mas de acordo com aquilo que podemos tirar da natureza para o aperfeiçoamento de nós mesmos como instrumentos, e para o contínuo melhoramento de nossa Casa da Vida, fundamentada na natureza mas distinta dela, e em um sentido além e acima dela.

O esforço do homem, desde que começou a ser humano, tem sido construir para si um ninho no qual pudesse encontrar abrigo, primeiro da matéria inorgânica e orgânica hostil, depois de sua própria espécie e mais tarde das invenções de sua imaginação. Embora não pudesse eliminar a morte, ele quase aprendeu a negá-la e com rapidez estava eliminando a doença. "O herdeiro de todas as eras nos primeiros arquivos do tempo", o homem médio de aproximadamente 1910, em parte com Ciência Cristã, em parte com "sono crepuscular" e outros cultos do "bom de algum modo", sentia-se tão seguro, tão confortável e alegremente confiante, tão animado de esperança, tão feliz em um ninho ampliado e transformado em um estábulo ideal, que, quando o *Titanic* afundou com a perda de milhares de vidas altamente respeitáveis, houve um clamor não de pesar e contrição, como por causa da perda do *"White Ship"* oito séculos antes, mas de indignação como que por causa de um contrato que não fora apropriadamente executado, um desastre não diferente em espécie de um fracasso da ferrovia New York e New Haven. Mal se ouviu uma nota trágica, e a sensação de estupefação, o senso do trágico parecia perdido. Foi preciso o terremoto humano iniciado em 1914, e que ainda nos perturba, para trazer de volta algum senso do trágico. O retorno completo deste senso para os euro-americanos pode não ser pago de modo demasiado caro pelos acontecimentos horríveis dos últimos trinta e cinco anos, e os vapores repugnantes de doutrina brutal que eles emitem.

A Significação Espiritual
na Representação Visual

Deveríamos agora estar prontos para dar uma definição grosseira do termo "significação espiritual" como pertencente às artes de representação visual. É o que inspira e impregna as composições que oferecem os modelos mais nobres para a humanidade atingir, modelos de estados de vida e modos de viver realizáveis e nunca impossíveis. Permeia com sensação trágica quadros que parecem ser imagens do orgulho e da alegria da vida. Exclui eventos trágicos porque são assuntos adequados para literatura e música e não para as artes visuais, mas pode sugerir a fragilidade e a precariedade de nossa condição em um universo que não sabe nada de nossas necessidades, nossas pretensões, nossas reivindicações.

Para esclarecer o que quero dizer permitam que aduza exemplos que lidam com ideais ou os ilustram: *Disputa, A Escola de Atenas* e *Parnaso* de Rafael parecem agora, como há cinqüenta anos, as visões mais claras e mais convincentes da existência perfeita pela qual ansiamos e que esperamos alcançar. Os mármores de Elgin e as criações congêneres de arte grega e helenística, algumas das obras mais maduras de Giovanni Bellini, vários retratos de Giorgione, figuras singulares e composições, como muitas do Tiziano maduro, de Veronese e Tintoretto, Velásquez, Rembrandt e Van

Dyck, mais outras tantas de Reynolds e Raeburn, David, Ingres e Watts, todas e muitas das outras obras de arte, não menos no campo da escultura francesa do século XVIII, todas contribuíram para povoar a Casa da Humanidade que a arte estava gradualmente construindo. Os compositores de espaço como Bramante, Rafael e Bernini, e os projetistas da Place de la Concorde e do trecho que vai dos Champs Elysées ao Arc de L'Étoile ofereceram ambientes urbanos apropriados para uma população humanizada, e Perugino e Domenichino, Carracci e Poussin, Claude e Turner, Corot e Rousseau forneceram os fundos de cena paisagísticos.

Permitam que me volte para alguns exemplos de arte visual que explicam nossa posição precária no universo. Não estou seguro se menciono aqui o mármore antigo no Museu Termas Romanas de uma mulher jovem (talvez uma filha de Níobe) caindo de joelho e recuando como que abatida por deuses invejosos. Sua dor é quase demasiado física. A mesma objeção certamente exclui o grupo *Laocoonte* que é bem inferior, e os *Escravos* do Louvre, não bem melhores que o *Laocoonte*, apesar do fato de terem sido feitos por Michelangelo. Os relevos funerários dos séculos V e IV a.C., em geral áticos, embora nem sempre, comunicam o pesar pela vida com uma plangência que toca mas não fere. A precariedade e fragilidade da existência são demonstradas para nós com quase a mesma punhalada na *Primavera* de Botticelli como em seu *Nascimento de Vênus*, no *Pã* de Signorelli, no *Soldado e Cigano* de Giorgione bem como em sua *Fête Champêtre*, no *Embarquement pour Cythère* de Watteau, mas com uma agudeza sem ferroada, um lembrete de que em pintura, como em música e poesia, "nossas canções mais doces são aquelas que narram o pensamento mais triste". Mais tristes do que estes, mas, no entanto, calmantes e convidativos para resignação serena, são as paisagens de Ruysdael, Rembrandt, Seghers, Koninck, Constable e de muitos pintores Sung, como, por exemplo, o mestre do *Cavaleiro Tártaro* ou Hsia Kwei com suas nobres sinopses.

Na vida real, poucas experiências dão-nos esse estremecimento pela evanescência da realização huma-

119

na, da futilidade do esforço e da frivolidade da glória. Não há nenhuma observação mais irônica e no entanto mais calmante sobre o destino humano do que a visão de ruínas, não sem dúvida como as de agora de Roma e presentemente de Atenas, falsificadas como maus dentes por dentistas, esfoladas por tráfego apressado e trovejante, empurradas pelos habitantes de uma vasta coelheira, nas ruínas ainda não arruinadas como Karnak e Palmira, Leptis e Lambesis, Éfeso e Mileto, Priene e Hierápolis, tão solitárias quanto Ozymandias de Shelley, e tão abandonadas quanto "as cortes onde Jamshyd se ufanava e bebia intensamente". Lá contemplamos fortalezas, palácios e torres, basílicas, cais, vastas colunatas e entablamentos colossais roídos pelo dente do tempo e caindo sob seu próprio peso; ao passo que estátuas e obeliscos gigantescos evaporam como éter, embora em milhares de anos, em vez de em tantos segundos.

Essa experiência real não pode ser comunicada nas artes visuais pela mera representação de ruínas. Os pintores que se entregaram a isso, como Pannini, Piranesi e Guardi, raramente me dão um senso da roedura do tempo. Seu interesse é ou demasiado pictórico ou demasiado expressionista, ou meramente cênico, como foram seus antigos precursores Mantegna, Cossa e Bramantino. Por outro lado, encontro-o no desenho de Verrocchio para uma natividade que está agora em Sheffield, e mais de um Tiziano tardio, por exemplo, suas telas de Diana em Bridgewater, seu *Martírio de São Lourenço* em Escorial, ou novamente em sua sublime última obra, a *Pietà* da Academia de Veneza. Com maior freqüência e mais convincentemente me é demonstrado nas pinturas de Hubert Robert. Não são os arrogantes pilonos esmagadores dos Sesostrises, Sargãos e outros opressores que Hubert Robert expõe desmoronando-se, fragmentando-se e caindo, mas as estruturas nobres do homem civilizado, habitações esplêndidas com seus agradáveis terraços e jardins, sua estatuária e vasos negligenciados, em desarranjo, povoadas de desamparados e perdidos, e desintegrando-se em pó sob o toque impiedoso do tempo. Não ousaríamos pisar

120

nestas escadas, apoiarmo-nos nestes parapeitos ou descansar sob estas arcadas.

Uma sensação não remota dessa, no entanto mais irônica, e ao mesmo tempo mais trágica, domina-nos perante um retrato como Filipe II da Espanha de Tiziano, o garboso homenzinho, oferecendo um filho à Vitória. O contraste entre o que vemos e o que sabemos é demasiado grande, entre este homúnculo e os imensos fardos que vergam esta cabeça tosada e barbuda, tão banal no entanto jazendo sobre sua golilha engomada como a cabeça de Batista sobre o prato de Herodíades. Ou olhemos para um pequeno retrato de corpo inteiro de Carlos I da Inglaterra pintado por um artista holandês inferior que o retrata como o vê; uma silhueta bonita, requintadamente colocada diante de magníficos edifícios que ele não domina ou mesmo possui. É tão diferente do "homem de linhagem com seu longo cabelo perfumado" da imaginação de Roundhead, e ainda mais diferente da graciosa figura em ambientes que são tão seus quanto as roupas que usa, que Van Dyck nos oferece. Pregado contra os eventos nos quais estava envolvido, esta pequena figura quase não produz mais efeitos do que um selo de correio em uma parede.

A ilustração na mão de um mestre da representação visual pode fazer isso e também mais sem violar as regras do jogo. Pode fazer-nos arrepiar como com um vento soprado de além "dos muros flamejantes do mundo". Certos céus e horizontes de Van Eyck, Giambellino e Savoldo, Tiziano e Tintoretto, para limitar-me a artistas com os quais estou mais familiarizado, produzem aquele efeito, porém não tão cósmicos nem tão sublimes quanto os céus nos mosaicos cristãos antigos, não importa quantas vezes refeitos — aqueles, por exemplo, de Santa Pudenziana, ou São Cosme e São Damião, em Roma. O fundo dourado é responsável por muito da impressão, e o resto é devido ao efeito orquestral de cores justapostas nos cubos de vidro individuais, cada um com sua própria refulgência, ultrapassando o que poderia ser obtido por um processo análogo com lãs ou sedas nos têxteis, ou com tintas a óleo como praticado por nossos recentes impressionistas.

121

Com estes meios, e com tal fundo, o artista só precisava usar o vocabulário, as configurações aceitas de seu período, para produzir um desenho majestoso como *A visão de Ezequiel* na abside de Hosios David em Salonica, ou a *Virgem* em São Donato, em Murano, sublimes e interstelares. Mas as paredes de Hagia Sofia, coruscando com o esplendor e o fulgor de suas tesselas douradas sozinhas, com pequenas cruzes, apenas para intensificar, quebrando levemente a monotonia da sensação, inspiravam talvez mais anseio por um céu que elas de algum modo sugerem e quase revelam do que quaisquer composições de figura. E de fato muitos painéis dos séculos XIV e XV, quer italianos quer alemães, franceses ou catalães, devem metade de sua atração ao seu fundo dourado.

Permitam que diga aqui parenteticamente que o mosaico nos faz tropeçar em um paradoxo curioso. É que nas artes de representação visual, a cor no sentido mais amplo da palavra, incluindo preto e branco bem como dourado, prateado e lápis-lazúli, é muito mais eficiente na ilustração do que na decoração. Ela afeta os estados de espírito de modo quase tão rápido quanto a música, e como a música liberta memórias e inspira sonhos. Com a ajuda da linha pode sugerir, como as figuras por si só raramente o fazem, o Além, o Sublime, isto é, o horror do universo exterior que não nos conhece, o recuo como de um abismo sedutor e a alegria do alívio subseqüente.

Isso e muito mais poderia ser dito sobre a ilustração se, em vez de oferecer anotações breves e talvez inconsistentes, escrevêssemos a respeito dela exaustivamente. E, em parte por esta razão, elas podem parecer como que em contradição categórica com o que escrevi antes sobre decoração. Lá pode ter parecido que a decoração é tudo que importa em arte, e agora que só a ilustração tinha importância.

*A Decoração e a Ilustração
são Ficções Críticas*

A verdade é que nenhum pensar pode ser feito sem ficções. Nem mesmo a lei, onde a exatidão é tão imperativa, pode ser bem sucedida sem as notórias "ficções legais". No entanto, não há nada mais perigoso do que confundir estes inevitáveis verbalismos, estes mitos verbais, com as entidades da experiência. A menos que tenhamos bem em mente que são meras ajudas, meras redes para pegar e reter o pouco de caos que podemos entender e fixar, a menos que estejamos constantemente cientes de que não são nada mais que instrumentos, nada mais que expedientes na luta por expressão, elas se converterão naqueles princípios e dogmas filosóficos, teológicos, éticos, políticos, que são a fonte principal, fora os "atos de Deus", da maioria dos desastres que a humanidade tem de agüentar.

A "decoração" e a "ilustração" são mitos, abstrações da espécie que acabei de descrever. Na experiência elas são uma única coisa. Apenas para os propósitos do discurso separamo-las como o fiz, parecendo atribuir primazia àquela que por acaso estava discutindo. No deleite consciente da obra de arte, a contradição não precisa desaparecer. Ela nunca existiu.

A arte é grande quando os avanços técnicos e espirituais, que progridem independentemente, sincronizam-se e dão-se as mãos, como na Grécia desde o século VI a.C. até o período Antonino e mesmo mais tarde, em Bizâncio, durante o período macedônico, na França durante o período românico tardio e o antigo gótico. Do contrário, está propensa a degenerar em *genre* e *Kleinkunst* se apenas técnica, e em ilustração se apenas espiritual.

Tem sido um lugar-comum de todas as épocas dizer que a forma e o conteúdo são inseparáveis e até indistinguíveis. Entretanto são poucos aqueles que os percebem deste modo. O artesão e o diletante que trabalha superficialmente em um ofício e tenta palrar seu jargão, mal estão cientes dos conteúdos, ao passo que o mero espectador raramente pensa em qualquer coisa, salvo a ilustração. Minha experiência é que há mais esperança para o segundo do que para os primeiros. Se o espectador tem cultura para sentir intensamente a representação, podemos amiúde ter êxito em conduzi-lo para uma apreciação da forma. Não posso lembrar-me de exemplos do contrário. "Se ele tem a cul-

123

tura" — mas o que queremos dizer com cultura? Eu, de minha parte, quero dizer o estado de espírito, a atitude perante a vida, o problema sempre presente, sempre atormentador do destino humano demonstrado para nós pelo conhecimento do lugar do homem no universo, a conduta ditada por este conhecimento e o esforço para construir uma Casa da Vida, onde o homem sera capaz de atingir o mais alto desenvolvimento que sua natureza animal permitir, levando-o cada vez mais longe da selva e da caverna, e trazendo-o cada vez mais para perto daquela sociedade humanística que sob o nome de Paraíso, Eliseu, Céu, Cidade de Deus, Milênio tem sido o anseio de todos os homens bons nestes últimos quatro mil anos e mais.

A arte, no sentido mais pleno e mais amplo do termo, planeja, constrói e guarnece essa Casa da Vida, e é natural que isto devesse ser melhor entendido por aqueles que foram educados nos clássicos, isto é, as obras de arte que manifestam este propósito. No meu entender, não foi nenhum de nós, críticos profissionais ou historiadores, que escreveram da maneira mais compreensiva a respeito da arte do pintor, menos ainda os próprios pintores, mas os romancistas como Balzac em seu *Chef d'Oeuvre Inconnu,* Gógol em seu *Retrato* e Ljeskow em seu *Sealed Angel.* Entre meus próprios conhecidos têm sido quase sempre aqueles educados na Bíblia, na literatura grega e romana, em Dante e Chaucer, Shakespeare e Milton, Tasso e Racine, Wordsworth, Keats e Shelley, Matthew Arnold, Goethe, Schiller e Holderlin, em Pergolesi e Bach, Gluck e Mozart, Beethoven e Berlioz, Brahms e Bruckner, que mais desfrutaram e melhor apreciaram a arquitetura e escultura dos séculos e a pintura dos últimos oitocentos anos. Aventuro-me a dizer que não só a arquitetura do Renascimento italiano era humanística, como Geoffrey Scott escreveu, mas que toda arte que *é* arte e não mera curiosidade, destreza, ou técnica, ou um mero brinquedo, é humanística.

O humanismo, como gostaria de interpretá-lo, é a vontade de modelar, de adornar um mundo no qual nós como instrumentos podemos funcionar, para a vantagem cada vez maior de nós mesmos e da universal

Casa da Vida que diligentemente estamos construindo e estabelecendo.

Por "humanismo" não quero dizer aquilo que talvez originalmente significava, quando o avanço cultural parecia impossível sem a recuperação dos clássicos, a saber, a devoção aos estudos gramaticais dos autores gregos e romanos, tão bem retratada em *Grammarian's Funeral* de Browning, mas aquilo que acima tentei definir como "cultura", e o que tentarei agora explicar de modo mais pormenorizado.

O humanismo consiste na crença de que podemos fazer da vida algo de valor neste planeta; que o gênero humano pode ser humanizado, que é felicidade trabalhar para esta meta. Um gênero humano humanizado é a suprema criação, a maior obra de arte concebível, a obra de arte que os filósofos da Antiguidade desde Platão a Plotino nos contam que Deus criava. Somos seus ajudantes, quer ou não cientes disto, cada um contribuindo com o que pode, cascalho, silhar ou pedra fundamental; ornamento, decoração ou utilidade humilde de acordo com suas capacidades. O humanismo nos tornaria cônscios de nossa tarefa, e não só nos daria fé em sua realização final, por mais distante que fosse, mas ensinaria a nos deleitar na busca; e quando se desenvolvesse, nosso entendimento revelaria mais e mais da visão e fortificaria a determinação em executá-la. Nosso mundo pode não ser nada salvo a ordem que nós, como instrumentos criados para um modo peculiar de selecionar e ordenar, estamos modelando em um cosmo. Quanto mais refinarmos e aperfeiçoarmos a nós mesmos como instrumentos, tanto melhor será o cosmo que estamos ganhando do caos.

O humanismo não está em nenhuma contradição e menos ainda em conflito com a esperança de um Reino dos Céus, quer dentro de nós quer Além. Ele não é contra nenhuma religião que afirma a vida. Só luta contra aquelas crenças que condenam o desfrute da vida nesta terra proclamando-a um inferno, ou na melhor das hipóteses um vale de lágrimas. O humanismo acredita que se há um Além — que não afirma nem nega — será um estado para o qual a experiência terrena nos preparou e nos educou. Está de acordo com

São Basílio, o Grande, que ensinava ser o mundo uma instituição educacional para a alma racional. E o grande humanista Wilhelm von Humboldt diz: "Estamos aqui para viver, e só o que realizamos através da vida podemos levar conosco".

A terra, então, é a única escola onde podemos aprender o que nossas mentes e almas são capazes de receber. Devemos abandonar aos seus impulsos suicidas as religiões que nos ordenam evitar este campo de treinamento, este campo de jogos, este ginásio, esta universidade. Devemos, contudo, estar prevenidos contra seu contágio bem como contra seus ataques deliberados à nossa Casa da Vida. No entanto, aqueles que dão as costas à terra, ao corpo, ao mundo, não são os suicidas mais perigosos. Apesar de sua pregação zelosa e incansável, possuem poucos seguidores genuínos. Suas doutrinas são demasiado repelentes para homens e mulheres semi-humanizados.

Os piores inimigos do humanismo não são esses, mas aqueles que cometem suicídio com referência ao esforço que, por milhares de anos, a humanidade tem feito para domar o bruto entre nós, e para lutar por uma sociedade baseada em boa vontade, entendimento mútuo e mútuo respeito, na qual devemos trabalhar ansiosa e racionalmente para executar a máxima humanização de que somos capazes.

Para o homem e a mulher médios, isto é, para o homem e a mulher incompletamente humanizados, esse é um ideal difícil de alimentar, um esforço demasiado árduo para empreender. Eles estão prontos para serem persuadidos de que estes ideais são mentiras e que é vão lutar por eles. Ao contrário! Estão determinados a rejeitar a humanização que já lhes foi imposta, e dar vazão aos impulsos animais. Sendo, contudo, animais com mente, eles precisam usar suas mentes, como os japoneses fizeram nas últimas três quartas partes de um século, apenas para organização mecânica, para produção em massa, para vida agitada, sempre prontos para atacar seus vizinhos, para matar tantos quantos forem necessários e explorar o resto como lhes aprouver. Doutrinas, tão contrárias ao que as igrejas, as filosofias e as artes tentaram inculcar com resultados incertos, são aceitas pela pessoa semi ou um quarto humanizada como correspondentes a conclusões sobre a vida que eles por si mesmos subconscientemente chegaram. Além disso, os pregadores destas doutrinas oferecem uma certeza de satisfações animais que atrai irresistivelmente esta pessoa média ou abaixo da média em todas as classes da sociedade, desde a mais alta até a mais baixa. Também lhe é prometida liberdade, a única liberdade que pode apreciar, liberdade da responsabilidade, de ter de prestar atenção. Tudo será feito para ela desde o berço até a sepultura, tudo dirigido: seu treinamento, seu trabalho, seu lazer, seu acasalamento, e tudo com marcha comunal ao som de música cadenciada e hipnotizadora. Nem a religião é excluída. Ser-lhe-á ensinado a ter fé no crescimento de sua tribo, em seu direito de ocupar a terra, e na infalibilidade, invencibilidade e onipotência de seu deus, seu líder.

Os apóstolos destas doutrinas podem entrar em acordo com as igrejas, particularmente aquelas cujas políticas tendem a um Paraguai jesuíta. Para nós, humanistas, não podem oferecer quaisquer condições: nossos ideais são irreconciliavelmente opostos. Entre eles e nós não pode haver nenhuma paz nem trégua. Nossas políticas opostas não podem ser vizinhas neste pequeno planeta.

Eles possuem toda vantagem aparente. Os que tendem a agir em grupo — ainda a maioria esmagadora — estão com eles. Força, fraude, conclusões tiradas com lógica invariável — a lógica do louco — de axiomas inumanos e premissas pervertidas, organização magnificente e persistente, são suas. (É triste ver como é fácil manter esforços contínuos para o mal, e como é difícil para o bem! [1])

Não obstante, a História ensina que a humanidade tende para o nosso ideal. Lentamente, é verdade! Após um avanço de cem metros ela desliza para trás noventa metros e noventa centímetros. Entretanto, dando-se tempo, três centímetros ganhos em cada cem anos significa progresso. O esforço é útil e, seguros de nossa meta, podemos trabalhar prazerosamente para alcançá-

(1) Escrito em 1940.

-la. Não somos desencorajados por reveses. Como os artistas que somos, deleitamo-nos com o trabalho de cada dia, gratos pela dádiva de felicidade do dia no exercício agradável de nossas mais altas funções. Podemos, além disso, alimentar a mesma fé no destino da humanidade que intuitivamente temos no futuro de nossos bisnetos, uma fé que nos torna contentes em trabalhar para eles embora não esperemos ver os resultados de nossos esforços.

No longínquo fim divisamos uma Humanidade aperfeiçoada. Nenhum filisteu, nenhum ismaelita, nenhum godo, nenhum cita impedir-nos-á de realizar nosso ideal de um Gênero Humano completamente humanizado. Todas as artes contribuem com sua parcela, e não menos aquelas artes de representação visual que prendem nossas atividades como estudiosos de História da Arte.

Realismo

Em termos de História da Arte, aventuro-me neste ponto a dizer umas poucas palavras a respeito das tendências recentes na arte e sua relação com eventos na política. Podemos estar certos de que o que aconteceu e está acontecendo é típico do que ocorreu muitas vezes, embora não em tal escala; e se o pior ainda não ocorreu, como de nosso século IV ao século VIII, é porque a decadência não foi bastante longe. De fato, o pior pode ser evitado.

A literatura e a arte realista estavam fadadas a servir como prelúdio à política "realista". O que é arte realista? Como praticada atualmente, ela existe para celebrar aqueles anseios de nossa natureza pelo que é mais animal, fisiológico e zoológico que o idealismo tentou ignorar quando não pôde suprimi-los. "Vê teus deuses, ó Israel." Não a Presença da Divindade invisível e inacessível mas um porco, uma hiena, uma serpente. O realismo arrancaria a máscara do hipócrita feliz e revelaria, não como no apólogo de Max Beerbohm, uma face tornada tão bela e tão bondosa quanto desejaria parecer, mas tão grosseira e cruel

128

quanto os pessimistas encolerizados esperam encontrá-la.

O realismo moderno teve precursores: na Antiguidade, os cínicos; na Idade Média, os pregadores monacais como São Bernardo. O cínico, o tardio cínico predicante, não se contentava em reconhecer os fatos óbvios a respeito da natureza humana. Insistia em seguir o rasto dos motivos mais abjetos e infames até o covil onde espreitam e se escondem da consciência; deleitava-se em forçá-los para fora, por assim dizer, e tornar os homens plenamente cientes deles. Ao fazer isto, o cínico compelia os homens a medir o abismo hiante entre seus ideais e sua natureza animal, forçava-os a enfrentar os fatos humildemente e a tentar vencer a besta que estava dentro deles, preparando assim o caminho para o Cristianismo. O vociferador medieval queria desviar-nos das abominações desta vida para uma beatitude a ser atingida no futuro. Nossos realistas contemporâneos imporiam sua visão da sociedade como a realidade eterna e única, apresentando-a como o garçom vaqueiro entregava seu prato insípido com uma mão, uma pistola na outra e o rosnado: "Eis o picadinho".

Pois o realismo não é desinteressado. Tem um dogma a proclamar, uma teologia a defender. Ensina que o homem é uma besta ao nascer, que a civilização não o torna menos porém mais besta; que a vida é um inferno e que a única satisfação a ser tirada dela é reconhecer o fato e festejá-lo com um sabá de alegria zombeteira.

Os mais antigos realistas modernos, por exemplo Zola, ainda eram bastante românticos para admitir deleites animais que fossem sociais bem como fisiológicos, como até Petrônio fez na Roma de Nero. Mas agora nada é considerado real que não apresente aos nossos lábios as mais vis escórias dos antros da natureza humana; todo o resto é conversa fiada, contos de fadas, narcótico, drogas, ministrados por capitalistas para manter-nos escravizados.

A arte oferece uma visão e profecia de eventos vindouros. Ela lida com temas facilmente formados, não com cruas realidades. A arte é imaginação, e é preciso menos tempo para imaginar do que para executar. No entanto muito cedo aquilo que a arte manifestou revela-se ter servido como um modelo que a vida tende a copiar.

Se a arte persuadiu-nos de que somos animais e que a vida é um inferno (não é difícil acreditar em ambos, vendo quão prontamente os descobrimos em nossos próprios peitos), então fora com as mentiras, com as hipocrisias, com a assim chamada "humanidade", fora com os ideais e aspirações. Vivamos como as bestas brutas e, não sendo humanos, alimentemo-nos só de pão, pão material e deixemos de ansiar por alimento espiritual; entreguemo-nos ao sexo como adoradores de Príapo e multipliquemos o poder de nossos governantes, os arquidemônios para os quais a posse deste poder causa a suprema satisfação que um homem-diabo pode gozar.

Nessa fundação são erigidas as Novas Ordens totalitárias, e encontram consentimento e aprovação dos muitos que acreditam que nada é real, salvo a satisfação dos apetites animais e da cobiça do poder.

Infelizmente, todas as instituições têm de agir mais ou menos com base nas mesmas suposições, e parecem hipócritas e falsas para a mente pueril e semi-educada que não pode acreditar que algumas instituições tencionam ser não só administrativas mas educativas. Como administradores, elas devem agir de acordo com uma visão desfavorável da natureza humana. Entretanto, elas nem sempre se regozijam com a iniqüidade enquanto tiram proveito delas. Ao contrário, as melhores delas tentam levar para uma meta que será divinamente humana, onde o indivíduo será um participante integral em uma aventura infinda mas gloriosa e prazerosa.

Até há pouco tempo a arte ajudava a construir e a iluminar o caminho para esta meta divinamente humana. A sociedade seguia, e com algum êxito. O assim chamado realismo, zombando de tudo que é abismal na natureza humana, não pode fazer nada exceto degradá-la a récuas e manadas ou, na melhor das hipóteses, a colmeias.

Após uma visita a uma exposição de escultura negra realizada há mais de trinta anos no Petit Palais em

Paris, relembro ter dito que seu êxito pressagiava um retorno à selvageria, uma jornada não difícil comparada com a empreendida pelo Renascimento italiano quando, com a descoberta de tantos autores gregos e latinos e um pouco de mármores, bronzes, jóias e moedas antigos, aspirava voltar para "a glória que era a Grécia e a grandeza que era Roma". Pois é muitíssimo fácil acreditar no que é dito contra a humanidade, ao passo que é necessária a educação de uma ordem superior para inspirar confiança nas possibilidades da melhora espiritual.

A educação clássica tem sido uma tentativa nessa direção. Se pudesse ser dada a todo membro de uma comunidade, o êxito seguir-se-ia, embora de modo lento. Infelizmente, mesmo os governos melhor intencionados de hoje em dia precisam desperdiçar sua riqueza em guerra e preparação para guerra, e não podem ter recursos para educar as massas, que por isso se tornam vítimas de políticas que prometem e até certo ponto cumprem a promessa de pão e circo.

Funções da Arte

A arte, no sentido pleno da palavra (que inclui ritual e mito não menos do que a irmã gêmea de ambos, a ópera), não humaniza por preceito mas por exemplo. Não importa quão pouco o artista tencione influenciar o caráter e a conduta, no entanto os influencia; e quanto menos ele prega, tanto mais cria. Os sermões podem edificar, assustar ou agitar, mas seu efeito é tão momentâneo quanto imediato. A criação artística, além das sensações ideadas que pode transmitir, penetra nas profundezas de nosso organismo através da propensão de nos identificarmos com objetos, e de imitá-los. Como foi observado muitas vezes, não podemos deixar de assumir a escala, as proporções e as atitudes, imitando as ações das figuras, bem como sentindo o estado de espírito de uma obra de arte. Se ambos são heróicos e serenos tendemos a nos tornar heróicos e serenos; se ambos são vis e atormentados, tendemos a nos tornar vis e atormentados. Não mais tarde do que desde os dias de Platão, estados, sociedades, sina-

131

gogas, igrejas e conventículos tentaram de modo deliberado utilizar a arte para sua vantagem particular e, na impossibilidade disto, suprimi-la completamente. As considerações e questões éticas de conduta não são contudo excluídas de nossa apreciação da obra de arte; nem de fato podem os valores estéticos, repousando, como em última análise o fazem, em instinto e vontade, serem separados dos éticos. Não devemos, todavia, permitir que quaisquer sofismas enfraqueçam nossa convicção de que existe valor só para valorizadores. Como nós mesmos somos os únicos valorizadores que conhecemos e como não podemos nunca ir além de nós mesmos, os valores devem permanecer humanos e, se civilizados bem como humanos, devem ser humanísticos.

A arte grande é o expoente bem como o construtor desse ideal, e tem a vantagem sobre os outros assim chamados ideais religiosos de excluir os dogmas e as sanções que residem neles. O único inconveniente do ideal humanístico é que ele não oferece quaisquer consolos fictícios e qualquer imortalidade inconcebível. É um ideal, como Walter Lippmann diria, para o ética e mentalmente adulto, e portanto enfrenta a morte de modo sereno como inevitável, desde que não venha, como virá quando estivermos mais adiantados, não meramente no andamento natural das coisas mas como um êxtase de realização. Considerando que, no universo sempre cambiante, é inconcebível que as condições climáticas permanecerão sempre favoráveis para uma sociedade humanizada neste planeta, não é uma consumação mais desejável de "acabar em beleza", demasiado refinada para viver sob circunstâncias incessantemente adversas, do que se submeter ao péssimo e ao pior, e afundar em condições cada vez mais brutais, antes de perecer como o peterodáctilo, o ictiossauro e outros de nossos antepassados geológicos? É melhor cultivar o estado de espírito de Alcínoo de Homero, que sabia que Scheria e seus feácios cairiam na ira de Poseidon se ele tratasse Odisseu humanamente e morreriam se ele o enviasse para seu lar na Ítaca. Ele preferiu a conduta humana à sobrevivência. "A estória do homem", disse Arthur Balfour, "é um episódio curto e transitório na vida de um dos planetas mais vis". É verdade. Tanto maior a razão para torná-la excepcional. Para nós é a única razão para a existência do universo.

Remoção de Mal-entendidos

Não devo falar mais aqui sobre a ilustração, e não deveria ter me aventurado a falar tanto exceto pela probabilidade de não poder ter outra oportunidade de corrigir a impressão feita por meus livros de cinqüenta anos atrás. Não podemos escrever qualquer coisa, certamente nada crítico, filosófico ou histórico, sem referência consciente ou inconsciente a idéias correntes. Dirigia-me então a um público acostumado, sob a influência de Rio, Ruskin, Lindsay e os pré-rafaelistas, a ver pouco em uma pintura salvo a ilustração. Senti a necessidade de acentuar a importância da decoração, naquela época tão raramente mencionada exceto entre artesãos, e por eles apenas do aspecto meramente técnico. Nunca me ocorreu que em conseqüência seria acusado de ignorar ou desprezar a ilustração — eu que nunca deixei de insistir na significação espiritual de um Michelangelo ou um Rafael, um Leonardo ou um Piero della Francesca, um Fra Angelico ou um Giotto. Mas o público não observa reservas, ou atenuações, e só relembra aquela passagem que lhes traz algo surpreendente. É menos fácil entender que os estudiosos sérios tivessem escrito de mim como se eu fosse um apóstolo da "mera visibilidade" na obra de arte. Nunca fui isto, se querem dizer que para mim a obra de arte detém-se na sensação puramente retiniana. Para começar, nunca acreditei em tal sensação em relação à obra de arte, e além disso sempre sustentei que a mesma obra de arte possuía um número prodigioso de coisas para nos dizer, e não estive mais disposto a sacrificá-las pela "mera visibilidade" do que esteve Goethe, por exemplo, naquela peça ideal de crítica, seu ensaio sobre Laocoonte. Simplesmente insisti que a própria obra de arte deveria contá-las, e não querer que fossem contadas por algum poeta do passado ou do presente, ou por um comentador sentimental ou sutil que, talvez sem ele próprio estar ciente disso, torna a obra de arte o veículo

133

de seus próprios estados de espírito e tensões, alegrias e tristezas, e aspirações. Supliquei que se deixasse a obra falar sua própria linguagem. Infelizmente no discurso humano só podemos falar com palavras, e é inevitável que tentaríamos encontrar equivalentes verbais para tudo que vemos e ouvimos; no entanto, isto não deveria levar-nos a atribuir estes verbalismos à mente do artista e a asseverar que eles o influenciaram. Eles são apenas nossos humildes esforços para fazer outros, que ainda não aprenderam sua linguagem, sentirem o que ele está dizendo.

Resumindo e concluindo: a Ilustração deveria ser autônoma e dizer tudo que tem a dizer exatamente tanto quanto a poesia, e com nenhuma necessidade maior de ser traduzida para qualquer outro meio de expressão. De fato, se uma ilustração não consegue criar um mundo próprio completo em si com configurações convincentes e atmosfera espiritual, não é ilustração no sentido que tentei tornar corrente, mas no sentido comumente entendido de ilustração de livro e de jornal.

Enriquecimento

Em minhas publicações prévias nunca contestei que aquilo que o enriquecimento significava com relação à ilustração era axiomático. Muito, contudo, do que é axiomático na juventude deixa de sê-lo quando, com a idade, recuamos cada vez mais das certezas ingênuas dos primeiros anos. Permitam que diga então que por "enriquecimento" quero dizer a identificação ideada de nós mesmos com uma pessoa, a participação ideada em uma ação, o mergulho ideado em um estado de ser, ou estado de espírito, que nos faz sentir mais esperançosa e prazerosamente vivos; viver uma vida mais intensa, mais radiante, não só física mas moral bem como espiritualmente; tentar alcançar o pico mais elevado de nossas capacidades, não contentes com nenhuma satisfação inferior à suprema. O impulso para esta identificação ideada domina todos. No nível inferior vivemos momentos ideados com atletas e pugilistas, com aviadores acrobáticos, com criminosos sensacionais, com astros de cinema; em um nível algo mais alto com negociantes bem sucedidos, políticos triunfantes e generais vitoriosos; no superior, com pioneiros, civilizadores, heróis, santos, deuses. Muitos de nós lêem incessantemente a respeito de Napoleão e sua epopéia, e leríamos outro tanto sobre Alexandre se pudéssemos conhecer mais do que é contado nas páginas de Cúrcio, Arriano e Plutarco. Embora possamos questionar o valor de Napoleão no progresso da humanidade, não pode haver nenhuma dúvida quanto à sua importância como um assunto para literatura. De fato, gostaríamos de saber se há qualquer outra razão tão boa para não deplorar a existência de Napoleão como a que fornece matéria para canção e estória.

"Embora Ele me mate ainda confiarei Nele." Que exemplo melhor haveria de quão irresistível é o enriquecimento, isto é, a aumentada sensação de poder e e vitalidade sentida quando nos identificamos com uma energia maior, que funciona de modo mais fácil e mais eficiente! A idéia de Deus é tão enriquecedora que alguns cristãos consideram como o mais alto privilégio dedicar a vida na terra para louvá-Lo e exaltá-Lo, enquanto anseiam por um Céu onde esta ocupação abrangerá toda a existência. Assim chegando ao conquistador, ao usurpador vitorioso, ou mesmo ao empreendedor bem sucedido de hoje em dia: ele domina não só por fraude e violência, mas por uma tendência da parte de suas vítimas para a identificação e a submissão voluptuosas.

É desnecessário adicionar que a ficção, quer em verso quer em prosa, proporciona um enriquecimento semelhante, mas goza da vantagem de ser livre para tratar seus heróis e heroínas de modo mais plástico, mais flexível. A ficção que aspira a um fator imediato tem de ser enriquecedora em algum nível. Se está em um nível baixo ou medíocre é logo esquecida. O mesmo acontece com o drama, a ópera e todas as outras artes que agitam as emoções. As artes visuais, como observado repetidamente, têm esta vantagem: que até quando do reproduzem os eventos sensacionais que cada vez mais desfiguram a imprensa diária e semanal, seu poder de excitar é limitado. As únicas representações visuais que têm probabilidades de incitar à ação, e com isso

135

sair do reino da arte para o mundo da realidade, são as pornográficas. As artes visuais, ademais, possuem além desta vantagem negativa a vantagem positiva de poderem retratar os heróis, os deuses, os santos em seu êxtase, em sua transfiguração. Esta tem sido a mais alta realização da Escultura e da Pintura desde Fídias com seu Zeus olimpiano e seus frontões do Partenon, aos pintores Sung com seus *rakans,* até Sassetta com seu São Francisco e Rafael com seu Platão e Aristóteles, seu Apolo e as Musas, até Signorelli e Michelangelo com seus profetas e sibilas. Quando após uns mil anos de decadência e recuperação a arte pôde novamente retratar o indivíduo, encontramos inumeráveis intérpretes de caráter que são ao mesmo tempo mestres da forma e do desenho, desde Van Eyck e Fouquet até Ingres, Watts e Degas.

Existem várias espécies de enriquecimento. A que mais nos interessa aqui deriva da sensação de mais alta potência, capacidade mais completa, maior competência, devida ao senso de facilidade inesperada no exercício de nossas funções, induzida pelas artes de representação visual.

Devemos, contudo, distinguir entre tal exercício quando é puramente ou quase puramente intelectual e quando é sistemático, isto é, que se ocupa com todos os sentidos bem como com a mente. Se se ocupar apenas com a mente, ou quase isto tanto quanto é possível com criaturas como nós nas quais nada está completamente separado de tudo mais, então o estado decorrente é de triunfo, orgulho e exultação intelectuais, mas é apenas em um grau mínimo artístico, mesmo que o objeto no qual a mente tem se exercitado seja um artefato.

Já foi dito antes bastante a respeito do enriquecimento derivado do experimentar e viver a obra de arte. Precisamos agora dar um momento de atenção para aquele enriquecimento quase puramente mental que acompanha o ato de cognição, a assimilação rápida do recentemente apresentado, e a alegria de chamá-lo pelo nome — alegria que, a propósito, é o deleite principal se não o único do *connoisseur,* do assim chamado *expert.*

O esforço mental requerido para esse propósito deveria ser fácil mas não demasiado fácil; pois, com nosso instinto extrovertido de objetivar nossos prazeres e de focalizá-los num objeto em vez de em nós mesmos, tendemos a desfrutar e admirar apenas aquilo que, após esforço suficiente, acabamos por reconhecer.

Quando já tomamos cognição dos elementos constituintes de um objeto, de modo que para nós com nosso treinamento, nossa profissão e nossas preparadas expectativas não há nada mais a descobrir por enquanto, aquele objeto começa a entediar-nos. Afastamo-nos dele, evitamo-lo e conseguimos esquecê-lo; a não ser que de fato, como acontece para muitos quando jovens ou perpetuados na adolescência, insultemos o cadáver de nossa admiração morta mas ainda não enterrada. Logo após começamos a ansiar por um novo objeto para exercitarmos sobre ele nossas qualidades cognitivas, um estado de espírito que pode melhor ser descrito como uma luxúria por novidade, por diversidade. É uma luxúria que tem maior poder na arte do que na própria vida, porque a arte é muito mais plástica, mais dúctil, mais fluida do que a vida.

Novidade, Diversidade

A novidade, a diversidade, consiste então na satisfação fácil, mas não demasiado fácil, dada às faculdades cognitivas quando estas atiram-se sobre um objeto após esgotar um anterior. Ela é tão cheia de desejo, tão luxuriosa que não é melhor juiz das qualidades artísticas do objeto que obtém esta satisfação do que a afeição fisiológica ou química conhecida como estar-apaixonado é um juiz do caráter moral de seu objeto. E assim como o amor não pode fazer valer os seus direitos, e certificar-se de sua realidade, até que estar-apaixonado acabou, as qualidades artísticas só podem ser discernidas quando a excitação e a febre da novidade esfriaram. Poucos são dotados por natureza, e nem todos estes possuem a educação e o treinamento para desembaraçarem-se da metafísica, das filosofias, informações incorretas e preconceitos (sugados em seus anos pré-conscientes e mais remotos) que assediam a abordagem à obra de arte, se é que ela deve ser desfrutada por suas qualidades intrínsecas e não por sua novidade. Além disso, ela requer cooperação inteligente. Não podemos permanecer passivos. Temos de ser não só receptivos, mas responsivos.

Aqueles que podem desfrutar e sentir no artefato pouco mais do que sua diversidade, sua novidade, são como nômades que rapidamente esgotam um território e continuam correndo à procura de uma nova caça, em busca de pastagem fresca, ou, se já são consumidores de cereais, na esperança de solo ainda intato, para desnatar de passagem. Os nômades no reino da arte não deixariam mais vestígio de sua excitação e hilaridade do que os migradores de outrora.

Se as pessoas se enfastiassem só da moda — moda gerada pelo amor à novidade ou pela luxúria de exibir-se — a perda seria pequena. Contudo, elas que desfrutam pouco no artefato, salvo sua novidade, ficarão igualmente enfastiadas daquilo que na obra de arte é de interesse maior do que passageiro e é de valor duradouro. Rir-se-ão e zombarão de obras-primas das quais se serviram, como desacreditarão as extravagâncias do ano passado. Assim poderão passar gerações e séculos antes que um Botticelli seja redescoberto ou, ainda mais tarde e de modo mais tumultuoso, um Piero della Francesca. Trazidos novamente à atenção, junto com a gloriosa companhia de seus contemporâneos, fazem suas proezas como em um espetáculo de variedades, são aplaudidos, chamados de volta repetidamente, e depois esquecidos em favor de alguma outra exumação do passado, mais plangentemente nova porque é cada vez mais remota de nossos padrões tradicionais. Assim, nós, os povos atlânticos, reduzimos o Quatrocentos a um único artista, Piero della Francesca, como os da Europa Central restringiram o Quinhentos a Michelangelo, enquanto os mais adiantados de nós torcemos o nariz para todos estes e não encontramos nenhuma satisfação para nossos requintados anseios exceto nos afrescos do Monte Atos, nas Madonas pré-Cimabue, nos incunábulos de escultura românica, nos entalhes de madeira negros, ídolos dos Mares do Sul e colunas totêmicas dos tlinkit.

138

A luxúria por diversidade, por novidade, que parece a coisa mais natural e comum do mundo, não é nem antiga nem universal. Reconhece-se que as raças pré-históricas tiveram tão pouco disso que se supõe que uma mudança nos artefatos tenha sido uma mudança nas populações, uma seguindo-se à outra. O mesmo é válido para os povos mais ou menos não-históricos de data relativamente recente ou bastante recente como os peruanos, os maias e os astecas bem como as tribos africanas e oceânicas. Até um povo tão civilizado quanto o egípcio mudou tão pouco em três mil anos que é preciso treinamento par distinguir uma escultura saíta de outra das antigas dinastias. Na Mesopotâmia a mudança também foi lenta. Não fosse pela conquista de Alexandre, poderia não ter havido quase nenhuma novidade na Índia, e não fosse pelos missionários budistas tão pouca na China. Por que havia tão pouco anseio por novidade em toda parte da terra? Isto certamente não era devido à possibilidade de que as fontes de prazer visual, acumuladas em artefatos existentes, eram tão inesgotáveis que nenhuma procura de novos poderia surgir. Com bastante probabilidade, as pessoas eram demasiado inertes, demasiado indolentes para usar suas faculdades cognitivas, e ansiar por mudança. Pareceria que os gregos foram responsáveis pela introdução deste anelo por diversidade, por novidade, com um espírito tão contrário aos antigos egípcios e persas, que os sacerdotes dos primeiros e os sátrapas dos últimos poderiam compará-los a crianças indisciplinadas. Os gregos levaram este espírito consigo onde quer que fossem, mas sem efeitos permanentes sobre os asiáticos e africanos, que tendiam a ficar onde estavam para mumificarem-se e ossificarem-se como os coptas ou os mesopotâmios, árabes ou hindus, com quase nenhuma necessidade consciente de novidade, sem nenhuma possibilidade de mudar, salvo, é claro, sob tal impacto destrutivo ou criador do exterior como o que veio à Índia com os gregos após Alexandre, com os árabes após Maomé e com tribos turcas na Pérsia medieval recente. O Ocidente, por outro lado, foi inteiramente conquistado pelo espírito de mudança. Nossos momentos mais estagnados foram de uma duração relativamente curta, e não destituídos de agitações, ao passo que desde o começo do presente milênio a mudança tem sido contínua e até mais rápida. Finalmente no presente século XX ela está conquistando a terra toda. Dentro em breve teremos de viajar para as costas de Kamchatka Ocidental em busca das últimas culturas populares e artefatos inalteráveis, para sermos talvez desapontados quando ali chegarmos.

Em tempos proto-históricos, então, a mudança só ocorria quando havia um deslocamento da população, tribos seguindo-se a tribos, trazendo seus próprios artefatos. Na pré-história tais movimentos gerais devem ter sido até mais raros. A ocupação da terra tornara-se demasiado completa e demasiado densa para que massacre ou pestilência a deixasse vazia para recém-chegados. Se estes viessem como conquistadores matavam alguns dos melhores artesãos com tão pouco conhecimento ou consciência quanto tinha o legionário romano que derrubou Arquimedes em Siracusa. Aos outros escravizavam e compeliam a atender seus próprios gostos nômades e infantis. Via de regra, os moradores antigos acabavam por dominar os invasores, e eram talvez os melhores para o enriquecimento recebido do sangue novo que os recém-chegados despejaram nas veias de seus descendentes comuns.

Conquistas da Mente — Florença

Chego agora às conquistas da mente e do espírito que podem seguir na esteira de um avanço militar, mas podem igualmente bem acompanhar a penetração pacífica ou o comércio, ou a migração de indivíduos que não encontram ocupação satisfatória em seu próprio país.

Exemplos clássicos de civilizações que acompanham exércitos conquistadores são fornecidos pela invasão macedônica do Oriente, e as guerras triunfantes dos romanos no Ocidente. Exemplos brilhantes do outro caso são a helenização, exceto na língua, do mundo inteiro da Antiguidade, o *oecumene,* a subseqüente judaização do mesmo mundo conhecida como Cristianis-

140

mo, e mais tarde outra vez a submissão deste mundo à cultura francesa no Ocidente, à bizantina no Oriente, ambas dominando até há pouco tempo, no entanto de 1400 a 1800 compartilhando seu império com a Itália em geral e Florença e a Toscana em particular.

A penetração florentina e italiana no resto da Europa deve classificar-se como um dos triunfos mais encorajadores da mente. Escrever sua história empregará algum dia, e esperamos que seja logo, as energias da erudição italiana. Seu estudo tem uma vantagem sobre o da penetração pacífica do espírito grego em quase todas as mesmas regiões uns dois mil anos antes. O curso da última permanece quase tão sem crônicas e tão anônimo quanto a pré-história, e como a pré-história é conhecida apenas por seus frutos, ao passo que a penetração italiana é *vivificada* pela possibilidade de trilhá-la de modo pormenorizado através de indivíduos e de identificar suas realizações pessoais.

Limitando-nos ao que diz respeito às artes de representação visual, o efeito da permanência do sienense Simone Martini e de Matteino da Viterbo em Avignon sobre os pintores das regiões que se estendem da Bruges flamenga à Valência espanhola é bem conhecido.

A arte florentina foi igualmente penetrante e com toda a probabilidade sua influência se verificou tão cedo ou até mais cedo. Quadros portáteis como os trípticos produzidos por Bernardo Daddi eram vendidos nas mais freqüentadas feiras de Champagne, e os afrescos do Trezentos ainda permanecem em Toledo, bordados pictóricos em Manresa e escudos de torneio no Alhambra de Granada. Antonio Florentin era pintor da corte de D. João I de Portugal ao passo que as esplêndidas iluminuras pintadas para o magnífico Duc de Berry foram feitas por artesãos franco-flamengos bem cientes do que estava acontecendo na Toscana.

No início do século XV, Siena havia esgotado sua influência ao passo que Florença só estava se preparando para sua mais ampla expansão. Ela enviou Donatello e Castagno, Fra Filippo e Piero della Francesca, Michelozzo e Leonardo para espalhar sua luz sobre a planície lombarda, de Milão a Pádua, a Ferrara e até a ainda bizantina Veneza. Alguns de seus filhos menos

141

conhecidos, ou filhos apenas de acordo com o espírito, estabeleceram-se em ambas as costas do Adriático. Em Rimini e Ancona, em Traù e Sebenico ainda podem ser vistas criações mais alegres e mais encantadoras do que a cidade-mãe mais severa dignar-se-ia a apreciar. Ela dominou a Umbria bem como a Marches, e Roma era seu subúrbio. Os arquitetos florentinos estavam influenciando a Cracóvia, a distante Moscou e a remota Delhi, enquanto os pintores florentinos ou suas obras penetravam na Hungria. Antes do século XVI, a arte florentina impregnara e transformara a arte da península italiana inteira. Certamente não é um exagero dizer que doravante a arte italiana é florentina, com incompetência, maus hábitos e obstinação produzindo variações regionais, algumas, é verdade, tão bem justificadas quanto a pintura veneziana. Antes que o século XVI tivesse corrido metade de seu curso, a arte florentina por meio de Andrea del Sarto, Rosso, Cellini, Primaticcio e Niccolò dell'Abbate estabeleceu uma colônia na França que até há pouco floresceu generosamente, nunca negando sua ascendência. Ela mandara Andrea Sansovino, Leone Leoni e o bizantino venezianizado El Greco, para converter a Espanha, e enviara Torrigiano primeiro para Portugal e depois para a distante Inglaterra, para onde foi seguido por Zuccari. Se não ouvimos falar de italianos famosos que foram para os Países Baixos e para a Alemanha, sabemos que alguns dos mais talentosos pintores e escultores daqueles séculos, Dürer e Pacher, Sustris, Scorel e Heemskerk, Adrian de Vries e Giambologna, Rubens e Van Dyck vieram à Itália, e alguns deles passaram anos lá, voltando eventualmente para suas pátrias carregados com todo Michelangelo, Tiziano e Cellini que podiam levar. A influência italiana não cessou nem no século XVII. Velásquez veio duas vezes a Roma por longos períodos e cada vez deixou-a esclarecido e adiantado; Rembrandt e Vermeer — o Vermeer misteriosamente caravaggiesco e italianado — meditavam sobre as obras-primas italianas. Até o início do século XVIII, nenhum artista ou homem de bom gosto acreditava que teria sua oportunidade se não pudesse ir à Itália para aquilo que hoje em dia seria considerado uma longa permanência. A

142

França sob Richelieu já fundara sua famosa escola, mais tarde conhecida como a "Villa Medici". Outras nações seguiram o exemplo, e tão recentemente quanto este século foi iniciado o "magnífico projeto" de uma Academia Americana. Durante todo o século XVIII a Itália estava enviando seus gênios para todas as direções: arquitetos que construíam ou decoravam as igrejas alegremente suntuosas da Áustria e da Alemanha católica, e grandes cidades como Petrogrado; pintores que como Tiepolo não só adornaram Madri mas prepararam o caminho para Goya.

Isso foi o que Florença fez, uma cidade um tanto pequena de negociantes de dinheiro, para não dizer usurários, cardadores e tecelões com pouca força militar e quase nenhuma autoridade política. A Itália florentinizada exercia sua influência diluviana sobre todo o mundo do homem branco, e além disso, em uma época em que a Itália era uma "mera expressão geográfica". Os exércitos podem ou não podem preparar o caminho. Em última análise, a influência é espalhada através de artífices, artesãos, arquitetos, entalhadores de madeira e pedra, homens de letras, professores, cantores, bailarinos, acrobatas, palhaços, bufarinheiros, curandeiros, cabeleireiros, violinistas, como era espalhada na antiguidade tardia pelos gregos e depois mais e mais pelos sírios, judeus e coptas, os mesmos povos que no início contribuíram tanto para a desintegração do mundo helênico, e depois para salvar a Europa do afundar em uma economia ignóbil e barbarismo frenético.

Estilo

Estilo é outro termo com freqüência recorrente em escritos sobre arte que deve ser tocado e definido. Como muitas palavras abstratas em uso comum, esta tem mais de um significado. Aqueles que conseguem primeiro dissolver nossas noções nebulosas sobre o assunto e depois cristalizá-las, com toda probabilidade acabarão compreendendo que a palavra "estilo" é usada tanto descritiva como criticamente. Assim podemos descrever certos artefatos como construções, peças de

143

mobília, utensílios, roupas como sendo "Luís XV" ou "georgiano". Podemos também falar de pessoas, sociedades inteiras, bem como de artefatos como sendo de bom ou mau estilo ou como possuindo ou não possuindo estilo. O que é que faz estilo no sentido descritivo? Como reconhecemos estilo? E de que elementos ele se compõe?

No caso do gótico, é o arco pontudo, a figura masculina ou feminina ondulante e o sorriso que são os traços mais óbvios do estilo. O *connoisseur* sabe de muito mais — os vácuos, por exemplo, no espacejamento, a relação das verticais com as diagonais, o movimento do drapejamento, os vários tipos faciais, as proporções das figuras e assim por diante. O estudioso terá em mente que, em nosso mundo mediterrâneo (exceto no antigo Egito e Mesopotâmia), nenhum estilo em tempos históricos permaneceu o mesmo por muito tempo, e quanto mais vivos eram os profissionais, tanto mais distantes estavam espalhados os postos avançados de suas atividades, tanto mais oscilantes, tanto mais vibrantes eram os estilos, tanto mais prontos para mudança e tanto mais sujeitos a variantes locais. Mas, através de todas as mudanças, a característica mais óbvia do gótico durante os três séculos de sua prevalência permaneceu o mesmo arco pontudo, como anteriormente o arco redondo fora característico do românico. O público não menos do que os artistas, enquanto reinavam estas maneiras e modas, achava difícil, se não completamente impossível, conceber qualquer peça de mobília, qualquer plano de decoração, qualquer partícula de ornamento, muito menos qualquer construção, que não apresentasse o arco redondo ou pontudo, ou não derivasse dele.

Nada é tão tiranicamente exclusivo e nivelador quanto um estilo reinante estabelecido de modo firme! Nenhuma fé é mais intolerante. Enquanto está sendo constituído ou quando começa a reclinação, ele pode estar sujeito à atração perturbadora de fora. Em sua plena força esmaga e tritura toda configuração com que se depara, e só as suporta se puder forçá-las através de seus próprios moldes de acordo com seu próprio padrão. Hoje em dia é difícil entender que autoridade e prestígio um dado estilo possuía no passado. Para termos uma idéia disso precisamos ver o que acontece nas artes que ainda estão vivas: confecção de vestidos, ofício de alfaiate, artigos para homens, e tudo que tem a ver com calçados, com chapéus e bonés para homens, mas acima de tudo com coberturas de cabeça para mulheres. Mesmo nestas últimas artes sobreviventes predomina em nossos tempos uma indulgência para com o capricho individual que não seria admitido quando um estilo impusesse seus padrões não a uma cidade, a um país, ou a um vasto reino, mas aos participantes de uma civilização que se estendesse para além de suas fronteiras políticas.

No entanto, até hoje em dia, apesar do capricho e da licença concedidos ao indivíduo elegante, não ocorre a nenhum homem ou mulher perguntar se, exceto para um baile à fantasia, ele ou ela vestir-se-ão em um estilo "Luís XV" ou "Luís XIV", ou "Francisco I" ou "Henrique II". No momento, contudo, em que pensam em construir ou mobiliar uma casa, eles se sentem livres para selecionar qualquer estilo de arquitetura, decoração e mobília; ou antes, são jogados de cá para lá por esta "liberdade não-patenteada" e não sabem o que escolher, cheios de *"le sentiment de la multiplicité des compossibles"*, como o chama Jacques Rivière. Uma perplexidade como esta não teria sido concebível antes da Revolução Francesa e as sucessivas reações que seguiram em sua trilha, o reflorescimento gótico, por exemplo, e todos os outros revivescimentos que se seguiram rápida e cada vez mais rapidamente até há pouco tempo. Nossas roupas mais externas — quero dizer nossas construções, praças e jardins — eram naqueles dias tão pouco sujeitos à discussão quanto as nossas roupas, como estas apenas na medida em que era uma questão de despesa e conveniência para nossa situação privada. Do contrário, construíamos como nos vestíamos de acordo com o estilo predominante, românico de mais ou menos 1000 até depois de 1200, gótico, desta data até além de 1500, depois Francisco I seguido por Henrique II e sucedido por estilos classicizantes, tirados da Itália. Seguiu-se a exaustão de todas as variantes possíveis sobre o retilíneo, e a conseqüente adoção de

145

configurações defletivas em ondulações não só para cima e para baixo, mas para fora e para dentro, com suas molduras alegres, arabescos vistosos e festões conhecidos como Luís XV.

Esses estilos, desde o românico até o império, originavam-se uns dos outros como a florescência do botão, a flor da florescência, e o fruto da flor. Ocorria, sem dúvida, uma volta à antiguidade, que acontecia depois que toda mudança que pudesse ser arrancada da fórmula gótica tivesse sido tentada, quando as pessoas inclinavam-se por reação automática ao retilíneo, e assim aprontando-se para a coluna, o entablamento e o desenho mais simétrico na Arquitetura, bem como para o vertical nas artes figurativas.

A Antiguidade ajudava-os a acelerar esse processo, iluminando o caminho e animando com exemplos de esforço bem sucedido. É possível que na Itália os arquitetos tivessem reconquistado as posições helenísticas, como de fato Bramante e San Michele, Sangallo e Palladio eventualmente fizeram, sem os modelos da Antiguidade. Teria levado mais tempo, mas o tropismo do padrão com toda probabilidade os teria conduzido para lá. Poderia ser argumentado que sem o exemplo da antiguidade helenística, não importa quão amaneirado e inferior pudesse parecer, nem Michelangelo nem Jacopo Sansovino teriam rivalizado os antigos tão de perto. Eu hesitaria em superestimar, no caso de Michelangelo, pelo menos, sua dívida para com aqueles mármores que então eram acessíveis, o *Apolo do Belvedere*, o *Laocoonte* e o famoso *Torso do Vaticano*. Mas Tiziano, o Tiziano amadurecido de *Educação de Cupido* em Borghese, o que poderia ele saber de pinturas, que lembram dele tão vividamente, como os da Villa dei Misteri em Pompéia, descobertos apenas há pouco tempo? Ele, com certeza, por si mesmo e sem ajuda, readquiriu as alturas alcançadas pelo originador daqueles afrescos.

Finalmente, o que caracteriza o estilo quando completamente formado e antes que a desintegração séria comece, e o que lhe dá valor de todo ponto de vista é sua impenetrabilidade para a influência externa. Agora discutiremos a "influência". Aproveito esta oportunidade para dizer que os chineses não modificaram qualquer coisa essencial na pintura italiana mais do que os persas modificaram a arte da antiguidade. O *Milcíades Kalos* do Museu da Acrópole é de modo inequívoco ateniense do início do século V, embora tivesse posto calças persas. O pastor do Monte Ida conhecido como Páris não é menos grego por usar um boné frígio. Nem as Amazonas enfeitadas em plenas indumentárias iranianas impediram que as pinturas de vasos e sarcófagos nos quais aparecem fossem um pouquinho menos gregas. Da mesma maneira a presença de um tapete oriental transportado para Siena e usado como acessório de um estúdio pelos Lorenzetti e seus sucessores até Giovanni di Paolo, ou de sedas chinesas no tardio Trezentos florentino, ou de bacias Ming no famoso *Bacanal* de Giovanni Bellini (agora na National Gallery, Washington) de nenhum modo afetaram os respectivos estilos de Siena, Florença e Veneza nos séculos XIV e XV. Nenhuma quantidade de configurações de um repertório estrangeiro perturba a integridade de um estilo, desde que este estilo possa assimilá-las. O interesse destes empréstimos reside não no reino da História da Arte mas no do comércio e intercâmbios culturais, e o mesmo acontece com os tipos completamente mongóis no Martírio de frades franciscanos de Lorenzetti em Tana, ou os rabichos mongóis nos afrescos da Capela Espanhola. Do mesmo modo, os artistas italianos do século XVI não hesitaram em tomar o que queriam de Dürer, Lucas van Leyden ou outros mestres nórdicos. Mas no momento em que um deles, Pontormo, não se contentou, por assim dizer, em fundir os bens roubados, remoldando-os de acordo com o gosto italiano, mas tentou em vez disso usá-los inalterados com todas as dobras e orlas do contorno teutônico, subiu um uivo de indignação que impediu a repetição da experiência Certosa.

Protesto contra a Restauração

É interessante, em relação a isso, o tratamento do antigo por artistas medievais e posteriores. Tudo traduzido em seus próprios termos, se bem que, pouco a pouco, os estilos do século XV em diante abordassem o antigo mais de perto, a divergência tornou-se menos ampla e absurda. Assim, desde o início do Renascimento até o século XIX as estátuas gregas e romanas, se sem pernas e braços, e até desprovidas de cabeça, eram completadas no estilo do período do restaurador. A escultura antiga, o único campo onde, apesar do pedantismo e irrelevância, a arte fora tomada seriamente, não mais está sujeita a esta indignidade. As pinturas ainda sofrem restauração em escala maior do que o leigo prontamente acreditará. As telas não mais são diminuídas para a forma e tamanho requeridos para o uso como meras figuras de mobília. No entanto, ainda se faz mais do que se deveria. Bastante recentemente ocorreram casos de apagarem cabeças em quadros que os negociantes imaginaram que poderiam dissuadir um cliente. Ainda não pensamos em deixar um "Velho Mestre" ficar despido de adições e restaurações, de modo a parecer como o tempo o deixou, um trapo desbotado e descolorado, mas a autêntica ruína do original. Insistimos em tê-lo remendado e falsificado de acordo com nossas conjeturas no que diz respeito ao que deve ter se parecido quando deixou a mão do pintor. Essas conjeturas são inspiradas pelo gosto, bom ou mau, isto é, pelo *estilo,* de nossos dias. Com freqüência, um olho treinado pode identificar não só o tempo mas até o lugar em que um quadro foi restaurado.

Isso está valendo não só para as artes visuais mas também para a Música e a Literatura. Quão pouco nos é permitido ouvir que não tenha sido "arranjado por Fulano". Isto é verdadeiro para quase toda música antes de Mozart, tão pouco agradável é a obra daqueles períodos em seu diapasão e suas harmonias para o ouvido contemporâneo. Até criações posteriores estão sujeitas a serem manipuladas por compositores com gosto mais popular, como foi de modo notório o caso do arranjo de *Boris Godunov* de Mussorgsky por Rimski-Korsakov. Nos muntos reinos e províncias da Literatura, o leigo lê uma tradução ou até uma página original cerzida, remendada, alisada, de um clássico hebraico, grego ou latino sem nenhuma idéia da condição em que o texto nos alcança; com freqüência, quão ininteligível, quão emendado de acordo com gostos sucessivos; heroicamente classicizante nos séculos XVII e XVIII, crescentemente antropológico e "realista" em nossos próprios tempos. Mais perto de nós, povos de língua inglesa, está o triste caso do texto de Shakespeare, tão penoso quanto qualquer um transmitido pela antiguidade e tão sujeito a variações de crença artística, como é abundantemente testemunhado pelas emendas registradas na edição "Variorum" de Furnival.

HISTÓRIA

Influência

O apelo por padrões de valor na história da arte visual foi feito, e suponho que consentimos em basear estes padrões em valores táteis e movimento. Oferecemos definições de ambos os termos e de decoração, ilustração e também de estilo. Estas discussões dos fundamentos capacitam-nos a voltar com maior facilidade para os problemas mais específicos de nossa tarefa.

Começamos com o mais abstrato, e dirigimo-nos primeiro para um já tocado nos últimos parágrafos, o problema da influência. Estritamente falando, a questão da influência não tem nada a ver com o deleite e a

151

apreciação da obra de arte, e pouco com o entendê-la. Quase não mais do que para um inglês saber de onde vêm os vários ingredientes de suas refeições, se o trigo vem do Canadá, Danúbia ou Rússia; a carne do açougueiro da Austrália ou Argentina; os ovos e aves da Dinamarca ou Nova Zelândia, os condimentos do Ceilão ou Java, as frutas da África do Sul ou Califórnia. Conhecer as origens sem dúvida enriquece o deleite. Trilhar a história das configurações, como das colunas dóricas ou jônicas, ou do rolo de papel vegetal, ou até de tipos faciais, pode participar de um prazer não totalmente diferente do que deve ter sido desfrutado pelos descobridores das nascentes do Nilo, Níger ou Mississipi. A busca de influências raramente é, contudo, livre de preconceitos racionalistas, inferências precipitadas e conclusões infundadas. O ciúme da Grécia é a causa de tentativas recentes de subestimar a realização helênica e de exaltar a arte etrusca e romana. Aversão pelas criações da "civilização de estufa" da Antiguidade leva os assim chamados nórdicos de hoje em dia a virarem-se contra a arte clássica de toda espécie, em particular a de representação visual, e a encontrar satisfação em rabiscos, talhaduras e entrelaçamentos executados pelos antigos ocupantes de pântano e floresta, charneca e tundra, dos quais estes presumíveis nórdicos imaginam que descendem. O trabalhador é digno de seu salário e, se seu salário é pago em focalizar suas descobertas, não podemos invejá-lo. Apenas não podemos confundir as distorções produzidas pelos decorrentes contrastes da luz violenta e a mais escura sombra com configurações normais. Assim é bom saber que a arte alcançou os mais longínquos postos avançados da cristandade pré-renascentista e mais longe. No entanto, se um estudioso ardente não tivesse sido interrompido durante seus esforços, ele poderia ter tentado provar não só que havia na Irlanda uns poucos artefatos dignos sem dúvida da alta menção no reino do ornamento puro, mas que a escultura monumental reviveu lá e encaminhou os franceses para um curso que levou diretamente para Chartres e Reims. Outro professor muito mais afamado, a quem já nos referimos, excluiu a figura humana da História da Arte, e admite outros animais ou até vegetais (quer entalhados em pedra ou madeira, quer moldados e cinzelados em bronze, ferro ou material mais caro) apenas quando arrancados da aparência comum e reduzidos a fitas ou cordame em um padrão emaranhado.

Com o Professor Strzygowski [1] nisso, sua última fase, não teríamos nenhuma disputa, pois todo estudioso tem o direito de restringir seu campo de pesquisa como lhe aprouver, e de definir seus termos. Mas antes de atingir esta confortável exclusividade, ele e seu séquito alcançaram a certeza de que a arquitetura européia da Idade Média mais remota era quase inteiramente armênia, e todo ornamento copta ou sassânida, e as artes figurativas partas e mesopotâmias. Se havia absolutamente arte na Europa durante os anos que vão de 400 a 1200 era graças a profissionais que vieram do Oriente, e a seus discípulos e seguidores diretos. Até se espera que acreditemos que a pintura toscana do século XIV devia gratidão por seus constituintes essenciais à remota China.

Um dos fatos surpreendentes da história, um fato inegável mas não facilmente explicado, é a atração irresistível de uma cultura superior. Ela faz com que seus próprios conquistadores se submetam a ela da maneira que os romanos o fizeram com os gregos, os árabes e turcos com os bizantinos e os persas, os tártaros e os manchus com os chineses, e, milhares de anos antes, os semitas e os gucianos com os sumérios que forneciam arte, e talvez religião, às partes mais ocidentais e setentrionais da Ásia.

Ao definir "estilo" declaramos que uma de suas qualidades era a impenetrabilidade e até a impermeabilidade, do momento em que o estilo estivesse completamente formado. Nesta fase de completamente formado, um estilo não sofreria nenhuma espécie de influência. A Itália, por exemplo, estava densamente juncada de restos de construção e entalhes romanos. No entanto descobrimos apenas um tênue traço de familiaridade com qualquer dos dois entre seus artistas medievais. Estes poucos traços tiveram de ser traduzidos para sua própria linguagem visual por arquitetos,

(1) Escrito quando ainda era vivo.

153

escultores e pintores do século XIV e até do XV antes que eles os usassem. Apenas em seus estágios experimentais, ou quando já está se desintegrando, pode um estilo ser seriamente afetado de fora. Precisamos perguntar até que ponto um estilo em dissolução ou reconstrução está, por assim dizer, sujeito a ser defletado e arrancado de sua órbita pela aproximação de um planeta estranho.

A arte relaciona-se com duas espécies de configurações:

(1) As fornecidas pela natureza.

(2) As fornecidas pela forma.

Não voltaremos às configurações naturais, mas encaminharemos o leitor ao que foi dito sobre este assunto na Introdução. Como tudo mais que estamos acostumados a chamar de "natural", a questão de configuração natural é complicada, e está longe de ser tão "natural" quanto supomos. Pode haver configurações na natureza mas não sabemos necessariamente com que elas se parecem. Temos de aprendê-las como aprendemos a reconhecer os sons, a entender o que significam, e a usá-las nós mesmos. Adquirimos este conhecimento antes da idade da consciência. Não podemos relembrar o processo, e presumimos portanto que foi "natural" — supostamente inato. Topando com eles e esfolando nossas perninhas, ensinamo-nos que certos objetos são berços e camas, mesas e cadeiras. Aprendemos a nomear fogo e água, gatos e cachorros. Ao ar livre, certas configurações são animais, outras são casas, árvores e lagoas, e outras, além disso, são veículos etc. Aprendemos não só a reconhecer e nomear configurações familiares enquanto nós mesmos não percebemos que estamos aprendendo, mas nas partes mais favorecidas da terra aprendemos a reconhecer do mesmo modo inconsciente as *representações,* quadros, destes objetos e de objetos ainda menos familiares.

As configurações dadas pela forma são uma questão diferente, pois a forma impõe seus próprios padrões nas configurações da natureza, assim como o alfaiate e o costureiro, o chapeleiro e o sapateiro fazem sobre nossos corpos, ou de fato aquele algo sobre-humano com que Atená dotou Ulisses a fim de fascinar Nausícaa.

É raro ver configurações tão nuas quanto possam estar na natureza, pois não podemos deixar de vê-las engalanadas, por assim dizer, pela arte. Este vestuário é transmitido com a arte com a qual se identifica, com a qual de fato é uma unidade. Como toda roupa, é uma questão de corte, isto é, de padrão e proporções, e silhueta, que, admitindo pequenas mudanças em espécie e qualidade de adorno e número de botões, continua inalterada até em nossa época durante décadas, e no passado continuava durante gerações.

São essas variações insignificantes que são facilmente afetadas de fora, mas não alteram um estilo mais do que um novo condimento, introduzido das Índias Orientais na Europa, alterou radicalmente a cozinha italiana e francesa.

Por outro lado, nenhum estilo importado permanece não-afetado no país em que é adotado; e se o corte inglês e a costura francesa parecem mais naturais nos corpos dos habitantes de Turim e Teutoburg do que nos de Tóquio, não é só porque os dois primeiros são anatomicamente mais semelhantes aos seus vizinhos do Noroeste do que seus correligionários nipônicos. Também é devido ao fato de que a linguagem universal que as modas de Londres e Paris falam foi aprendida muito mais cedo em Turim e Teutoburg do que em Tóquio. A moda, afinal, é uma espécie de fala e será falada cada vez menos quanto mais longe terá se afastado de sua origem, como o jargão inglês ao longo dos mares da China hoje em dia, e com bastante probabilidade, o grego falado na época de Milinda em Bactriana.

A moda não conhece quaisquer fronteiras salvo as de uma civilização, o que é muito óbvio hoje em dia uma vez que, muito além de nosso território, nossas modas alcançam as classes que participam, ou aspiram participar, das alegrias e tristezas, da essência e das intimidades, de nossa civilização.

Hoje em dia, onde quer que a costura francesa vá, as modas francesas também vão, com variantes devidas não às proporções, corte ou até ornamento, mas apenas ao maior ou menor grau de incompetência, ou à resistência dos tecidos locais empregados, quer por-

155

que o parisiense não fosse acessível, quer porque o costureiro desejasse introduzir um pouco da cor local. E exatamente assim nos tipos helenísticos da Antiguidade, proporções e padrões para todos os objetos animados e inanimados, bem como o espacejamento e arranjo helenísticos, alcançaram lugares tão distantes quanto qualquer raio de civilização helenística, e além das fronteiras políticas.

Enquanto essas configurações e padrões de arte, não importa quão exóticos possam ser, assimilam as configurações naturais, configurações cruas, por assim dizer, não pode haver nenhuma conversa de influência estrangeira. Nos reinos da representação visual, os etruscos, os latinos, os oscos, os partos, os indianos, os celtas, e os iberos, os númidas e os sarmatas foram helenizados.

Uma arte só é afetada pela influência quando seus próprios moldes são alterados pelo contato com outra arte, como certamente aconteceu com as artes dos povos que tinham relação com os gregos na Antiguidade, como acontece com os que têm relação com os franceses hoje em dia. Exatamente tão pouco quanto Paris é afetada hoje em dia, salvo em trivialidades passageiras, por clientes e estudantes estrangeiros, tão pouco era o artista helenístico contaminado nos fundamentos por citas ou sarmatas, por empregadores e aprendizes bactrianos.

Se qualquer desses povos fosse bastante civilizado para ter configurações de arte próprias, certamente teriam sido os iranianos. No entanto o mitraísmo, que durante gerações competiu em termos quase iguais com o Cristianismo, não revela em sua imageria nenhum elemento que não seja helenístico tardio, a menos que seja a indumentária do assassino, que é a mesma que aquela usada por Páris em todas as representações de seu julgamento. Outra religião iraniana, o maniqueísmo, que possuía adeptos entre as classes intelectuais, entre outros Santo Agostinho antes de sua conversão, deixou na arte poucos traços de sua existência — nenhum, de fato, até há pouco tempo. Apenas neste século as cidades enterradas na areia do Turquestão Oriental revelaram pinturas maniquéias em miniatura.

Estas, contudo, não diferem em nenhum aspecto dos afrescos indochineses de importação budista descobertos na mesma região. Nem é provável que os livros iluminados, pelos quais o maniqueísmo era famoso desde o início (seu próprio fundador Manes adornava seus manuscritos com iluminuras apósitas), fossem diferentes do que estava sendo manufaturado para outros contemporâneos helenizados.

Vale a pena notar que, exceto na arquitetura, a Pérsia tem dado no curso da história poucos sinais de criatividade ou originalidade artística. É verdade que em nossos séculos XV e XVI refinou aquilo que lhe veio de outras partes, mas no período aquemênida sua escultura devia tudo à Assíria e à Jônia.

Nos relevos, moedas e outros traços tênues de arte ilustrativa parta e sassânida, tudo é helenístico, exceto o que é devido à originalidade derivada da incompetência, e é claro à indumentária, como, por exemplo, o gigantesco adorno de cabeça do Rei dos Reis sassânida. Sob o Islamismo, a Pérsia estava sujeita primeiro aos artistas e artífices da Síria, eles próprios não mais do que débeis provincianos helenísticos tardios, e depois a todas as espécies de invasores mongóis, principalmente os turcomanos. Só perto de 1500, como acabei de dizer, a Pérsia alcança, com Behzad e poucos outros quase de seu nível, uma arte de representação que é quase sua própria: elegante, refinada e preciosa como nenhuma outra da Ásia interior. Limita-se à pintura em miniatura, mesmo quando, na escala de vastos tapetes. Nenhuma composição monumental deste período do chegou até nós.

Os iranianos, se não dispusessem de recursos imperiais, poderiam, na Antiguidade, nos ter deixado tão pequeno traço de realização artística quanto os judeus. Heródoto diz expressamente que "não é seu [os persas] costume fazer e erigir estátuas, templos e altares". Não há, que eu saiba, nenhum vestígio de iconografia ou composição masdeístas. O Zoroastrismo era provavelmente tão antiplástico quanto o Judaísmo, tão pouco inclinado a deliciar-se com ídolos. Menos de tudo estava propenso a cultivar a pintura paisagista monumental por amor a ela, visto que em outros lugares esta

157

arte insinuou-se penas como fundo para figuras, e levou séculos — vinte, de fato — antes que começasse a ter uma existência independente. Só na China a paisagem parece ter sido praticada tão cedo quanto o fim de nosso primeiro milênio, isto é, pelo menos cinco séculos antes que nós, europeus, tomássemos a mesma estrada. Portanto, falar com o Professor Strzygowski de uma paisagem masdeísta, descrever seu caráter, e descobrir sua influência nas nuvenzinhas de abside de São Cosme e São Damião em Roma parece um pouco fantasioso.

Pode-se questionar se qualquer povo em contato com o mundo grego teria bastante energia artística para ferir e afetar a arte helenística que se degenerava e desintegrava. No amargo fim, talvez não antes de nosso século V, traços de semelhante efeito podem ser discernidos.

Permitam que cite aqui Herzfeld, a melhor autoridade sobre arqueologia iraniana: "Não há nenhuma cesura maior nos 5000 anos da história do Oriente antigo do que o período de Alexandre, e não há nenhum objeto arqueológico produzido após esta época que não apresente seu timbre". A respeito de configurações persas com forma grega, ele diz: "O resultado é uma arte híbrida, se é que pode ser chamada de arte, digna de ser estudada apenas por causa de interesse científico e histórico, não estético" (*Archaeological History of Iran.* Schweich lectures, 1934, p. 52).

O próprio Egito, esteticamente o mais criador dos países antigos exceto a Grécia, contribuiu pouco para a arte grega, e isso, de algum modo, em seu antigo período arcaico, quando Argos e Atenas estavam dando seus primeiros passos para a mestria do nu. Quanto aos fenícios, hititas, mitanianos, hurritas, carianos, frígios, eles contribuíram com pássaros e bestas, modas em vestuários, e, em particular, com maneiras de usar o cabelo para ceramistas e artífices protocoríntios e coríntios, mas não contribuíram em nada para a gramática da arte grega. Dever-se-ia esperar pouco mais; e nenhuma destas raças, por conta própria, criou obras de arte como distintas de artefatos, tais como os paleolíticos, mesolíticos e neolíticos espalharam sobre a face de nossa terra.

Havia entre as várias nações sírio-mesopotâmicas um povo mais talentoso que os outros durante os séculos que imediatamente precederam a aurora da arte grega clássica. Este povo era o assírio. No entanto, também ele teve pequena influência sobre a arte figurativa grega, pois esta arte, como todo esforço sério para a representação, baseava-se no nu. Ora, exceto os egípcios, ninguém antes dos gregos tentou dominar o nu, e instituí-lo em um cânone. Os assírios, portanto, apesar de todo seu domínio da massa, ação e movimento, transmitiram aos gregos pouco mais além de sua versão da *palmette* * egípcia, certos costumes e certos quadrúpedes, reais e míticos. Pois as figuras esmagadoras de Branchidae e as paisagens de fundo das cidades sitiadas em dois túmulos lícios continuam sendo, segundo me consta, exemplos isolados de contato com a Assíria. Não é provável, repito, que outros povos asiáticos, que quase não se defenderam contra os jônios, seguidos pelo invasor helenístico mais eficiente, tivessem retido bastante originalidade para reagir contra as formas helenísticas, e para impor seus próprios ideais artísticos, se de fato tivessem quaisquer ideais distintos de cultura popular.

Os fenícios eram, para usar fala moderna, artesãos "remendões", que combinavam motivos egípcios, babilônios e assírios de modo fácil para adornar suas mercadorias de exportação. Quanto aos hurritas, e mais tarde os hititas, imitavam de perto a arte sumeriana, infundindo em seus produtos uma violenta brutalidade de intenção sem nenhuma execução adequada, parecida de modo extraordinário com a que os etruscos fizeram, até quando seguiam servilmente os modelos gregos desde os antigos tempos jônicos até os helenísticos. Da Frígia e Cária pré-helênicas sabemos pouco das artes figurativas, que pudessem ser consideradas delas próprias. Manifestamente, elas nada tinham com que contribuir, salvo a originalidade da incompetência e, talvez, atrás disto a resistência de grosseiros hábitos de ofício.

(*) Ornamento convencional entalhado ou pintado na arte antiga, que se assemelha a uma folha de palmeira. (N. da T.)

Não posso descobrir nada melhor nas iluminuras Rabula do tardio "cristão antigo" em Laurenziana de Florença, talvez interessantes arqueologicamente, mas destituídas de qualidade artística; e quase não descubro mais nos congêneres afrescos medievais da Capadócia, embora sejam de algum interesse para os iconógrafos, e ainda mais para os estudiosos da patologia da forma.

Nas costas de Ponto Euxino, os gregos entraram em contato com tribos de um certo grau de civilização. No Norte havia os criadores de cavalos citas com riqueza suficiente para dispor do serviço de ourives de primeira qualidade. Eles ditavam os assuntos, os costumes e até as atitudes. As proporções, as articulações, os contornos e tudo que significa forma permaneceram gregos.

O mesmo aconteceu em Propontis, na Macedônia, nos Bálcãs, nos países adriáticos, na Sicília, Provença e Espanha. É improvável que, em qualquer destas regiões, arte, como distinta de artefatos, jamais tenha sido descoberta que não fosse de origem grega, seja disfarçada por indumentária ou tipo, e por mais degenerada que fosse. A cabeça de Elche, a mais bela obra de arte antiga até agora encontrada na Espanha, é apesar dos malares altos, do queixo longo, do toucado e ornamentos exóticos, uma obra-prima jônica, e as assim chamadas estátuas ibéricas são imitações toscas de suas semelhantes.

Até as artes figurativas do Egito, o Egito multimilenário, não puderam resistir, e sob os Ptolomeus seu cânone do nu cedia ao grego, e pouco a pouco descartava o que não era helenístico, exceto a indumentária e os atributos.

Como as configurações greco-egípcias sobreviveram apenas com relação aos deuses e seu culto, nada restou das artes egípcias com o desaparecimento do paganismo egípcio. Enquanto este paganismo durou, e em particular nos séculos que precederam o triunfo do Cristianismo, os cultos nilóticos praticados em Roma trouxeram sua própria iconografia, seus próprios atributos, seu próprio ritual, indumentárias e instrumentos; e estes são tão extraordinariamente exóticos que até hoje a pessoa sem instrução quase não notará que os corpos nus que sustentam estas cabeças de pássaros e bestas, que usam estas perucas e anteparos, que seguram estes *ankhs* * e sistros já sejam helenizados.

Toda religião que possui uma iconografia, sem falar de uma arte própria, envia-a junto com seus missionários como os papistas e os protestantes fazem ainda hoje, os primeiros com uma falseteada arquitetura italianada, os segundos com um gótico de brinquedo. O budismo igualmente levou sua iconografia helenística tardia, tão semelhante nos fundamentos à imageria dos séculos IV e V cristãos, a Java, à Indochina, à própria China.

A iconografia das religiões indianas era tão definida, tão segura, tão cristalizada que se impôs até na China. No entanto, devia quase tudo ao invasor grego.

Os Judeus e a Arte Visual

Os hindus, que os seguidores de Alexandre quase conseguiram helenizar, eram muitíssimo mais ricos e artisticamente mais talentosos do que os pobres montanheses que sob o nome de judeus ocupavam então a hinterlândia da costa palestina. Nem eles próprios, nem seus antepassados possuíam qualquer espécie de habilidade plástica ou até mecânica. Seus registros dizem que durante grande parte de seu período heróico não havia nenhum ferreiro no país. Os mesmos registros confessam que quando seu *Roi Soleil,* seu *Prachtkoenig,* quis construir um templo para seu deus, teve de conseguir não só os materiais mas os trabalhadores de Tiro. Desta estrutura não há nenhum traço, certamente nenhum objeto plástico ligado a ele. Mas escavações recentes descobriram marfins claros que adornavam a mobília de um palácio em Samaria construído para Acab, o Rei iníquo, que oito séculos mais tarde teria se intitulado um filo-heleno. As representações nestes marfins e seu artesanato são fenícios.

Na verdade Israel através das eras não manifestou nada essencialmente nacional nas artes plásticas, nem na Antiguidade nem por toda a Idade Média, nem hoje

(*) Na arte e mitologia egípcias, uma cruz em T que tem a parte de cima em laço: um emblema de geração. (N. da T.)

161

em dia. A cunhagem de seu período macabeu equivale ao helenístico mais pobre. Se podemos confiar nas reproduções dos ornamentos em relevo, com base no castiçal de sete braços que pode ser visto no Arco de Tito, aquele objeto de culto era bastante helenístico para ter sido feito para Herodes por prateiros gregos. Em períodos posteriores, os judeus imitavam a arte dos povos entre os quais estavam espalhados, na lastimável medida em que absolutamente usavam arte. Mesmo em anos recentes quando judeus emancipados do gueto entregaram-se à pintura, à escultura e à arquitetura, não se revelaram nem originais nem de modo algum judaicos. Desafio quem quer que seja a salientar na obra de Liebermann, Pisarro, Rothenstein, Modigliani, Messel, Antokolskij, Epstein, Chagall ou Soutine, qualquer coisa, salvo o tema, que seja especificamente judáico.

Os afrescos, com assuntos do Velho Testamento, descobertos em uma sinagoga em Dura-Europos, são helenístico tardio provincianizado e deturpado, da mesma forma que todas as artes dos "portos do deserto", como Rostovtzeff iluminadamente designou cidades como Palmira, Nisibis, Dura e Edessa. Exceto pelo tema, indumentária e parafernália de ritual não há nada mais judaico neles do que nos quadros dos Liebermann e Modigliani de hoje em dia. Não podemos e não precisamos saber se os autores destes afrescos eram judeus ou gentios. Como pintores, eles eram helenísticos, como em sua maneira humilde era o pintor Eudóxio que assinou um afresco em uma das catacumbas judaicas em Roma.

É provável que os judeus alexandrinos ricos tivessem suas cópias da Septuaginta ilustradas. Visto que não havia nenhuma arte judaica, eles devem ter empregado helenos ou judeus completamente helenizados. Mesmo antes de Filo haviam identificado Jeová com Zeus empunhando o raio, os construtores da Torre de Babel com os Titãs e outras fábulas hebraicas com mitos gregos. O próprio Filo atribuiu a Jeová epítetos tomados dos helenos, tais como "salvador", "benfeitor", "doador de vitória", "dispensador de riqueza", o "grandiosamente generoso". É difícil de acreditar que este tipo de judeu, que não mais entendia hebraico ou aramaico, provavelmente rezava em grego e com certeza lia o Pentateuco e os Profetas nesta língua, interessar--se-ia por uma arte judaica se ela existisse. Sua imageria visual teria sido tão helenizada quanto os mosaicos de Santa Maria Maior em Roma, que de fato pode reproduzir ilustrações alexandrinas da epopéia de Israel.

O mesmo aconteceu na Idade Média e no Renascimento. As páginas de calendário de manuscritos bizantinos deu aos judeus europeus orientais e meridionais os modelos que ainda são correntes para contratos de casamentos e outros documentos legais. Ilustrações para livros judaicos no mundo latino não são demasiado raras nos séculos XIV e XV, e são invariavelmente tão góticas quanto quaisquer outros desenhos dos mesmos séculos no mesmo país. Aquelas feitas na Alemanha são, como tudo que é judaico nestas regiões, exageradamente teutônicas. Do mesmo modo, as iluminuras para textos hebraicos feitos no Quatrocentos em Bolonha ou Parma, Modena, Reggio ou Ferrara são exageradamente emilianas.

Os judeus como seus primos ismaelitas, os árabes, e de fato talvez como todos os semitas puros (se é que existem), apresentaram pouco talento para as artes visuais e quase nenhum para as figurativas. A arte da Mesopotâmia, incluindo as bacias do Eufrates e do Tigre e seus prolongamentos, é de origem sumeriana e não semítica. Assim não só as esculturas assírias e hititas, bem como todas as babilônicas, são não-semíticas, mas o mesmo acontece com o império semita do Ocidente, Cartago, onde todo artefato que pode reivindicar ser uma obra de arte é grego. Aos judeus pertenciam os esplendores e arrebatamentos da palavra. A literatura hebraica não só proporcionou inspiração e conforto ao cristão e maometano, mas modelou ou deu nova forma aos seus instrumentos de expressão. O Velho e Novo Testamentos, o segundo até mais especificamente judaico do que o primeiro (que até a época do exílio é israelita e não judaico), estão atrás, debaixo e dentro do Cristianismo e atrás se não dentro do Islã. Uso as palavras em seu sentido cultural e não doutrinal.

163

O Cristianismo ocasionou a judaização da Antiguidade — a maior revolução que nossa história registrou.

À parte sua tardia teologia helenística por um lado e seu culto de Madona ou santo por outro, o Catolicismo em seu ritual, festividades, fraseologia, até na organização eclesiástica e hierarquia, é tão esmagadoramente judaico que pode bem ser considerado como um judaísmo universalizado e não mais tribal.

O mundo antigo perdeu seu padrão do universo e sua visão do destino humano. Só os judeus conservaram um esquema, simples, claro e plausível, que pudesse atrair os perplexos, os desintegrados, os desesperados. O mundo ainda não se refez dele, tão pouco de fato que hoje em dia (1938) três impérios estão atacando-o aberta ou furtivamente, brutal ou sorrateiramente, mas, pelo menos por enquanto, com êxito duvidoso. Por volta do século V de nossa era, o mundo helenístico estava tão judaizado que sua literatura viva, enquanto retinha as raízes, gramática e fraseologia do grego, estava-se tornando hebraizada. Não poderia ser de outro modo, visto que o ritual veio direto da sinagoga com suas sentenças bíblicas, leituras bíblicas e contínuo canto de salmos. As referências, as exortações, não eram para as glórias de seu próprio passado, mas para os notáveis hebreus, história e saber hebraicos. A palavra "heleno" deixou de ter um sentido étnico ou até cultural, mas estava passando a significar "pagão". Ainda havia gramáticos, é claro, e os eruditos ainda liam Homero e talvez Platão, embora mais provavelmente Proclo, e para eles Nonnus fabricou uma epopéia, que era tanto um produto de estufa quanto o *Maabárata* e o *Ramáiana* dos sábios indianos. Para os mesmos eruditos, em número que diminuía cada vez mais, em círculos cada vez mais obscuros, estavam sendo forjados epigramas que como os versos de um Panormita, ou Sannazzaro alguns de nós ainda podem desfrutar com satisfação prazerosa quase mil anos mais tarde.

Bagatelas bonitas, os equivalentes visuais desses epigramas, com referências mitológicas idênticas, continuaram durante séculos a embelezar caixas de marfim e pratos de prata, mas a arte viva era dedicada, pareceria, inteira e sinceramente a ilustrar o cântico e a história judaicos.

Não obstante, não se pode descobrir nenhum traço de quaisquer configurações de arte judaica ou de qualquer iconografia especificamente judaica nos remanescentes da imageria helenística tardia em uso cristão. Isto não poderia ter acontecido se na época existissem padrões de arte judaicos. Quaisquer padrões e artistas estavam fora de cogitação salvo os helenísticos, e se os cristãos tivessem procurado à sua volta não teriam encontrado nada na antiguidade tardia para substituí-los. Eles eram os únicos que sobreviveram, por mais degradados que fossem.

De fato degradados, mas nada deviam exclusiva ou principalmente ao Cristianismo. O Cristianismo não foi a causa direta da decadência nas artes de representação visual. Indiretamente a baixa condição econômica de seus primeiros adeptos desfavoreceu a arte. Eram, na maioria, habitantes de bairros pobres, indiferentes à arte, desconhecendo quase sua existência, e, como se pode ver em catacumbas e cemitérios, só podiam dar-se ao luxo de empregar os artesãos mais humildes e menos caros.

Depois havia o ódio fanático de todo judeu anti-helênico contra tudo que pudesse atraí-lo para longe de suas áridas abstrações e afirmação apaixonadamente fervorosa, agressiva e exasperada de seu monoteísmo.

Essa mentalidade primitiva, não-imaginativa, numênica e em um sentido pré-teísta e tão acusada de ateísmo quando infetava as classes mais altas e finalmente as superiores, que já estavam tingidas pelo estoicismo, tendia continuamente a desviá-las daquele amor pelo corpo e suas atividades mais delicadas e nobres que sustentam o sentimento pela arte visual. Ela foi a causa de um interesse cada vez mais decrescente pelo nu e, cedendo à pressão deste puritanismo anti-helênico, acabou em uma aversão por ele. O nu não era mais estudado, e sem uma mestria do nu, nenhuma arte de representação de figura pode prosperar. É possível contextar que o mundanismo não pode ser extirpado, que, mesmo tardiamente, no século VI muitas famílias senatoriais continuavam poderosas e capazes de gozar a

165

vida. A maioria delas, contudo, deve ter pertencido à ala das classes dominantes que, não tendo sido nunca mais do que semi-humanizada, encontrava demasiada satsfiação nos prazeres animais mais fortes para interessar-se pelos mais atenuados oferecidos pelas ideações da arte. Entre os ascetas e a pequena nobreza nunca bem desbarbarizada, clientes para artistas tornaram-se minoria, até que o último deles desapareceu.

Pode-se objetar que ignoro as diferenças entre os produtos de arte das várias nações que acabei de mencionar. Com relação ao que estamos tratando aqui, pequenas diferenças não têm nenhuma importância. Do ponto de vista da forma elas são insignificantes e dizem respeito à qualidade mais do que ao estilo. Só no reino da ilustração é que as características nacionais podem manifestar-se. Já me alonguei bastante nestas para tornar claro meu pensamento. Minhas tendências para com o universalismo e a infinitude indispuseram-me a estender-me em diferenças que parecem insignificantes, comparadas com semelhanças amplas e profundas, e inclinaram-me a procurar a mesma qualidade humana em todo indivíduo. E, além disso, a erigir as mesmas qualidades em padrões finais e a avaliar sociedades bem como indivíduos pela medida em que possuíram estas qualidades.

Sou de fato propenso a impressionar-me pelas semelhanças mais do que pelas diferenças. As primeiras são patentes e tão manifestas a ponto de serem tomadas como certas. Salvo em raros casos, as diferenças são superficiais. As mais profundas têm de ser procuradas com atenção deliberada e minuciosa. Quando descobertas, são mais divertidas do que sérias, mais parecidas com o clarão de um pirilampo do que a luz de uma iluminação. De fato, a não ser pela língua, as marcas que distinguem as diferentes nacionalidades são tão tênues que elas têm de fazer tudo que podem para reforçá-las. O mesmo é verdadeiro para seus produtos de arte.

A questão das influências, embora principalmente uma preocupação para os estudiosos das histórias do comércio e transporte, ou a delicada questão da dívida de uma assim chamada raça, na realidade, um grupo lingüístico, para com outra, tem também um certo interesse, embora limitado, para o historiador da arte. Ele reduz-se à inquirição com relação ao que acontece quando se inicia a decadência. Ela se deve, sobretudo, se não inteiramente, a causas externas ou internas, como, por exemplo, a diminuição da energia criadora que deixa apenas forças eruptivas livres para conduzirem suas atividades desintegradoras de dentro?

O que tenho em mente é bem ilustrado pela controvérsia sobre a origem de artefatos romanos, tardios, como jóias com incrustação de granadas, massas vítreas e vidros coloridos, pedras semipreciosas e esmaltes. Riegl afirma que elas são uma invenção nativa na qual a arte afundara por volta do ano 400 d.C. e supõe que as mais humildes delas, fivelas, fechos, broches e alfinetes de segurança, eram produtos em grande escala manufaturados para ampla distribuição dentro do Império. Nos quarenta anos ou mais desde que Riegl escreveu, foi descoberto material que prova que sua tese estava errada e que os produtos em questão foram trazidos pelos bárbaros do Norte e do Leste que estavam se infiltrando, estabelecendo e finalmente dominando a maior parte de nosso mundo. Isto foi tão longe que na Itália a juventude elegante imitava o cabelo comprido e as indumentárias dos godos, e em Bizâncio a roupa e ornamentos sassânidas.

Deveria ser tarefa dos historiadores da arte averiguar se em determinada época, digamos o início de nosso século V, o mundo antigo já afundara tanto que apenas a arte infantil vistosa lhe agradava.

Não obstante, mesmo que Riegl se revele errado como arqueólogo, ele continua sendo um grande historiador da arte, pois foi o primeiro a empregar uma inteligência e métodos raros na investigação da mudança de gosto, e como ela foi ocasionada. Pois a história da arte, nunca é demais repetir, lida mais com o que era apreciado e admirado em um certo período do que com a questão de onde se originou e onde era produzido.

Nesse exemplo, contudo, a conclusão levou à generalização já feita aqui, a saber, que só quando um estilo está em completa decadência é que outros modos de representação ganham influência. A crescente arte grega pôde assimilar noções estrangeiras em roupa e ornamentos, ao passo que em nosso século V, o helenismo já estava tão debilitado que não pôde mais impedir que as massas regredissem para preferências pueris e bárbaras. A decadência nas artes figurativas, entretanto, não foi devida a influências externas, mas inteiramente a razões internas, às quais me referi amiúde neste ensaio: o desaparecimento de artistas criadores e a sobrevivência de meros artesãos que, reduzidos ao sucessivo copiar, e privados de liderança, retrocederam para os primitivos padrões geométricos, desenhos verticais e frontais. Este fenômeno parece caracterizar, pelo menos em nosso mundo europeu, todos os momentos de desintegração séria, como aconteceu conosco desde o início da *art nouveau* no fim do século passado até a assim chamada arte abstrata de hoje.

A Originalidade da Incompetência

Em relação à arte iraniana, quer aquemênida, parta, ou sassânida, aventuro-me a falar da "originalidade da incompetência". Para começar, a noção de "originalidade" que significou tanto, de modo tão crescente nos últimos duzentos anos, quase não existia antes da primeira aurora do assim chamado "período romântico". De fato, seria interessante saber como uma categoria, e como uma qualidade, era absolutamente reconhecida; se não é antes um subproduto da idéia de gênio como algo *Niedagewesenes* — algo que nunca existira até então, nunca fora visto antes e do qual não se ouvira falar — como um visitante de outra esfera, que traz diversidade e cada vez mais diversidade.

Um jovem Dürer, um jovem Leonardo, um Rafael, um Michelangelo, ou um jovem Rembrandt ou Velásquez, ou até Greco, não foi ao seu mestre e disse: "venha, ensine-me rapidamente como ser tão diferente, tão distinto do senhor quanto possível". Se absolutamente pensasse, esperava que cedo imitaria seu mestre tão bem a ponto de ser confundido com ele. Se lia os Evangelhos faria com que fosse seu o dito (*Lucas*

6:40): "O discípulo não é superior a seu mestre, mas todo o que for perfeito será como seu mestre". Se não fosse assim, que razões podemos dar ao fato de que é tão difícil distinguir entre as obras mais antigas de um artista e as de seu professor? Ainda existem quadros e desenhos que alguns atribuem a Verrocchio e outros a Leonardo, alguns a Perugino e outros a Rafael, alguns a Giorgione e outros a Tiziano. Estou tomando exemplos de um campo que cultivei, mas poderia dar inúmeros exemplos de outros campos, onde ainda é tão difícil distinguir entre mestre e discípulo, e poderia citar exemplos de outras artes e outras escolas. Nada disso poderia ocorrer se o discípulo não fosse o animal dócil que é no início, se for industrioso e capaz.

Apenas quando preguiçoso ou incompetente, apenas quando não foi capaz de aprender o que o mestre tem tentado ensinar-lhe e foi incapaz de imitar o mestre em todo aspecto, demonstra ele originalidade em um estágio muito precoce de sua carreira. No passado, o pobre diabo não se orgulhava disto, ou esperava que se seguisse uma carreira brilhante. Ele não podia evitá-lo. Tinha de suportar esta espécie de originalidade como a deformidade que era. Demoramos muito — com a tendência de aclamar como bom tudo que minha própria geração tinha como mau — para descobrir originalidade nas distorções e absurdos resultantes da mera incompetência. Escritores germanófilos recentes tendiam a falar da incompetência como estilos cogitados de modo deliberado ditados por *Weltanschauungen* inteiramente diferentes, baseados em *Einstellungen* independentes.

Podemos ficar certos de que se os gregos que trabalharam para os aquemênidas em Persépolis, para os partos em Ectabana e para os sassânidas na Seleucia tiveram quaisquer aprendizes nativos, estes aprendizes pensavam apenas em identificar-se com seus mestres jônicos ou helenísticos. Assim ocorreu com os artesãos etruscos e romanos. Quando chegou aos discípulos destes discípulos, eles caíram sobre a lei inevitável do copiar sucessivo — inevitável por causa da falta de atenção para a fonte, a saber, a arte de desenhar.

Ora, a lei do copiar sucessivo é que a progressiva degradação da cópia acaba em algo tão remoto do original, algo tão destorcido quanto as figuras irlandesas ou armênias, cristãs, capadócias ou mesopotâmias medievais — originais, de fato, mas com a originalidade primeiro da incompetência e depois da inconsciência auto-satisfeita.

Aconteceu em todos os tempos e em todos os lugares que quanto mais longe dos centros geradores da arte, tanto mais incompetente, mais destorcido e mais "original" é o produto. Só que deve ser o produto nativo e não a obra de um artista nascido, criado ou treinado no centro. Se as esculturas do assim chamado estilo etrusco tardio são inferiores àquelas encontradas na cidade de Roma, não é devido ao gosto ou talento superiores do artesão natural da capital mas à probabilidade de o último não ser um romano mas um imigrante, uma importação da Grécia. Se Roma pudesse proporcionar-lhe tão pouco quanto Volterra, e fosse reduzida ao seu próprio gênio, a arte descoberta naquela cidade imperial poderia não ter sido muito mais requintada.

Podemos assim tomar por certo que quando uma obra de uma ordem alta no modo grego aparecesse em qualquer parte do mundo antigo, era feita por um grego (pelo menos em treinamento), quer fosse a cabeça de Elche à qual já me referi, Latona e Apolo de Veii, quer a obra de ourivesaria feita para os citas e os sarmatas. Da mesma maneira nas épocas românicas e góticas devemos suspeitar que os artesãos treinados por franceses esculpiam as mais belas figuras, estátuas, relevos ou capitéis de colunas em qualquer parte fora da França, seja na Hungria ou Espanha, Escandinávia ou Alemanha. No último país citado, estudiosos nacionais têm provado que as mais nobres estátuas em Bamberg foram feitas por um escultor que anteriormente trabalhara em Reims. É minha idéia particular que alguém poderia ir para Burgos, Leão ou Compostela e apontar por um lado para as esculturas feitas por franceses (quero dizer artistas inteiramente treinados na França) e por outro para as feitas por espanhóis. A fim de justificar minha noção particular e para mostrar que não estou cego por preconceito, acrescento que nunca me ocorreu suspeitar que a Puerta de la Gloria em Santiago ou as esculturas em Naumburg e Meissen — em seu próprio modo realizações tão maravilhosas — foram concebidas e executadas por franceses.

De fato, poderíamos tomar um mapa da Eurásia e, fixando a ponta de um compasso em Atenas por volta de 400 a.C. ou em Paris por volta de 1200 d.C., girar o braço livre em curvas cada vez mais amplas; se o mapa fosse bastante grande para permitir indicações das principais obras de arte neste território, poderíamos perceber que a influência do centro criador diminuiria com a extensão do braço livre dos compassos. Em outras palavras, quanto mais longe do foco estivesse um lugar, tanto mais fracos seriam os raios que o alcançavam e menos eficazes os resultados. Os resultados tenderiam a ter cada vez menos da qualidade grega na Antiguidade ou da qualidade francesa na Idade Média, quanto mais longe da Grécia ou da Ile de France fossem produzidos. Esta conclusão é tão certa que, quando quer que se descubra uma obra-prima longe dos centros, precisamos indagar se não é o trabalho manual de gregos ou franceses itinerantes. Villard de Honnecourt, em seu caderno de desenhos, conta de suas atividades na remota Hungria. Sabemos que no século XIV Étienne de Bonneuil e seus companheiros franceses deram o projeto e começaram a construir a catedral da ainda mais distante Upsala. Podemos estar certos de que eram apenas dois dos muitos arquitetos franceses de uma alta ordem chamados para partes distantes, como em séculos posteriores arquitetos italianos encontraram seu caminho para Moscou, Agra e até Pequim.

Equipes de artífices gregos e depois franceses, em número suficiente para treinar os nativos, eram responsáveis pelas artes provincianas da antiguidade tardia e da Inglaterra, Espanha e Alemanha na Idade Média. Na Antiguidade tinha-se de ir para tão longe quanto Gandhara para descobrir em tipo, proporção ou expressão, toques não devidos à mera incapacidade de copiar o modelo; na Idade Média, apenas tão longe

171

quanto a Alemanha e Itália, países que conservaram tradições próprias, otoniana no primeiro, antiga no outro, bastante fortes para modificar o que adotavam.

Arte Periférica

Diferente da arte provinciana é a arte marginal ou periférica como praticada por artesãos sem nenhum treinamento artístico, que copiam as cópias de cópias que os alcançam com os últimos murmúrios de centros como Atenas ou Constantinopla, Paris ou Florença. Os produtos destes distritos culturais fronteiriços são via de regra tão toscos e tão impotentes e infantis a ponto de fazer-nos perguntar se eram devidos ao começo ou ao fim de um movimento de arte.

As fronteiras mudam com as mudanças que acontecem nos centros de civilização. Assim, a Etrúria e o Picenum, junto com o estuário do Ródano, foram durante gerações e gerações depois de mais ou menos 800 a.C. os postos avançados ocidentais do Mediterrâneo, isto é, da arte assírio-egípcia, fenícia, ródia, jônica, peloponesa e ática; exatamente como no século XII de nossa era, a Espanha Cantábrica era um posto avançado de Cluny e Saint-Denis. O melhor que encontramos nestas regiões era ou importado ou feito no lugar por artistas imigrantes, gregos ou franceses; o melhor, em seguida, pelos aprendizes diretos destes artistas.

Falando de escultura síria setentrional de 1000 a.C., Moortgat (cujo *Bildende Kunst des alten Orients und die Bergvoelker* por acaso lia enquanto escrevia isto) diz que ela era tão tosca tanto no desenho como na composição que foi considerada primitiva e como conseqüência antiga, com a implicação de que era o produto de gênio criador e não de imitação provinciana ou até marginal. Lembro-me do Professor Capart dizendo que no Egito muitos objetos de pedra, que pela mesma razão foram estimados como pré-dinásticos, eram imitações rústicas de coisas muito posteriores, originalmente executadas em bronze.

Uma arte de fronteira, ou, como com freqüência falaremos dela, uma arte marginal ou periférica, deve suas características principalmente à falta de treinamento apropriado por parte de seus artífices, treinamento nos requisitos mais essenciais das artes de representação visual; refiro-me sobretudo ao desenho do nu. Muito antes que a fronteira recuasse de sua expansão mais longínqua e começasse a engatinhar de volta para a fonte do poder, muito antes que Roma deixasse de exercer sua autoridade política no Tejo, Reno, Danúbio, ou Eufrates, os habitantes destas periferias se tinham tornado quer demasiado empobrecidos para empregar artistas ecumênicos e seus discípulos diretos, quer demasiado bárbaros bem como demasiado supersticiosos para apreciá-los. A segunda hipótese parece mais provável, pois os Rotschilds de Palmira certamente tinham os meios para empregar escultores gregos, assim como para chamar pintores gregos para fazer seus afrescos. Evidentemente, os entalhadores de pedra nativos, meros fabricantes de imagens apenas esculpidas, gozavam da preferência.

A incompetência auto-satisfeita por parte do artista, a indiferença complacente, se não a aprovação entusiástica por parte do público, caracteriza uma civilização decadente, deixando pouco, salvo destroços e refugo espalhados entre as orgulhosas ruínas de cidades outrora nobres. Os habitantes sobreviventes saúdam toda destruição, toda distorção, toda tentativa bem sucedida de rebaixar o que resta do esplendor passado para seu próprio nível de inteligência degradada e aleijada. Tornam-se delirantes com a sanção, como fazemos agora por causa dos êxitos antiarte de pintores e escultores de hoje, e por causa das demolições indiscriminadas que acontecem perante nossos olhos nos centros mais conspícuos daquilo que uma vez fora nossos lares espirituais; enquanto estamos extasiados com construções que repudiam qualquer propósito salvo o de serem tão receptivas a nossas necessidades animais — isto é, para nosso conforto — como a caverna era para os requisitos severamente utilitários do neandertalense. [1]

(1)   Escrito em 1938.

Em outras palavras, quando uma civilização míngua, a região periférica ou marginal avança sobre o interior até finalmente conquistar os centros, reduzindo Babilônia e Mênfis, e Tebas de cem portas, a desertos, Atenas e Antioquia a pequenas cidades de mercado, e Alexandria a pouco mais que uma aldeia de pescadores.

A arte que antes era apenas bastante boa para a precária fronteira agora é tudo que as antigas capitais podem realizar. Os marechais de campo, os generais, os capitães das várias artes acabaram-se. Até os oficiais subalternos espalharam-se e desapareceram. Só uma milícia desgarrada de meros artesãos continua, nada conservando da hierarquia das artes, exceto a presunção que parece aderir tão obstinadamente à pele do mais humilde pintor ou escultor.

Nos penhascos desmoronadiços do Eufrates, em Meskene, encontrei um árabe de raça pura que era um fabricante itinerante de ídolos. Pedi-lhe que mostrasse sua habilidade fazendo um enquanto eu esperava. Respondeu que até Alá em seu paraíso não poderia aperfeiçoar a imagem que ele produziria, e começou a cinzelar em uma laje de pedra os contornos de uma mulher sentada e, é claro, vestida. Era na fórmula mesopotâmia, que vemos em vasilhas Rhages e cerâmica congênere, bem como nas iluminuras desta região, e não mudou nos últimos setecentos anos salvo para perder toda pouca qualidade que esta particular convenção jamais teve. Ao fim de meia hora ele terminara. Sua satisfação própria não conhecia quaisquer limites. Nem mesmo Rodin entre seus admiradores literários, como o conhecemos após 1900, poderia ter desfrutado maior satisfação. Se houvesse beduínos à sua volta, eles sem dúvida teriam balido uma admiração tão sincera e tão inteligente quanto a de nossos próprios amadores diante das mais recentes distorções da configuração, o mais recente caleidoscópio de cor, ou os mais inextricáveis enigmas de padrão e composição que nos são oferecidos hoje em dia.

A diferença em coisas materiais entre esses nossos jovens amigos, embora não mais tão jovens, e os beduínos, é pouco menos do que infinita e toda para a vantagem dos primeiros. No reino do gosto eles estão mais aproximadamente no mesmo nível; e eu não saberia dizer qual está no mais baixo.

O periferialismo ou marginalismo (se é que podemos usar estes termos) é devido ao fato de o artesão entregar-se aos seus próprios expedientes, liberto da inspiração e controle do artista. Pode ocorrer em qualquer época e lugar, como de fato vemos hoje em dia em Paris, Londres e New York.

Mas os expedientes do artesão não o levam longe ou para a frente. Ele recorre aos seus hábitos desleixados de execução, enquanto em visualização volta às configurações toscas e padrões infantis que se enraizaram em sua mente, porque eram mais acessíveis ao seu sentimento e mais adequados para sua mão do que a arte baseada em treinamento intelectual. Assim, certos padrões gregos do período geométrico apegaram-se aos bordados albaneses e de outros países balcânicos até nossos dias. A arte camponesa, quando não é tão primitiva quanto brinquedos de crianças, continuou românica por toda a Europa latina, embora de um modo infantil, toscamente simplificada. Até há pouco tempo as *Bondieuseries* judaicas que víamos expostas nas vitrinas do gueto vienense tinham um aspecto bizantino até mais tosco.

É inútil pensar em países dos quais a civilização recuou tão completamente como da antiga Hélade até três ou quatro gerações atrás, ou da Ásia Menor costeira até hoje em dia. Os mosaicos do início do século XI de Hosios Lucas não são mais indígenas da Fócia do que os de Dafne eram da Ática. Ambos devem ter sido feitos por artistas de Constantinopla. A Grécia tinha praticamente deixado de ser até periférica e mais tarde, sob o domínio turco, acabou como inteiramente bárbara.

Roma

E a cidade de Roma! Não sofreu quase nenhuma destruição na mão do bárbaro, mas não obstante por volta de 600 da nossa era afundara da posição secular

175

de atrair os melhores artistas do mundo civilizado, e estava agora se aconchegando perto dos arredores da influência bizantina. Na arquitetura, também, como as mais medíocres cidades periféricas, não se envergonhava de usar fragmentos de construções antigas que se desmoronavam por falta de cuidado. A escultura desapareceu e a pintura foi reduzida a borrões pictográficos. Agora os anacoretas gregos, em seu zelo missionário, penetraram até este posto avançado do Império Bizantino e, aninhando-se nas subestruturas da parte menos arruinada daquilo que fora o palácio dos Césares, começaram a adorná-las com afrescos, alguns dos quais são obras de arte. Há camada sobre camada deles como em outras partes do mundo ortodoxo, e continuaram a ser pintados por gerações e talvez séculos. Nem o revivescimento carolíngio, que deu novamente a Roma alguma proeminência política, afetou sua arte. Roma estava demasiado longe de Aix-la-Chapelle, Reims e Tours; e a pintura destes centros como aparece refletida em manuscritos iluminados tinha pouco para ensinar aos romanos mesmo em sua decadência. Pois embora os mosaicos nas absides de Santa Maria em Domnica e de São Prassede possam ser atenuados e pobres como decoração e quase vazios como ilustração, a arte carolíngia não produziu quaisquer composições de figura para competir com eles. Eles são bizantinos, e devem ter sido seus autores e outros pintores gregos que inspiraram Desidério de Monte Cassino, e mais tarde educaram o único grande artista notável jamais produzido por Roma, quero dizer Pietro Cavallini. Pois, lembremos que o único outro artista que Roma, através das épocas, antigas e modernas, pode reivindicar como seu próprio é Giulio Pippi, que, embora o único pintor italiano mencionado por Shakespeare, é apenas medíocre, artisticamente corrupto e corruptor.

Com a transferência da Corte Papal para Avignon e o conseqüente desaparecimento da prosperidade da vida de acampamento que sua presença trazia, a arte quase desapareceu de Roma. Então quando cem anos mais tarde o Vaticano começou a ser ele próprio novamente, e a construir e decorar, não encontrou quaisquer artífices dignos do nome. Roma voltara a ser marginal — desta vez, contudo, não para a Grécia como na Antiguidade e não para Bizâncio como na antiga Idade Média mas para a Toscana e sua Atenas, Florença.

Sim, o que Atenas fora para o mundo antigo, Florença foi para o nosso. Se não fosse por Florença, a Itália poderia ter possuído uma arte mais infantil e talvez mais expressionista, mais semelhante à renana e danubiana do que à italiana que conhecemos. No entanto, por mais vital e expansivo que fosse o gênio florentino, sua radiância tornou-se curiosamente mais fraca quando se arremessou para o sul. Quase não passou além da Úmbria e mesmo lá com calor diminuído, ao passo que seus raios caíam apenas esporadicamente em Nápoles e Palermo. Sem dúvida as obras-primas como as de Donatello, Desidério e Rossellino em Nápoles foram responsáveis apela escultura de Giovanni da Nola e Santa Croce. O que é estranho é que nenhum raio de Florença iluminou Roma diretamente; pois Antoniazzo chamado Romano não era um cidadão mas um úmbrio. Roma estava assim dentro da margem toscana, mas artisticamente não era nem mesmo marginal, pois não produziu quaisquer artistas. Eles tinham de ser importados. E foram importados, primeiro de Florença e suas dependências, depois de Milão e Bolonha e finalmente de Nápoles — aquela Nápoles que, salvo pelos escultores que acabei de mencionar, tinha até o século XVII tão pouca arte própria.

Arte Romana

O que foi dito sobre Roma e as artes cobre em parte o que resta ser dito sobre o termo "arte romana". Não houve algo como "arte romana" em qualquer época, não mais na Antiguidade do que em tempos recentes. Na Idade Média, sem dúvida, houve, como acabamos de ver, um artista romano cuja obra foi transmitida em forma legível, Cavallini. Ele, contudo, provavelmente devia tão pouco às fontes nativas quanto Giulio Romano três séculos mais tarde. Cavallini devia tudo aos bizantinos, Giulio Romano tanto quanto aos úmbrio-florentinos. Para começar, na Antiguidade, Roma era culturalmente etrusca, depois a capital de um grande poder cada vez mais helenizado, e finamente o centro administrativo de um mundo helenístico em tudo exceto nas raízes da língua, e em inveteradas maneiras e superstições locais. Este centro administrativo tirou para si, como tais centros fazem, uma porção desproporcionada e exorbitante da riqueza do mundo que o capacitou a gastar magnificamente para embelezar-se, como de fato foi feito mais tarde pelo centro administrativo de um império ainda mais vasto embora menos civilizado, São Petersburgo de Catarina a Grande e Alexandre I. Como a Rússia daquela época devia tudo, salvo talvez suas caixas de rapé nigeladas de Tver, a arquitetos, escultores e pintores italianos e franceses, Roma, do mesmo modo sem dúvida, a artistas da Grécia e Mediterrâneo Oriental. Uma das assinaturas raras encontradas na pintura romana é de um Seleucos, em um afresco de Farnesina. Ele era certamente um grego sírio e não um italiano.

Podemos usar o termo "arte romana", como usamos até há pouco tempo o termo "escola romana", quando queremos dizer florentinos e úmbrio-florentinos como Michelangelo e Rafael, Pierin del Vaga e Salviati, Jacopino del Conte, Vasari e seus seguidores, que trabalharam em Roma no Quinhentos; ou como ainda usamos a palavra "gótico", embora ninguém agora acredite com o jovem Goethe que este estilo generoso devesse algo aos godos. Podemos usá-lo por conveniência, mas com o entendimento de que a arte da antiguidade tardia, isto é, do período do domínio romano, era tão helenística como se Roma nunca tivesse existido. Os artesãos helenísticos trabalhando às margens do Tibre naturalmente tinham de considerar as exigências locais, como os franceses e italianos o fizeram nas ribanceiras do Neva, mas descubro mais que revele a Rússia nas obras de Rastrelli, Batoni ou Lampi, do que posso sentir que seja especificamente romano em qualquer artefato feito na Roma imperial.

Não teria ocorrido a nenhum romano asseverar que seu povo fez uma contribuição original ou séria à arte. O relato de Plínio, o Velho, é tudo exceto brilhante; e quanto ao mais nobre de todos eles, o mais culto e o mais sensível, o poeta Virgílio, em linhas que todo escolar conhece, com seu *"Tu regere memento"*, deixa que outros forjem estátuas de bronze que parecerão como se respirassem, e cinzelem no mármore faces que pareçam vivas. Ele proclamou o que Augusto e os melhores romanos pensavam. Eles nunca sonharam em impor um "estilo Império". Isto foi deixado para um Napoleão, um italiano, sem dúvida, e o mais fascinante da história, mas chefe de um dos povos mais artisticamente criadores que o mundo jamais conheceu desde os gregos.

Arte Cristã Antiga

Por enquanto basta sobre o termo "arte romana". E agora a respeito de outro termo, "arte cristã antiga". Deve ter entrado em uso quando toda a arte européia desde o desaparecimento do helenismo até nossos dias foi designada como "cristã", para distingui-la da antiga ou "pagã". Seguir-se-ia que as primeiras gerações destes artesãos seriam classificadas como "cristãs antigas". Logo, infelizmente, o termo exsudou, por assim dizer, a noção de que tinha, conteúdos à parte, um caráter cristão, diferente da obra feita ao mesmo tempo para pessoas que ainda não tinham sido batizadas, ou visto a luz do Evangelho. E, desde então, sem dúvida surgiu a delusão ulterior de que os entalhadores de sarcófagos, os troca-tintas de sinais e símbolos fúnebres, eram necessariamente cristãos.

Os fatos foram inteiramente diferentes. Os mais humildes cristãos, na maioria escravos de libertos, podiam permitir-se o emprego apenas dos artesãos menos caros, aqueles que encontramos trabalhando nas catacumbas mais antigas e no cemitério como o das "ordens inferiores" pagãs, recentemente descoberto na foz do Tibre. Com o tempo, os cristãos servis e de gueto foram sucedidos pelos "romanos" — outro termo que requer indagação. Pois exceto em cidadania, quem e exatamente o que era romano por volta do século II, sem falar nos séculos III, IV ou V? Os mais ricos e mais cultos dentre eles eram, como vimos, completamente helenizados, salvo pela língua, e empregavam artistas helenísticos (uma vez que não havia outros), que os presenteavam com um mundo de configurações e formas visuais mais gregas do que a mais próspera de suas novas religiões era hebraica. De fato, as artes figurativas, permitam que diga novamente, fizeram mais para infetar o Cristianismo com helenismo do que todos os escritos de nostálgicos Padres e Doutores da Igreja como Clemente e Orígenes. Até a imagem central do novo culto, o Salvador, era visualizada e esculpida na configuração de um jovem olimpiano. Vários sarcófagos foram produzidos em Roma, distinguíveis só em tema daqueles que foram esculpidos ao mesmo tempo para pessoas igualmente bem situadas, que continuaram fiéis ao seu culto ancestral. Nem estamos preocupados com a questão da origem ou da religião dos artífices, entre os quais havia, como Tertuliano nos conta, fabricantes cristãos de ídolos. A forma destes como distinta de seus conteúdos é helenística tardia e, como forma, difere de modo infinitesimal de produtos congêneres da mesma época, por toda parte menos bárbara do ainda nominalmente Império Romano do Ocidente, bem como por todo o relativamente intato Oriente.

Podemos continuar a usar o termo "arte romana" na pressuposição de que não ligamos nada de noção racial, nacional ou cultural a ele, mas apenas uma noção temporal, a saber, de algo que aconteceu enquanto Roma tinha domínio sobre os mundos greco-latinos de modo que podemos continuar a usar o termo "arte cristã antiga", sabendo o tempo todo que isto era arte helenística tardia às ordens dos antigos cristãos.

O mesmo é verdadeiro para as artes derivadas dos gregos que, estabelecendo-se algumas gerações após Alexandre em Gandhara e em torno dela, supriram o Budismo não só com suas configurações mas também com sua iconografia, da mesma maneira que a arte helenística tardia equipava a Igreja Cristã. Permitam que cite aqui do atraente volume de René Grousset intitulado *In the Footsteps of the Buddha* (p. 186), a respeito da relativa indiferença da arte ao seu tema, quer desertor do mundo quer amante do mundo.

"E no entanto para o olho não-treinado havia uma distância tão grande da arte budista das oficinas Gupta para as obras hindus do país Mahratta? O triunfante Siva das cavernas de Ellora ou de Elefanta não é novamente um daqueles Bodhisattvas aos quais fomos apresentados pelos pintores de Ajanta bem como pelos escultores de Borobudur? Os corpos são exatamente tão harmoniosos, tão graciosos quanto os de outrora, mas livres doravante de toda idéia de renúncia, curados de sua desilusão pensativa a fim de mergulhar direto no coração das coisas, na intoxicação da vida, alternadamente mística e sensual."

Arte Mediterrânea

Entendo que esse termo designa a arte que teve suas raízes nas costas do Mar Mediterrâneo e sua hinterlândia. Incluiria a arte do Egito até a segunda catarata do Nilo e além até Merol; a arte do Oriente próximo pelo menos até o Eufrates; também a arte de Helas até Limes Romana no Norte, até o Saara no Sul, e, no Nordeste, até a Criméia e o Mar de Azov. Isto vale não só para a Antiguidade e a Idade Média, mas para épocas mais recentes. Assim toda arte européia até hoje, com exceção do gótico em seu período e dos Países Baixos em seu, continua mediterrânea. Isso foi assegurado pelo Renascimento italiano, contra cuja influência sempre presente alastra-se agora uma rebelião. Ainda somos herdeiros da Grécia e da Judéia e estamos realizando seus ideais. Ainda vivemos na Antiguidade.

Arte Helenística

O termo "helenístico" cobre a arte que após a conquista de Alexandre capturou o mundo mediterrâneo inteiro e sua hinterlândia como acabei de definir. Só que a influência estendeu-se para mais longe do que até esta definição indicaria. Vimos que a arte budista, praticada onde hoje está o Afeganistão, o Punjab e Java, é inteiramente tão helenística quanto a assim chamada arte cristã que predomina no Ocidente. Esta influência não foi perdida cedo. A escultura Gupta

181

mostra abundantes sinais e traços desta dívida, talvez mais do que as artes figurativas contemporâneas do mundo latino; mas muito pouco de grego continuou até esta época em qualquer das duas para justificar o fato de serem ainda consideradas como helenísticas. Por outro lado, se eu pudesse impor minha vontade aboliria a palavra "bizantino" e a substituiria por "helenístico medieval" para designar a arte do mundo de língua grega, até pelo menos o saque de Constantinopla pelos bárbaros latinos.

Problema de Personalidade

Resta um problema que nenhum estudioso de qualquer ramo de História pode permitir-se ignorar, o problema da personalidade — quero dizer do indivíduo e sua contribuição para o todo, à Cidade do Homem, e à nossa preocupação específica, a Cidade da Arte.

Não podemos pronunciar muitas palavras sem revelar uma atitude metafísica, e sem uma afirmação ética bem como estética, para não dizer política. Não tenho nenhuma afeição por uma entidade abstrata como "sociedade" ou "Estado", ou qualquer ampliação ou redução destes. Creio que a meta do homem deveria ser capacitar o indivíduo a compreender o melhor dele, com a devida consideração ao que deve não só aos outros como indivíduos mas a estes indivíduos como uma comunidade. Acredito que uma Casa da Vida apropriada pode ser mantida em funcionamento e aperfeiçoada só nestes termos, e não nos termos de um mito chamado "Estado". É um mito que, em essência, significa burocracia irresponsável que repousa na fraude ou no fanatismo e que acaba em violência e exploração da comunidade para os próprios fins de uma quadrilha governante — quer estes fins sejam as metas relativamente inofensivas do eu, quer as muito mais perigosas do poder. O indivíduo na melhor das hipóteses tem pouca oportunidade. Entre seus impulsos animais e a disciplina e treinamento, o "condicionamento" a que é submetido a fim de que possa controlá-los, há pouco espaço para a educação de seu *ego* particular e o cultivo de suas possibilidades mais específicas e talvez, afinal de contas, mais criadoras.

Salvo como seu palhaço e bufão, a sociedade não encoraja a individualidade e o Estado a abomina. Não obstante, se existem "Miltons inglórios", é porque eles têm sido mudos. A história conhece poucos Chatterton, mas muitos cujo gênio foi reconhecido com pequeno atraso. Pois o gênio como distinto do talento significa reação criadora contra meios ambientes espirituais bem como materiais, e seu inevitável subproduto é a novidade. E contra a novidade o público não pode resistir.

Não preciso insistir que a personalidade com a qual nos preocupamos aqui é em primeiro lugar a artística, e é revelada nas obras que nos foram transmitidas, com representação gráfica e não-verbal. Quero dizer, por exemplo, que até no caso de um Michelangelo, não devemos permitir que seus versos influenciem a recepção que damos às suas esculturas e pinturas. Suas cartas e sonetos podem proporcionar um melhor entendimento do homem, de suas inibições, ambições e intenções, mas eles nunca ajudaram a identificar-me com seu desenho visual, a tornar-me a estátua ou pintura que ele moldou, nem facilitaram o perder-me em êxtase perante elas.

A personalidade como a originalidade na arte caracteriza-se em primeiro lugar pela dessemelhança ao que foi feito no mesmo campo um pouco antes. Existem três maneiras principais de alcançar a dessemelhança. Uma é através da incompetência de que já falamos. A outra é através do desespero de produzir, com as configurações e padrões criados por problemas correntes, algo que caia no agrado de críticos, negociantes e colecionadores de arte na espreita de mera diversidade. Há um terceiro modo, e este é levar um problema de forma e desenho mais longe do que já foi levado.

O primeiro método pode conduzir a absurdos curiosos e um tanto atraentes da arte provinciana, como vemos em tanta escultura e pintura alemãs, espanholas e italianas incomuns das regiões distantes da Úmbria e da Marches, Ístria e Ligúria.

183

O segundo método está em voga exatamente agora, conduzido por artistas que poderiam ter produzido esplêndida obra acadêmica, da qual, neste momento de tendências proletárias, poucos tomariam conhecimento, e número ainda menor compraria.

O terceiro tem sido seguido sempre que se trabalhasse em um problema, até que se encontrasse uma solução tão completa que não haveria nada mais a fazer com ele, exceto repeti-lo competentemente.

A originalidade criadora, o gênio individual, pode assim se manifestar apenas quando encontra um problema que pode conduzir a uma solução. Pode, como um Guilhamus trabalhando em Modena no século XII, e um Masaccio na Florença do começo do século XV, espalhar a semente ou, como Michelangelo, ceifar a colheita mas, como com colheita literal e não figurativa, a semente, o solo e a estação deixam pouco lugar para obstinação. A experiência caprichosa produz apenas desastre, como vemos no caso de um dos artistas mais talentosos, Leonardo, em sua *Última ceia*. Criações satisfatórias como o teto de Michelangelo e o Stanze de Rafael, levam os valores táteis, movimento e composição do espaço à florescência mais completa da qual são capazes. As personalidades artísticas destes dois gênios coincidem com as fases do problema nas quais eles se viram envolvidos. Quanto, e a que grau era este o caso pode ser inferido do fato de que nenhum dos dois pôde avançar contra o impulso que o precipitava em direção aos mais grosseiros exageros. Só a morte salvou Rafael de acabar como Giulio Romano, um seguidor que age como que sob uma sugestão pós-hipnótica. Quanto a Michelangelo, vivia para pintar os atletas dispépticos e treinados em excesso que enchem seu *Juízo Final* wagneriano e as figuras enfatuadamente heróicas da capela Paulina.

Lemos em Santa Maria dell'Anima no epitáfio do Papa Adriano VI, *"Quantum refert in quae tempora vel optimi cujusque virtus incidet"*; que pode ser parafraseado como segue: quanto o gênio até do mais dotado depende para sua eficiência do tempo em que apareceu. O *virtus* de um Hitler ou de um Stalin em, por exemplo, 1875 teria sido tão inocente do sangue de seu país quanto a aldeia de Cromwell na *Elegy* de Gray. Na arte acontece o mesmo. Podemos imaginar que Rafael poderia ter surgido em nosso século XII ou um Michelangelo no Trezentos, mais do que um Picasso ou um Joyce na audaciosa mas ainda racional década dos "1890"? Assim como na vida somos bolhas da terra, peculiares de um ponto particular, na arte somos ramos que podem projetar-se de apenas este ou aquele galho da árvore que tem crescido desde a aurora da consciência humana.

A humanidade sempre tem sido assombrada por um interesse pelo fator tempo, não só na história humana mas também no destino do indivíduo. Que mais é a Astrologia, que aflora de modo tão universal em momentos de incerteza e perturbação, senão o sentimento "subconsciente" de que tanto depende da espécie de mundo em que se nasce?

Resta pequeno espaço e poucas ocasiões para a manifestação da individualidade. Na arte surge principalmente nas cristas da energia criadora. Nos vales está propensa a desaparecer.

No campo com o qual por acaso estou melhor familiarizado, a pintura italiana do Renascimento, nosso esforço principal durante os últimos setenta anos tem sido destacar e isolar a personalidade artística individual daquelas que a precederam e daquelas que a seguiram. Nossos êxitos têm sido notáveis. Em vez de reconhecê-la apenas na crista, aprendemos a segui-la subindo com a onda enquanto está adquirindo volume, e descendo do outro lado quando está se fundindo com a obra de imitadores. Um exemplo poderoso é Giovanni Bellini. Algumas décadas atrás, ele era admirado principalmente, se não de fato exclusivamente, por uns poucos retábulos e algumas Madonas pintados entre, digamos, 1480 e 1506, uma carreira de uns vinte e cinco anos. Após fortes oscilações do pêndulo entre "contracionistas" e "expansionistas", críticos e estudiosos fixaram-se temporariamente — os estudiosos nunca se fixam mais do que temporariamente — na inclusão de um grande número de obras anteriores a 1480 e um número considerável de posteriores a 1506, algumas delas iguais se não superiores àquelas previamente. admiradas. Não que estes quadros tenham sido inteiramente ignorados. Sabia-se que existiam, por assim dizer, as grandes Pietàs de Rimini e o Brera dos anos anteriores de Bellini, e o fascinante *Bacanal* bem como o cativante *A senhora em seu toucador* de suas últimas horas. Eles ou não eram admirados e amados como os amamos e apreciamos agora, ou eram mal compreendidos, como aconteceu de modo tão conspícuo com Rio escrevendo a respeito do *Bacanal*. As pinturas anteriores de Bellini costumavam ser atribuídas principalmente a Mantegna, mas também a Pollaiuolo, a Alvise Vivarini e a Dürer. Também nem um retrato foi atribuído a ele, a quem agora reconhecemos como um dos mestres e criadores da arte de retratar. Quanto às suas últimas realizações, muitos de nós em meu tempo costumávamos atribuí-las a Basaiti e Bissolo, a Rocco Marconi e até a Cariani.

O mesmo aconteceu com Botticelli. Só os quadros em evidência eram julgados seus, *Primavera, Nascimento de Vênus, Magnificat, Adoração* (Uffizi), dois ou três retratos e outras tantas Madonas. As obras que agora consideramos como entre suas primeiras e melhores eram atribuídas a Fra Filippo, a Filippino, a Ghirlandaio, a Pollaiuolo, e as mais antigas de todas eram desprezadas ou não-reconhecidas. Até hoje não há nenhuma unanimidade entre os eruditos, e alguns rejeitam o que outros aceitam.

Mesmo a personalidade artística de Michelangelo conserva margens recortadas até hoje. Quase não há nenhum de seus mármores mais antigos que não esteja sendo questionado; e não há nenhum acordo a respeito de pinturas como a desajeitada mas sublime *Deposição,* ou a muito encantadora *Madona com os anjos,* ambas na National Gallery. Da mesma maneira com Leonardo; não muitos estão de comum acordo quanto a onde ele começa e Verrocchio termina; com relação a onde ele termina e Predis, Boltraffio ou Melzi começam. E Rafael — até há pouco tempo poucos estavam inclinados a acreditar que a parte inferior de *A transfiguração* e a *Fornarina* em Barberini eram suas e não de Giulio Romano; e o problema que diz respeito a Giulio, Pierin del Vaga e Francesco Penni, a parcela de cada um nos afrescos posteriores do Vaticano e em outros lugares de Roma, está longe de ser resolvido. Então o que diremos sobre o inesperado salto para frente, o "esporte" na arte ao qual vinculamos o nome de Giorgione. Não há nenhuma transição suavemente deslizante de Bellini a Giorgione como há dele para Tiziano. É de se supor que a fascinação de sua fama e o encanto de suas quatro ou cinco indiscutíveis pinturas salvariam sua reputação de tornar-se o monturo que ainda continua, apesar do esforço de Morelli e seus seguidores. Não só toda espécie de beleza de caixa-de-charuto é impingida a ela, mas suas melhores criações, como o mágico *Fête Champêtre*, são jogadas aqui e acolá, para Sebastiano, para Cariani, para Tiziano. Nem, de fato, é fácil dizer onde termina Giorgione e começa Tiziano.

Essa incerteza não se limita ao meu próprio campo especial. Pensemos nas violentas discussões que têm ocorrido sobre a questão de se uma obra-prima da mais alta categoria como *O moinho* é ou não é de Rembrandt, e pensemos nos muitos retratos e grupos como um Velásquez ou um del Mazo que só após longas oscilações de um lado para o outro tiveram descanso. E a questão de Van Eyck — houve realmente dois ou apenas um? E Hubert é um mito? Então quem era o Mestre de Flémalle, talvez não um similar ao meu "Amico di Sandro"? E, como aquela construção temporariamente útil provou ser uma fase antiga de Filippino, assim seria ele de Rogier van der Weyden? Seria possível encher página após página com exemplos. E eu não levo em conta cópias e falsificações tão admiráveis que submetem a provas o ânimo e os princípios de conduta do perito.

Quanto à Antiguidade, quem dirá qual era precisamente a personalidade artística de Míron, de Fídias, de Alcâmenes, de Praxíteles, de Lisipo ou de Escopas, sem falar dos grandes pintores daqueles séculos dos quais só chegaram até nós os nomes. É desnecessário dizer que não apenas nas artes visuais prevalece esta incerteza. Em nossa Bíblia, quantas questões de autoria, de interpolações, de datas! Onde está a linha precisa de demarcação entre o primeiro e o segundo Isaías, e entre o segundo e um possível terceiro? Não se entrou

187

em acordo ainda sobre quais epístolas de Paulo são autênticas. Em Filosofia, como desenredar Leucipo de Demócrito ou Sócrates de Platão? A controvérsia ainda predomina no tocante à autenticidade não só das cartas deste arquifilósofo mas até de seus diálogos, por exemplo, o *Menexenos,* ou o *Hípias Maior.* Em Literatura, temos o problema exasperante do cânone de Shakespeare. E o que dizer do de Homero? Em meu tempo este último passou por uma completa reversão e não é provável que seja definitiva. Dizem-me que, na Música, os corais e cantatas até agora aceitos como de Bach revelaram-se neste momento como sendo de Byrd, Purcell e outros.

Se a personalidade, a individualidade, a originalidade fossem tão pronunciadas como em geral se supõe, como é que nos exemplos citados, e nos milhares de outros que poderiam ser enumerados, achamos tão difícil dizer onde uma personalidade começa e a outra termina? Pareceria que a única resposta para esta questão é que na arte como em todas as outras atividades humanas, o comunal, o universal é mais importante do que o individual e o particular em tal grau que se não fosse pelo culto de heróis, pela mitologia, pela hagiologia e pela propaganda, que dilatam e destorcem as coisas sem nenhuma relação com os fatos ou resultados, o gênio mais original raramente deixa mais do que tênues marcas permanentes no campo de sua atividade.

A originalidade (se podemos voltar a ela de passagem), como uma qualidade a ser admirada e apreciada, é procurada em jovens artistas emergentes de nossos próprios dias, não naqueles que já adquiriram fama, e ainda menos em artistas do passado. Isto se deve a um anseio da parte do público, não por um novo modo de ver ou ouvir mas por uma nova expressão de coisas bem conhecidas — uma aventura visual, verbal ou musical, não para durar mais do que uma temporada e não bastante grosseira para estorvar uma novidade ainda mais recente. Até na época de Dante o público abandonou um Cimabue por um Giotto. Em nossa era de movimentos tão velozes, um pintor para fugir do esquecimento precisa tentar renovar seu estilo pelo menos uma vez por ano. Ele não mantém sua reputação em nenhum mandato mais seguro do que o Sacerdote de Nemi, o sacerdote que "matou o assassino e que será morto ele próprio".

Os artistas entregam-se à originalidade do momento em que começam a desesperar-se de exercer suas respectivas profissões dentro dos termos e limites de sua arte; e estou falando de verdadeiros artistas, não de artífices que procuram êxito e publicidade. Eles comportam-se como peixes fora da água, como animais fora de seus elementos, e o maior deles, como o Michelangelo idoso em Escultura e Pintura, como Wagner na Música, debatem-se como *Moby Dick* e dão vazão à sua trágica tensão em um *pathos* que transporta e inebria mas deixa um ressaibo de retórica mais do que de arte.

Basta de indivíduo e daquilo com que ele na melhor das hipóteses pode contribuir. Por ou'ro lado, em nenhum período, não importa quão cedo, nada foi feito comunalmente por um clã, tribo ou pessoas em massa. É o indivíduo — anônimo, desconhecido, mas o indivíduo — que compôs canções folclóricas, baladas e epopéias, cada um contribuindo com seu talento individual, que de vez em quando equivalia ao gênio, ao gênio de um Homero. Foram artesãos individuais que pintaram em Altamira e Cnossos, e construtores individuais que construíram e esculpiram as nobres relíquias da Antiguidade clássica e as maravilhas da nossa Idade Média. Embora cada construtor contribuísse com sua originalidade de mestria ou incompetência, poucos de seus nomes nos alcançaram, e número ainda menor tem qualquer significado. Temos vários nomes de pedreiros medievais. Eles nos deixam indiferentes porque temos o hábito de considerar a Arquitetura como uma arte anônima, se não impessoal, onde a individualidade não é levada em conta.

O interesse pela individualidade é um fenômeno relativamente recente, salvo para os poucos séculos clássicos. Os primeiros dez ou onze séculos de nossa própria era têm poucos nomes para oferecer, e estes só no começo.

189

A originalidade e a individualidade pareceriam acompanhar a inventividade na técnica e configurações, os elementos ilustrativos e instrumentais na obra de arte, mais do que os decorativos, os mais essenciais e mais permanentes. A gramática das artes e a qualidade passam por pouca mudança através das eras e, como vimos, não são grandemente afetadas por influências extrínsecas.

Assim a novidade, a originalidade, a individualidade não pareceriam ter tanta importância na arte como se fossem inquestionáveis. Em uma História da Arte que não é nem uma história da técnica e invenção nem uma série de biografias de artistas, o lado pessoal, individual, das coisas não deve ser exagerado. Menos ainda se deveria dar proeminência indevida a questões de mera novidade ou originalidade. A prioridade e as controvérsias com respeito a quem foi o primeiro a pintar, esculpir, escrever ou cantar de tal e tal modo não possuem valor nem artístico nem ético. Ninguém se vangloria de ter sido o primeiro a sofrer da peste negra, ou da peste bubônica, ou de pestilência econômica, tão destrutivas quanto essas duas visitações infernais juntas, que se têm alastrado desde 1930.

A História da Arte seria abençoada de muitas maneiras se pudesse ignorar completamente os nomes. Seria mais fácil desmascarar e livrar-se das inumeráveis irrelevâncias que agora a estorvam — sejam irrelevâncias técnicas, biográficas, iconográficas, ou as, ainda mais vexatórias, metafísicas, teológicas e freudianas, que são mero pretexto para escrever sobre arte de um modo que não leva para o senti-la e entendê-la, mas para longe disso.

A História da Arte deveria preocupar-se mais com problemas do que com personalidades. Os problemas são solucionados gradativamente. De cada uma destas partes faríamos uma personalidade artística, indiferentes aos indivíduos que encarnam a busca — a não ser que de fato a carreira de um único indivíduo coincida com o processo de resolver aquela parte particular do problema que é possível alcançar em determinado tempo, lugar e circunstância.

190

O nu, por exemplo: Pollaiuolo e Michelangelo podem ser tomados como casos desta rara espécie de coincidência, quando um indivíduo, desde o início até o fim, coincide com o segmento de um círculo, sendo este círculo a solução completa. Também há o problema da magia que Giorgione introduziu na Pintura mas foi impedido de solucioná-lo por uma morte prematura, deixando-o para Tiziano prosseguir. Tiziano continuou com ele, e sua longevidade permitiu-lhe completar e, podemos dizer, esgotar suas possibilidades formais. Aqui, temos dois seres humanos individuais, mas só uma personalidade artística. Em certo sentido, o mesmo acontece quanto à composição do espaço, Perugino e Rafael constituem apenas uma personalidade artística. Por outro lado, podemos dizer que o homem Bellini teve três personalidades distintas: uma antiga até mais ou menos 1475; uma média até após 1500; e uma tardia. A segunda quase não resulta da primeira, e, em seu turno, não torna inevitável a terceira.

A idéia não pode ser desenvolvida mais aqui. Que me desculpem por adicionar que ela tem sido, desde o começo de minhas atividades, latente em minha abordagem à História da Arte. Ela é responsável pela tentativa de construir um mito como "Amico di Sandro", pelo modo que tenho descoberto, não obstante o testemunho documental, conexões entre um pintor e outro, bem como pela minha crescente indiferença à individualidade de meros executantes de um padrão que eles fielmente copiariam, se a incompetência da mente e da mão não os impedisse. Os indivíduos e seus nomes são uma desvantagem séria e vexatória, mas não podemos ignorá-los, considerando quão instintivamente estamos interessados em outros seres humanos. É tão fácil nos identificarmos com eles, parecendo participar de suas vidas, seus êxitos e seus fracassos. Não renunciamos prontamente a este prazer, e insistimos na personalidade, onde atingível. Quando pensamos nelas raramente evitamos uma tendência de romantizá-las, uma tendência baseada amiúde na noção pueril de que o artista estava do berço ao túmulo vivendo a arte que produzia. Imaginamos que os artistas devem ser vistos como uma

191

imagem composta de suas próprias figuras. Os fatos são diferentes. Quanto maior o artista tanto menos ele se parecia com elas e sua vida de cada dia estava propensa a ser mais normal, ordinária e até banal.

Os nomes são por razões ulteriores quase inevitáveis. Eles são um programa, uma visão, uma esperança. Os nomes Giorgione e Dürer, Blake e Cézanne levantam todas as espécies de antecipações específicas com referência a qualquer obra atribuída a eles. E essa, a propósito, é a razão da exigência de um conhecimento impecável, de modo a não sermos frustrados e mal conduzidos na experiência. Há uma razão mais humilde porém mais imperativa por que não devamos dispensar os nomes. É que sem eles é quase impossível tornar as coisas assuntos para discussão, para conversação. Seria um *handicap* tentar falar tanto de artistas anônimos quanto falar de pássaros, bestas, flores, árvores e minerais sem sermos capazes de denominá-los.

Contudo, como esses nomes estão embebidos em toda espécie de recordação e associação, que levantam expectativas com respeito a objetos que carregam estes nomes, há o perigo de que a expectativa descarregar-se-á em qualquer objeto ao qual é aplicado determinado nome. Assim, a denominação "templo romano" liberou o entusiasmo de Goethe pelo primeiro que jamais viu, o comum em Assis. Shelley igualmente descarregou todo seu romantismo nos templos de Paestum, mas gastou a maior parte de sua admiração na assim chamada *Basílica* ou *Templo de Juno* e teve pouca sobra para o templo incomparavelmente melhor designado como de *Netuno*. Poderíamos citar casos sem fim deste tipo. Bastará mencionar Pater mais uma vez. Nenhum outro escritor destilou a essência de um Botticelli ou um Giorgione e mudou a de vasos tão perfeitamente quanto ele. No entanto, quando chegou à obra individual ele estava tão pronto para admirar e desfrutar um quadro meramente giorgionesco, ou um produto de estúdio botticelliano, quanto um autógrafo.

Seria possível perguntar como uma pessoa, que pode penetrar no coração mais profundo do grande mestre, pode no entanto deixar de distinguir entre sua obra verdadeira, a criação tanto da mente quanto da mão, e a mera imitação, ou versão de estúdio. É uma questão desconcertante e até alarmante que assombra a mente e às vezes nos faz pensar se o *à peu près* do "quase Giorgione" ou do "quase Botticelli" não é suficientemente bom para artistas verbais que discorrem sobre as artes visuais.

Para o homem de letras, um Pater, um Ruskin, ou até um Burckhardt, o *à peu près* pode bastar. Para o crítico, para o estudioso cuja meta é tornar-se um instrumento de precisão na apreciação de obras de arte, não é nem bastante próximo, nem bastante exato. A menos que o historiador de arte seja em primeiro lugar tal instrumento, ele não pode escrever história, pois sem pleno entendimento e apreciação delicada não se pode avaliar ou lidar com uma obra de arte como um evento na História da Arte.

Arte Nacional

Após tudo que foi dito, o leitor pode inferir sem indução o que se deve pensar a respeito do epíteto "nacional" com relação à arte. O termo aplica-se apenas à ilustração como foi definida aqui, e à decoração só em exemplos onde uma certa peculiaridade puramente qualitativa tornou-se vinculada aos produtos de uma certa região ou comunidade. Assim, podemos falar de uma escala ou proporção italiana, e do congênere senso italiano do espaço, porque desde a Antiguidade nenhum outro povo possuiu estes talentos e tirou proveito deles em tal grau. Quão insignificante é o pormenor das Câmaras do Parlamento em Londres, como foi notado há muito tempo por Taine, e de nossos arranha--céus em New York — ou mesmo de Versailles, quando comparado a quase qualquer edifício em Florença, Roma ou Veneza que date do século XII para trás. A necessidade gigantesca de não ser grandioso! Do mesmo modo podemos discorrer sobre a habilidade dos franceses em geral e dos parisienses em particular, se de fato esta habilidade não pereceu no curso da nova Guerra dos Trinta Anos — esperamos que não seja Guerra dos Cem Anos — que começou em 1914. E assim até a desregionalização das profissões e ofícios que acompanhou e ultrapassou os crescimentos cancerosos do nacionalismo político, todo distrito importante, toda cidade grande da Europa foi distinguida por alguma coisa específica que podia produzir melhor do que qualquer outro lugar e à qual, portanto, seu nome tendia a ser aplicado; por exemplo, "linho irlandês", "marcenaria ou bronzes franceses", "cristal da Boêmia", "prata Sheffield", "produtos de couro vienenses". Tudo ou quase tudo desapareceu, exceto talvez a alfaiataria em Londres e as roupas femininas em Paris.

Depois existem as características regionais e nacionais com referência ao tema, o conteúdo, como em geral é chamado, mas, em nosso vocabulário, a ilustração. Embora interessantes e até importantes em outros campos, como, por exemplo, na história do sentimento, estes traços têm, via de regra, cada vez menos valor especificamente artístico, quanto mais agradam às massas insensíveis que só respondem ao que pode penetrar em suas peles. Elas só apreciam a apresentação enfática, enfatuada e violenta.

Nas artes visuais, essa espécie de ilustração, quer na iluminura, relevo em metal, escultura, quer na pintura, tem sido prezada pelos alemães desde o período otoniano até nossos dias. Em décadas recentes encontrou a linguagem com a qual glorificar suas próprias aberrações nos termos "expressionista" e variantes desta palavra.

Podemos então dizer que o epíteto "expressionista" aplica-se à maioria da arte teutônica, e também ao entalhe espanhol do século XV, que era esmagadoramente "nórdico" em origem, e à pintura espanhola do mesmo período. A Espanha em seus momentos doentios tem sido singularmente submissa aos sopros alemães de doutrina, não só em arte.

Os ingleses, por outro lado, desde a Heptarquia, tendem a acreditar que às Musas não precisam ser servidas, como Jacó serviu por Raquel, mas podem ser repreendidas, puxadas de um lado para o outro e forçadas a proclamar como gênio qualquer troca-tintas ou escrevinhador. Os ingleses têm possuído uma tendência a exsudar beleza. Ela faz sua primeira apresentação nos manuscritos e entalhes em osso do período

194

anglo-saxão, é refreada durante algum tempo pela austeridade normanda — quero dizer românica antiga — para irromper em um completo dilúvio com o gótico amadurecido. Os ingleses, como o resto de nós, defendem muito galantemente suas posições mais fracas. Uma de suas menos defensáveis é o castelo da arte visual, com sua fortaleza mais secreta, o desenho monumental. Eles são um tanto mordazes quando sua habilidade de sustentá-la é questionada, e são propensos a estabelecer reivindicações de terrenos disputados entre eles e os franceses. Parando com as metáforas, eles anexariam esculturas, iluminuras e quadros góticos dos quais seus direitos de posse não estão claros. Poder-se-ia propor como um teste razoavelmente acurado que, dentro de determinado desenho ou padrão, comum a ambos os lados do Canal, o espécime mais bonito seja com toda probabilidade inglês.

Não tenho nenhuma fé em características mentais e espirituais permanentes, ou em qualidades herdadas em lugar de tradicionais que servem para diferenciar um grupo lingüístico de outro na raça branca. Nem estou certo das tendências permanentes. São elas mais do que tradição, hábito arraigado e autolouvação? O que há em comum entre a Alemanha de Goethe e a Alemanha de Goebbels? Nada salvo as raízes e troncos de sua língua comum. Pois duvido que muitas palavras abstratas retenham para uma o significado que tiveram para a outra. O mesmo acontece com os franceses, Lamartine e Hugo, Leconte de Lisle e Sully--Prudhomme, até Baudelaire e Verlaine, mestres da clareza e retidão poéticas, foram sucedidos por versejadores que se envaidecem em dicção críptica oculta. O que restou do anglo-saxão puritano, sabadeador, exalante a Bíblia, meticuloso da minha juventude? Hoje em dia precisaríamos procurá-lo entre as pessoas selvagens de nossos estados sulistas ou de além do Canal Caledônio.

Entidades há muito existentes como a Alemanha e a Inglaterra, e ainda mais as Igrejas Ortodoxa e Romana, têm o direito de declarar — as Igrejas que sua iconografia inspirou a arte exatamente como sua liturgia influenciou a literatura, e as nações que sua cultura

195

popular, tradições e costumes manteve os artistas trilhando caminhos preparados para eles há tanto tempo que não podem trilhar quaisquer outros. Nada disso pode ser reivindicado para a escultura e a pintura que alegue ser "democrática", "autoritária" ou "totalitária". A Matemática e outras ciências podem ser usadas para todos os tipos de propósitos democráticos, e permanecerem não só neutras mas não-contaminadas. A artilharia e a aeronave estão tão prontas par servirem seus captores quanto seus produtores. O mesmo acontece com a arte. As pinturas do mexicano Rivera, por exemplo, não sugerem qualquer teoria de sociedade ou governo. Elas apenas nos afligem com a visão de fealdade e supostas representações de ódio. A arte é talvez tão inadequada para a propaganda quanto os canhões para bater manteiga, mas se pudesse ser usada para aquele propósito, seria igualmente indiferente às crenças e à política daqueles que a empregam. Não vejo nenhuma razão por que os regimes proletários, quer vermelhos, quer pretos, quer marrons, devessem estar tão ansiosos para inscreverem-se como Calibans da arte, e para identificarem-se com figuras disformes, com exibições de rancor ignóbil, ou manifestações simuladamente teatrais de luxúria do poder. Tersites era mental e talvez moralmente superior a Aquiles, mas a arte não pôde tratar de sua aparência, sua voz, seu gesto. Homero ridicularizou-o para sempre.

A arte como arte, não a arte pela arte, deve ser enriquecedora. A arte tende a preferir um tema que não anule esse propósito. Quer representar pessoas mais bem feitas, mais saudáveis, mais felizes, mais graciosas, mais distintas, mais nobres, mais heróicas do que nós somos, não o oposto. A arte não pode suportar excesso e pretensão, jactância e pavoneio, queixume e imprecação. A arte não pode mentir.

A Efígie e o Retrato

Se o que foi dito e indicado tantas vezes nas páginas precedentes for aceito, devemos ser francos e concluir que a arte ama representar a elite de nascimento, de talento, mas na condição de que esta elite tenha o físico adequado e apropriado — *le physique de l'emploi.*

Se a arte britânica não foi demasiado forte no lado da decoração, ela compensou isso, até certo ponto, pelo seu êxito naquele reino interessante e valioso da ilustração, a efígie. É isto que transforma a exposição da Royal Academy em uma feira primaveril. O público vem para admirar as efígies dos homens e mulheres que a pintura do ano apresenta para sua emulação.

Falo de efígie em vez de retrato, porque o retrato é a tradução de um indivíduo em termos de decoração, e da individualidade do homem interior bem como de sua posição social. Isto foi o que Rembrandt, por exemplo, fez supremamente bem, em particular nos seus últimos anos. A efígie, por outro lado, visa a aspectos sociais do assunto, acentua a qualidade de soldadesco do soldado, a judiciosidade de um juiz, o clericato do clero, a presunção do homem de negócios ou de profissão, a elegância da mulher elegante, a sociabilidade do sócio de clubes. Todo freqüentador da Royal Academy tira inspiração das efígies das pessoas bem sucedidas em sua própria posição social bem como em outras. O artista expositor não está melhor informado. De fato, quanto mais ele vê o que seu público pensa que quer ver, tanto mais isto o admira, o honra e o recompensa. Ele não é sua mão que executa? O requisito principal, contudo, é que a efígie seja de pessoas que em si e em seu cenário sejam *enriquecedoras.* Com raras exceções isto ocorreu sempre assim, e não só na Inglaterra. O retrato como distinto da efígie cedo faz seu tímido aparecimento no Egito, mas em nosso mundo não antes dos tempos helenísticos. Depois, a questão torna-se complicada pelo crescente uso da máscara mortuária, especialmente em Roma. Isto produz uma individualidade de mera configuração, fornecendo informação sobre o assunto, embora, com freqüência, tenha tão pouco valor de arte quanto qualquer outra reprodução mecânica: digamos, a fotografia comum. Nos mil anos entre 450 e 1450 da nossa era, o retrato, com exceções extremamente raras, extingue-se. Até a efígie desaparece quase completamente, para vir à luz de vez em quando na configuração menos individual possível, em representações de soberanos nas superadmiradas iluminuras carolíngias, em esculturas tumulares, em raras estátuas-retrato como o Carlos Angevino no Capitólio Romano, ou no Ranieri del Torrina do início do século XIV em Casole d'Elsa, e amiúde em placas de bronze sepulcrais. Só no século XV, com Van Eyck nos Países Baixos, Masaccio e Pisanello na Itália, a arte de retratar começa a reviver e a criar retratos mais reais do que talvez jamais existiram antes. No entanto, por razões de muitos tipos, a efígie triunfa do retrato, e quanto mais um retrato é parecido com uma efígie, tanto mais popular ele é. Testemunhemos o entusiasmo selvagem pelos Sargent posteriores, e até a admiração mais discreta pelas francas efígies de Bonnat ou Laszlo.

Fotografia

Subsiste ainda um certo preconceito contra a fotografia entre o público e até entre *experts*. Já percorremos uma grande distância desde os dias em que, há quase cinqüenta anos, a então "nova crítica" foi recebida com o desdém de que dependia da "fotografia e da craveira". No entanto, não é raro hoje em dia um tom apologético entre aqueles que usam fotografias. É, portanto, bom discutir de modo sucinto o uso legítimo, desejável e certamente necessário da fotografia, apesar do abuso ao qual está sujeita.

Para começar, precisamos descartar a noção de que a fotografia reproduz um objeto como ele é, como a "coisidade" objetiva de algo. Isto não existe. O homem médio supõe que se a câmara lhe dá uma imagem de uma coisa que corresponde ao seu próprio modo de vê-la, esta imagem é uma contrafação exata, embora bidimensional, reduzida e sem cor. Nunca lhe foi dito que seu modo de ver tem uma longa história atrás dele, utilitária, prática, até canibal. Ele toma por certo que vê a "realidade", isto é, algo fora de si mesmo, que corresponde exatamente ao que vê.

198

Ver é tanto uma arte adquirida quanto falar, embora sem dúvida mais fácil de aprender. Até há pouco tempo, quando a ampla difusão de hebdomadários e jornais, seguidos por filmes, começou a estabelecer uma espécie de volapuque ou esperanto, havia na terra vários grupos visualizadores, como existiram e ainda existem vários grupos lingüísticos; só que os grupos visualizadores são mais intimamente correlacionados e de maior extensão. Até menos de dois séculos atrás, o continente eurasiano e o Norte da África, desde o Atlântico até o Pacífico, tinham apenas cinco grupos: o latino cristão, o ortodoxo, o islamítico, o indiano e o chinês. Havia contaminações em pontos de encontro como entre latinos e ortodoxos na Galícia polonesa, nos Bálcãs e em Creta; entre indianos e chineses no Tibete, no Turquestão Oriental e Nepal e em todas as Índias mais distantes. Há dois séculos, a pessoa média de um destes grupos não teria entendido as representações visuais de outro grupo. Mesmo agora ficamos bastante desorientados fora de nosso próprio grupo, e não achamos fácil avaliar as realizações uns dos outros. Estamos propensos a subestimá-las ou superestimá-las, à medida que somos escrupulosamente honestos conosco, ou sujeitos a contágio esnobe. O mero fato de um objeto ser indiano ou chinês, negro ou maia despertará antipatia ou entusiasmo, sem levar em conta a qualidade intrínseca do objeto particular. Isto quase não aconteceria se estivéssemos tão familiarizados com a imageria de determinado grupo quanto estamos com a nossa. Em nosso próprio grupo julgamos o objeto individual por seus méritos, e não o descrevemos como belo ou feio porque pertence ou não a uma classe; do mesmo modo julgamos nossos próprios amigos e parentes pelos seus méritos individuais e não pensamos em falar: "O que se pode esperar de um alemão, um judeu, um italiano, um irlandês" — para mencionar os grupos europeus que entre nós estão mais expostos ao insulto.

Permitam que aponte novamente para a irrepreensibilidade da representação visual quando comparada com a verbal. As diferenças de visualização ainda nunca foram, nem com toda probabilidade serão, usadas para reunir as pessoas em bandos chamados nacionalidades. A língua, ao contrário, é o único fundamento que ainda resta para as cidadelas daqueles que representariam o canibal para seus vizinhos estrangeiros.

Voltando à fotografia após essa divagação, se a câmara fosse o registrador impessoal que deveria ser, ajudar-nos-ia a ver mais do que nosso próprio olho vê.

A câmara é um instrumento nas mãos do fotógrafo, e ele, sendo humano, tende a ser um operador descuidado, medíocre e ingenuamente imbuído de preconceitos. Na melhor das hipóteses como o induziríamos a ver em sua câmara aquilo que ele não vê com seus olhos — isto é, com a mente atrás dos olhos? Os olhos sem a mente não perceberiam nos sólidos nada salvo manchas ou bolsas de sombra e bolhas de luz, que quadriculam ou ziguezagueiam determinada área. O resto é uma questão de organização mental e construção intelectual. O que o operador verá na câmara dependerá, portanto, de seus dons, treinamento e habilidade, e até mais de sua instrução geral; em última análise, dependerá de seu esquema do universo, e do que ele quer e espera tirar dele. Por estas razões é tão difícil encontrar um estudioso de escultura satisfeito com uma fotografia não tirada por ele mesmo, quanto ver um restaurador de quadros, ou ilustrador de livros, ou ator de teatro, que esteja satisfeito com qualquer interpretação salvo a sua própria.

Esse é um perigo contra o qual raramente estamos prevenidos. Com a devida atenção à iluminação, e colocando a câmara em determinado ângulo com um objeto, podemos, dentro de limites, fazê-la reproduzir o aspecto do mesmo objeto que convém ao nosso propósito momentâneo — honroso, sem dúvida, mas com uma forte tendência particular.

Para agir contra isso, o remédio é consultar também fotografias feitas por outros operadores, e por tantos outros quanto possível. Se isto não for possível, obtém-se uma fotografia feita por um operador *expert* que não tenha quaisquer teorias próprias, nem realmente nenhuma com referência ao objeto que está fotografando, salvo uma teoria técnica.

Quanto mais longe das figuras arredondadas, e quanto mais perto do relevo mais baixo, tanto mais fácil o problema se torna, justamente porque o objeto está cada vez menos exposto à distorção pela iluminação. Deve-se esperar outros obstáculos, como, por exemplo, a extrema dificuldade de reproduzir as transições dos perfis enfáticos para os deslizadores, ou a flexibilidade de um contorno, como distinto de um perfil.

Isso nos transporta do relevo, não importa quão achatado — *"stiacciato"* — para o desenho, quer feito com o buril, pena ou lápis, ponta de prata, grafite ou crés. Quando este desenho é ajudado com pinturas ligeiras e pigmentos, começa a apresentar os obstáculos para a reprodução exata que encontramos na Pintura.

A tarefa de fotografar uma pintura é quase intransponível quando é uma questão de preservar os valores, relações e transições de cor. Em outros aspectos é mais fácil, muito mais fácil, do que de objetos arredondados ou em alto-relevo. Não obstante os resultados, raramente são satisfatórios. Isto acontece em particular com pinturas de qualidade, e dos grandes mestres. A experiência impelir-me-ia a dizer: quanto mais inferior a pintura, tanto melhor a fotografia.

A fotografia é assim estigmatizada como um criado não demasiado digno de confiança, de fato um criado que estará mais disposto a lisonjear os caprichos e até os vícios do crítico-operador do que a retificá-los. A fotografia, na melhor das hipóteses, é um instrumento nas mãos do manipulador, e ademais um instrumento incerto.

No entanto, não podemos dispensá-la. A memória é inadequada para a tarefa de evocar o pormenor requerido para a comparação, e em nosso trabalho a comparação é tudo. Pode-se dizer que a Arqueologia, como todos os outros estudos seguidos com um método científico, baseia-se na comparação. Ela está constantemente comparando o desconhecido com o conhecido, o incerto com o certo, o inclassificado com o classificado. Nem é apenas uma questão de memória, no sentido de que a memória é incapaz de fornecer os pormenores necessários. É um fato, do qual só a longa experiência convencerá plenamente alguém, que a fotografia revela não só pormenores, mas aspectos dos objetos que escapam à nossa atenção. Quando a obra de arte está presente não se pode evitar apreciá-la como um todo e podemos até nos identificar com ela a ponto de auto-obliteração, e assim deixarmos de estimular interesse pelo pormenor, ou perder a capacidade de estarmos à altura dele. Isto não acontece diante da fotografia, ou antes fotografias. Aí, treino e hábito transformam-nos automaticamente no observador escrutador e investigador cuidadoso, que não fica deslumbrado de modo fácil por algum efeito que no momento atrai de maneira irresistível.

Não me envergonho de confessar que me extraviei com maior freqüência quando vi a obra de arte por si mesma ou só, do que quando apenas conheci suas reproduções.

Hoje em dia hesito em chegar a uma conclusão sobre uma obra de arte sem submetê-la ao escrutínio lento de fotografias. Quanto mais fotografias do mesmo objeto, tanto melhor. Cada uma contribui com algo próprio, até cópias do mesmo negativo que deveriam ser idênticas. Ainda melhor quando feitas por operadores diferentes, em particular quando é uma questão de objetos arredondados ou em alto-relevo.

Nem deveriam ser descartados, como demasiado subjetivos, reproduções manuais, desenhos, quero dizer, e toda espécie de gravura, xilogravura e litografia. Eles são subjetivos, mas quase não mais do que fotografias tiradas por estudiosos e artistas que, quer queiram quer não, reproduzem aquilo que querem ver. Estes interpretam não mais e não menos do que o desenhista; e se o último for um talentoso estudioso e artista, como era por exemplo Viollet-le-Duc, ou Ruskin, seu esboço pode ser uma revelação.

É desnecessário dizer que em alguns casos a assim chamada reprodução mecânica, a fotografia (que está longe de ser meramente mecânica), produz resultados tão insatisfatórios, sendo quase indecifráveis, que seus contornos têm de ser traçados em papel transparente por mão perita e superpostos na reprodução. Isto acontece de modo notório com as pinturas paleolíticas de cavernas como as de Altamira, onde (pelo menos até recentemente) as superfícies onduladas e a iluminação reduziram a fotografia à quase impotência. Razões semelhantes tornam os ornamentos metálicos e relevos em metal, certas moedas e medalhas bárbaras, broches e outros ornamentos difíceis de decifrar na fotografia, e levam-nos a abençoar o desenho interpretativo.

O que acabamos de dizer sobre a fotografia baseia-se na suposição de que o estudioso está habituado com as obras originais no estilo da escola e do artista que está estudando. Sem esta preparção, a fotografia pode servir pouco mais do que o conhecimento de espécimes achatados e secos pode ajudar ao botânico.

Esses parágrafos sobre a reprodução de obras de arte podem ser concluídos com umas poucas palavras a respeito das impressões fotográficas produzidas por raios Roentgen, ultravioleta, e outros. Eles são agora a moda. Museus empobrecidos anseiam por instalar modernos estúdios radiográficos, equipados com todo dispositivo e invento modernos. Os aparelhos mecânicos são a esperança desolada daqueles que têm pouca fé na observação treinada e sensação educada. Mas estes vários raios são tudo salvo meramente mecânicos no sentido de serem seguros. Também se pode fazer com que produzam resultados que satisfaçam o operador. Vi resultados exatamente opostos obtidos por dois operadores diferentes. Admitamos que os vários raios possam ser instrutivos para estudiosos de técnica, limpeza e restauração; é duvidoso que sejam de ajuda séria para estabelecer a autenticidade ou para analisar uma obra de arte como uma criação ou revelar como foi concebida por seu autor e como foi terminada. Isto deve ser feito principalmente, se não unicamente, através do exame de seus desenhos. Pois os raios só podem penetrar. Eles não podem tirar camada após camada e espalhá-las perante nossos olhos como se fossem esboços colocados uns ao lado dos outros. Não podem, porque, exceto no caso de uns poucos quadros em têmpera onde o desenho está completamente resolvido antes que a pintura comece, as pinceladas, as manchas e as bolhas de tinta estão propensas a serem apressadamente golpeadas, e tornam-se tão bem misturadas,

203

que como tinta sobre tinta fazem pouco sentido. Quando uma figura faz sentido não apresenta necessariamente relação com o quadro acabado. Pode pertencer a um quadro iniciado no mesmo painel ou tela e abandonado.

Os artífices raramente desperdiçam material. Vemos Michelangelo usando pedaços de papel nos quais haviam contas, notas ou esboços feitos há décadas. Temos folhas de papel com desenhos não relacionados uns com os outros, feitos em períodos diferentes da carreira de Michelangelo, e até por artistas posteriores em cujas mãos estas folhas subseqüentemente caíram. Aprendemos a separá-las e mantê-las em compartimentos à prova d'água, por assim dizer, em vez de deixá-las misturarem-se umas com as outras. Os *experts* em raios ainda estão demasiado excitados com sua descoberta para preocuparem-se com suas limitações. Os desenhos têm a vantagem, há pouco mencionada, de não serem superpostos mas justapostos, de modo que cada um, na maioria dos casos, destaca-se separada e distintamente. Se temos bastantes desenhos, eles podem nos dar uma idéia da concepção e gestação da obra de arte. O estudioso adequadamente treinado pode decidir quais são os anteriores, quais os posteriores e quais foram descartados como fantasias ociosas. Por estes meios pode construir uma série que segue etapa por etapa o desenvolvimento do desenho até seu término bem sucedido.

Da mesma maneira, a técnica parece revelada bastante claramente na superfície se estiver em bom estado — bastante claramente para o historiador de arte, se não para o historiador da técnica. Assim, para tomar um exemplo, o olho nu pode facilmente perceber que a técnica de Lotto deriva dos Vivarini e não dos Bellini, e que em Tiziano há algo de Gentile Bellini.

Falo aqui desses raios com relação à história da arte. É outra questão para o artífice que espera descobrir exatamente como determinado quadro foi pintado, e ainda outra para aquele fracasso patético na arte, o "gênio" sem nenhum talento, em busca do "segredo dos velhos mestres".

História da Arte e Prática da Arte

O historiador da arte deve praticar a arte a respeito da qual escreve, praticá-la pelo menos até o ponto de entender seus problemas e dificuldades técnicas? Ainda existem pintores que não admitirão que qualquer um possa entender sua pintura salvo outros pintores, como o escultor Falconet que atacou Winckelmann, que não era um artista, por escrever sobre arte. Em 1777, Herder defendeu o crítico contra o artista com quase os mesmos termos e vocabulário idêntico ao que usamos hoje.

Esses pintores criaram seus modelos, que estão sentados, ou em pé ou agem, para eles? Criaram o reino animal e vegetal que com tanta freqüência usam para seus quadros? Deram forma às colinas e vales e coloriram os bosques e campos e a infinita variedade de efeitos de nuvens dos quais compõem suas paisagens? Como podem falar destes, fazer comentários sobre eles, criticá-los, eles que não os fizeram! São em geral bastante ingênuos para dizer: "Só estamos pintando o que vemos". Mas a pintura é sua linguagem, e todo quadro é um comentário, uma crítica, uma interpretação daquilo que representa. Os pintores e os artistas em geral podem replicar, "Mas estudamos anatomia e fisiologia dos animais que vamos pintar; dominamos a geologia, a botânica e a meteorologia". Permitam que pergunte quanta anatomia e fisiologia científicas Policleto, Míron ou Fídias aprenderam? Quanta geologia, botânica ou meteorologia Tiziano ou Rembrandt sabiam, ou Ruysdael, Claude, Turner, Constable ou Cézanne? Com toda probabilidade não tinham nenhum conhecimento especializado, nenhum outra experiência de seus modelos, mais do que são produzidos por prazerosa observação concentrada, guiada por uma certa espécie de inteligência.

É isso precisamente o que acontece com o crítico e sua relação com a obra de arte.

Podemos ter dúvidas quanto a isso. O profissional de uma arte inclina-se a superestimar as soluções de problemas que o absorvem e o domínio das dificuldades que o perturbam. Além disso, o interesse exci-

205

tado pela técnica que o tipo de pessoa que tenho em mente possui está propenso a fazer dela um excêntrico. Assim, raramente conheci um restaurador de quadros, com certeza não um inglês ou americano, que fosse capaz de um julgamento correto sobre a técnica (ou a qualidade da arte) da pintura que estava vitimando.

Como o interesse que esse ensaio pode inspirar reside com maior probabilidade em seus relances autobiográficos do que em algo teórico ou "científico", permitam que me aventure a relatar uma de minhas experiências.

Tive durante anos o privilégio de freqüentar o estúdio do restaurador menos alarmante, mais erudito, mais competente de quadros italianos que já conheci. Poucos sabem o que Luigi Cavenaghi sabia sobre a técnica dos velhos mestres. Ele restaurou centenas se não milhares de suas obras e, a fim de fazer isso, investigou o modo com que foram pintadas. No entanto, muitas vezes o vi perplexo na presença de um painel que não tinha visto antes, e incerto se fora feito em têmpera com cobertura de óleo ou só com óleo. Encontrei-o hesitante na presença de quadros que eu sabia serem falsificações. Por outro lado, poderia suspeitar que havia falsificação onde não havia nenhuma. Uma vez lhe dei um Bellini para restaurar. Ele conservou-o, como era seu costume, durante anos. Um dia, inesperadamente, apareceu com o painel, e disse-me que sentia muito, mas não gostaria de tocá-lo porque parecia uma falsificação. Não me perturbei, confiante de que era genuíno. Perguntei a Cavenaghi se trouxera os materiais para limpar o quadro. Sim, trouxera. "Muito bem, então, se for uma falsificação veremos como foi feita." Ele se pôs a trabalhar e tirou o verniz de carro que na Inglaterra costumava ser aplicado a todo painel do Quatrocentos italianos, e lá surgiu um velho quadro quase intato, todo toque traindo a pincelada delicada de Giovanni Bellini.

Como é que Cavenaghi com sua experiência técnica estava errado, e eu, um completo ignorante nestas questões, certo? Em parte, sem dúvida, a potente "sopa de tartaruga" de verniz inglês, com o qual ele não estava muito familiarizado, o desnorteara. Talvez haja

206

algo mais envolvido nisto. Talvez estender-se demais no *como* a coisa é feita não seja o treinamento mais seguro, o melhor preparo para a apreciação do *que* está feito. Possivelmente alguém que se familiariza com a personalidade artística de um velho mestre, e aprendeu a identificar-se com a maioria dos modos criadores do mesmo mestre, tem menos probabilidade de extraviar-se. Hoje em dia, devo apressar-me a adicionar, os próprios falsificadores parecem ter aprendido os modos ocultos não só da técnica mas também do estilo.

Assim, poucos anos atrás, um Botticelli me foi submetido. Reagi instantaneamente a ele como a uma falsificação. O negociante protestou, implorou que lhe permitisse deixar o quadro comigo por quanto tempo eu quisesse, e estava confiante de que eu retiraria minha primeira impressão e acabaria concordando com ele de que o quadro era genuíno. Conservei-o e estudei-o durante meses. Arranjei um *expert* para examinar a técnica. Eu mesmo apliquei todo o teste estilístico a ele. Nenhuma tentativa, quer técnica, quer estilística (no sentido mais restrito), para demoli-lo teve êxito. Quanto mais longe eu ia, tanto mais cumulativa a evidência de que era um quadro velho e um Botticelli. Não obstante, continuo convencido de que era uma falsificação. As mãos são as mãos de Esaú, mas a voz é a voz de Jacó, do trapaceiro, do impostor. Não importa quão meticulosamente ele realizou todos os preceitos morellianos — a configuração das mãos e orelhas, as dobras dos drapejamentos, o desenho do cabelo; não importa quão segura sua técnica, não acredito que seu autor tenha sido o Botticelli com o qual vivi durante tanto tempo mais do que tomaria por minha esposa uma mulher da mesma configuração e compleição, que tivesse posto suas roupas e ornamentos, e até aprendido a imitar seu modo de andar, seus gestos, seu sorriso e sua fala.

HISTÓRIA DA ARTE
ESPECIFICAMENTE

A História da Arte, diferentemente da história política ou da história de qualquer outra seqüência de eventos terminados e passados, goza das vantagens e sofre dos inconvenientes inerentes a toda tentativa de escrever sobre atividade que ainda operam, problemas ainda não solucionados, e pessoas ainda vivas. Não importa quanto se tenha aprendido a pesquisar nos arquivos e a deleitar-se com o decifrar e publicar documentos, e com isso aproximar mais algum ponto do passado, e fazê-lo parecer mais brilhante e nos sentirmos mais entusiasmados perto dele; não importa quanto nos deleitemos com a leitura da história crua como simples *res gestae* — crônicas de tempo perdido — ou com a configuração e forma de obras literárias como as de Heródoto ou Tácito, Voltaire ou Gibbon, Mechelet ou Macaulay, Treitschke ou Carlyle; tal história lida com o que está morto e perdido e trata de eventos terminados e passados, e indivíduos que não existem mais; e fala de coisas que não podemos experimentar, mas sobre as quais só ouvimos e lemos. Sua influência sem dúvida não está esgotada, mas até o historiador mais talentoso raramente consegue seguir seu desenvolvimento no mundo atual. A História da Arte, ao contrário, lida com obras-primas que ainda estão conosco, ainda atraentes, como entidades vivas, como energias manifestamente ativas. Para alguém que se tenha dado ao mesmo trabalho de aprender o repertório de configurações correntes nas diferentes famílias de visualização da humanidade, que se deu para adquirir suas linguagens verbais, a arte do mundo inteiro está ou totalmente viva e contemporânea ou totalmente morta. É possível fantasiar que podemos aprender a respeito da vida do passado de fontes escritas, mas nenhum registro escrito pode ajudar-nos a imaginar qual era a aparência de uma arte visual da qual não sobrevivem quaisquer exemplos. Não podemos construir nenhuma idéia de suas qualidades específicas, nem mesmo de suas configurações e padrões. Nossa única abordagem dela dá-se através da tradição de que apresentou uma semelhança com uma arte que chegou até nós em exemplos adequados, como acontece com alguns dos maiores nomes da Antiguidade. Para tomar um exemplo: qual era a aparência de uma pintura mural feita por Polignoto, ou um quadro de cavalete de Apeles? Os vasos decorados por contemporâneos mais jovens destes mestres podem oferecer alguma idéia vaga.

O decifrar inscrições, a leitura cuidosa de documentos e diários de eventos proporcionam pouco incentivo para a *imitação*.

Em coisas humanas não é o que existe, o que acontece ou o que é feito que tem importância, mas o que se acredita a seu respeito; em outras palavras, seu mito, sua personificação. A personificação serve à necessidade de criar idéias, princípios e causas enriquecedoras. Sem isto não pode haver nenhum entusiasmo (que é o produto de identificação enriquecedora do eu com outra coisa), e sem entusiasmo não pode haver nenhuma ação incorporada. No entanto, é impossível nos entusiasmarmos com uma abstração sem personificá-la. Hoje em dia, para alguns de nós, a personificação é suficiente. No passado não poderia parar aí, e continuava até a antropomorfização, como ainda acontece com a maioria de nós. O processo mitopoéico é análogo. Toda personalidade enriquecedora tornou-se um herói no sentido mitológico. Toda personalidade permanentemente enriquecedora era um deus. A personalidade mais enriquecedora concebível é Deus.

Os mitos, não importa quão absurdos, estão na natureza da arte, e são enriquecedores como toda arte. Não podemos deixar de procurar paralelos dos quais obtemos justificação, tiramos inspiração e recebemos iluminação para o presente, dando-lhes fascinação e respeitabilidade. Poder-se-ia citar centenas de exemplos no passado quando as pessoas iam tão longe a ponto de ganhar louvor para seus próprios escritos atribuindo-os a um famoso profeta, legislador, poeta ou herói de tempos antigos; a Homero ou Orfeu, a Davi ou Salomão, Isaías ou Enoque, Virgílio ou Merlin. Para tomar exemplos dos últimos cento e cinqüenta anos, e nos limitarmos apenas à arte visual, que estilo quando afastado de seu predecessor não encontrou sua justificação e inspiração no passado? O "Império" na arte da era augustana; o romântico em Monreale, Alhambra, Belém ou Sainte Chapelle; Francisco I nos *châteaux* do Loire; *art nouveau* no Egito ou Creta; o estilo de hoje em dia na escultura negra, e o de amanhã na plasticidade papua e trabalhos de penas peruanos.

O interesse do historiador da arte é ser, não superior aos valores inalteráveis, mas superior às preferências instigadas pelas modas, pelos movimentos impulsivos de massa e histerias do momento. Ele deve superar o preconceito particular e a exclusividade janota, e aprender a apreciar os sucessivos estilos primeiro por seus méritos intrínsecos, não importa quão insignificantes.

211

e depois pelo seu valor vivo em um esquema humanístico da vida.

Um estilo, concluímos, é um modo constante e inatacável de ver as coisas, e história das artes de representação visual deveria ser a história de sucessivos modos de ver o mundo e tudo que há nele — em resumo, a história dos estilos.

A História da Literatura tem sido escrita durante gerações como um relato de sucessivos modos de imaginar a vida que se gostaria de viver, e das tentativas de explicar estes modos por teologias, filosofias e pseudociências. Da mesma maneira, a História da Música está sendo estudada como uma sucessão de penetrações e descobertas no reino do som, aprofundando bem como ampliando nosso universo auditivo e nossa capacidade de apreciá-lo.

Todo outro tipo do que tem sido até agora considerado História da Arte deveria estar subordinado a esse único objetivo. A pesquisa é valiosa na medida em que ajuda a reconstruir os elementos e fragmentos de um estilo da maneira com que a arqueologia clássica tem feito. A perícia do *connoisseur* dos últimos cem anos trouxe de novo à luz os estilos quase que totalmente submersos da pintura e escultura do Quatrocentos da França e Flandres, das bacias do Reno e Danúbio, mas talvez a maior ressurreição de todas foi a dos artistas toscanos e veroneses do século XIV e dos florentinos e venezianos do século XV. A história da técnica também fez contribuições valiosas, e eu, por exemplo, tenho uma dívida de gratidão para com um livro que me ensinou algo importante que até hoje outros fariam bem em aprender — refiro-me à *History of Oil Painting* de Charles Eastlake. E neste momento muitos ganhariam com a leitura dos tratados esclarecedores de Denman Ross e de Daniel Thompson. É certo que os estágios formativos de um estilo deveriam ser adequadamente considerados. De modo algum, contudo, o historiador de arte deveria deixar-se enganar, por indulgência prazerosa nestas ocupações subsidiárias, a acreditar que está escrevendo a história da arte. Sobretudo não deveria desperdiçar suas energias e nossa atenção com complicadas questões de origem

212

As origens deveriam ser remontadas só na medida em que, dentro do presente horizonte de atividade intelectual, sejam relevantes para nossas preocupações específicas. Elas tomam seu interesse das entidades cujos inícios tentam estudar. A tendência das décadas recentes tem sido esquecer isto. Ficamos mais excitados com a camada paleolítica e o cortiço neolítico, do que com aquela obra-prima de Iotino e Fídias que durante dois mil e trezentos anos o mundo da cultura venerou sob o nome de *Partenon*. Não devemos esquecer Chartres em seu esplendor, enquanto procuramos seu embrião.

Os historiadores de alguns séculos atrás não podiam compor a história de sua cidade natal sem remontar a Adão e à Criação, ou pelo menos a Noé e ao Dilúvio. Como disse recentemente um admirável ensaísta inglês, os frutos e não as raízes deveriam ser o objeto de nossa atenção e admiração. O interesse pelas raízes é, em geral, um traço daquele pedantismo gigantesco que tanto caracteriza o escarafunchar de "pesquisadores" desmiolados, em nossas inumeráveis escolas de conhecimento inútil.

A pesquisa não escreve história. Ela só fornece o material para a História. Parte dele é coisa insatisfatória e friável, de pouco uso como pedra de construção, e provavelmente não bastante boa como entulho para tapar buracos.

O valor da pesquisa depende do campo onde é conduzida. No reino da arte grega clássica e do Quatrocentos e Quinhentos italianos, o perito mais medíocre pode desenterrar uma inscrição, um fragmento, ou uma moeda da terra; ou descobrir um documento em um arquivo, ou uma assinatura em um quadro; pode fazer estatísticas elaboradas do número de vezes na arte da Idade Média em que Nosso Senhor abençoa com três dedos, quantas vezes com dois e meio e com que freqüência com apenas dois; ou quão repetidamente Santa Catarina tem sua roda e Santo André sua cruz à direita, ou por outro lado à esquerda. A pesquisa é cada vez menos importante quando a arte com a qual se ocupa é periférica, estéril, sem nenhum efeito fecundante em qualquer parte, como acontece com a

213

maioria da arte medieval catalã e lígure bem como com quase todas as fases posteriores da arte cristã oriental. As buscas micrológicas neste sentido não levam mais adiante do que as abelhas na anedota do rei que queria uma estória sem fim. Um viandante ofereceu tal conto e começou dizendo: "Havia uma vez uma colmeia, e uma abelha entrava e depois outra entrava, e outra, e outra". Ele continuou até que o rei enfastiado perguntou se a estória não poderia ser prosseguida. "Não até que todas as abelhas estejam dentro." E quando isto acontecerá? "Nunca".

A História da Arte, se é que deve ser mais do que uma maneira entre outras de afastar do mal os adolescentes de todas as idades, deve evitar ser demasiado curiosa a respeito das escolas de arte menos significativas, escolas largamente baseadas no copiar sucessivo, e que não levam a parte alguma, como acontece com a gótica tardia, com muito da assim chamada cristã antiga, muito da carolíngia, a maioria dos demasiado numerosos manuscritos iluminados dos inferiores escritórios de mosteiros dos períodos otoniano e posteriores, e com muita pintura medieval florentina e sienense, sem falar da pintura mais provinciana, na qual eu mesmo desperdicei tanto tempo e, por exemplo, induzi outros a desperdiçarem ainda mais.

A História da Arte é a estória do que a arte criou, dos problemas que teve de solucionar antes de produzir o que fez; do que pôde realizar e transmitir; a que necessidades espirituais deu expressão, introduzindo-as com isso no campo da consciência, que obstáculos técnicos ou psicológicos impediram-na de render frutos melhores em determinados momentos. Deveria contar que configurações de arte foram apresentadas ao público de época em época por artífices e artistas, quão relacionados uns com os outros eram estes objetos, quão iluminados e quão coloridos. O próprio público só pode aceitar ou rejeitar. Não pode inventar, nem podemos atribuir-lhe a capacidade de esperar algo definido. No entanto, ele não é inteiramente passivo. Pelo menos em tempos históricos, nunca foi inteiramente privado de escolha, por mais limitada que esta escolha fosse. Até no Egito pré-dinástico, os meios do indiví-

214

duo e talvez seu gosto decidiram se suas facas deveriam ser de bronze, obsidiana ou sílex, com a ligeira variedade de configurações inevitável pelas diferenças em consistência e cor do material empregado. Hoje em dia a escolha parece ilimitada. Só parece ser, pois em questões de arte não temos nenhum desejo de fugir de uma convenção que aceitamos com ou sem luta. Fazemos pouco esforço para conhecer outras convenções, supondo que são inúmeras e que não são de nosso interesse. No entanto não são numerosas. De fato são poucas. Dois ou três degraus e atravessamos de Bouguereau a Dali. Quão semelhantes um ao outro estes pintores, e todos que estão entre eles parecerão algum dia' Pensem quão facilmente qualquer turista aprende a reconhecer que um quadro é um *"primitif"*. Significa que certos quadros pintados na Itália e Catalunha, França e Flandres, terras do Reno e Danúbio, têm hoje em dia para nós um algo em comum que os une, apesar das divergências de caráter ou qualidade. E, no entanto, para seus contemporâneos, as escolas separadas ou os artistas individuais devem ter parecido não menos diferentes uns dos outros do que os nossos nos parecem.

Bicci di Lorenzo e Masaccio, Neri, filho de Bicci, e Fra Filippo, Cosimo Rosselli e Botticelli — que pintores de nossos últimos cem anos estiveram mais separados do que estes emparelhados contemporâneos engaiolados juntos na minúscula Florença do Quatrocentos? Havia na longínqua China da mesma época outra convenção, mais separada ainda, tão separada que os poucos europeus que lhe tinham acesso poderiam ter feito grande alarde dela. Ela poderia ter-lhes dito pouco mais do que uma página do manuscrito Devanagari diz àquele que não aprendeu a ler ou entender sânscrito; pois, como tivemos a oportunidade de afirmar muitas vezes, precisamos aprender a representação da arte como aprendemos qualquer outra linguagem, até nossa língua materna.

Por isso é imprudente falar, escrever e dissertar sobre a arte de determinada época como sendo a expressão não só completa mas necessária daquela época, como sendo *Geistesgeschichte* — a senha da recente história da arte alemã — a estória da mente ou do espírito em geral. Na verdade, a arte de um período só expressa aquilo que seus profissionais conseguem dizer, e isto depende não só de seu gênio individual, da condição de seu ofício, e de suas preferências e curiosidades, mas também de seus talentos. O talento é uma questão de usar e aperfeiçoar os meios à mão, os instrumentos, a técnica que se adquiriu na escola, e quiçá aperfeiçoada. O homem de gênio, sem este capital herdado, estaria quase em tão má situação quanto um profeta sem língua ou pena. Até um Blake não poderia prescindir da realização do passado; mas como não teve quaisquer professores apropriados para lhe dar um quinhão, teve de arrebatá-lo por si mesmo, e acabou derramando seu mel e sua lava através de formas moldadas por Fuseli e Michelangelo juntos — uma infusão estranha.

Nenhuma arte, tampouco todas as artes combinadas, pode esperar dar em um momento ou período de tempo expressão adequada à bondade e nobreza que estão latentes no homem, e a tudo que o gênio pode descobrir, ordenar e usar para a Casa do Homem que está sempre em construção e sempre se elevando, apesar das propensões selvagens de nossa natureza animal.

A atividade da História da Arte é descrever e interpretar as configurações e composições apresentadas a várias sociedades humanas para sua admiração e instrução: distinguir aquelas que ainda têm posição como obras de arte daquelas que são pouco mais que meros artefatos e objetos de curiosidade; estender-se com carinho nas primeiras e deslizar rapidamente sobre os outros, entregando alguns dos últimos aos etnólogos para investigação ulterior. A História da Arte deveria tentar descobrir como os vários modos de representação foram recebidos pelas comunidades às quais foram oferecidos; quais destes modos tornaram-se estabelecidos por gerações ou mesmo permanentemente; quais foram apenas modas passageiras; quais deram satisfação aos círculos mais adiantados de determinada sociedade; quais, por outro lado, aos seus grupos menos nobres; sobretudo, que modo de ver contribuiu mais para a formação de nosso próprio estoque de imagens bem como ao seu tornar-se em si clássicas, isto é, sempre contemporâneas. A História da Arte deveria ir mais longe e tentar ver que correspondência havia entre as representações visuais e outras expressões da vida de um período, por exemplo, Literatura, Música, o palco, bem como a filosofia, teoria e conduta políticas, e, é claro, a religião. Em resumo, o estudo de sucessivos modos de ver pode ser usado como um documento, e como um documento muito informativo na história geral da humanidade.

À guisa de ilustração, tomemos Rafael e Tiziano, que ainda ocupam posições centrais no mundo da arte. Contra o segundo nunca ouvi falar de rebelião. A admiração pelo primeiro, excessiva em uma época, sofreu certo declínio nos últimos cem anos; mas um por um os pintores e críticos estão se arrastando de volta para ajoelhar-se perante ele. Valeria a pena investigar não só os modos de ver que precederam e moldaram ambos os grandes mestres — que em certo sentido foi feito positivamente bem agora — mas também o que havia em seus respectivos estilos que fez com que alcançassem tão rapidamente a posição que ocuparam desde então.

A arte cria obras-primas que são antes de tudo uma revelação e uma alegria; após um espaço de tempo elas se tornam e perduram como uma luz, um guia, um modelo. A arte, além disso, ensina-nos a sentir, e ver aquilo que, deixado para nós mesmos, nós que não somos artistas não vimos e talvez nunca veríamos. Tomemos, por exemplo, novas espécies de beleza em nossos próprios homens e mulheres. Quem não notou a repentina emergência de um tipo de mulher com a qual não tínhamos familiaridade prévia? Pensaríamos que algum pintor ou escultor criou-o de pura fantasia. Mas, olhemos e vejamos, começamos a vê-lo em toda parte, não só nos salões seletos, mas na rua, em trens, em ônibus. Como é que nunca os vimos antes? Não poderia ter surgido da noite para o dia. Estava sempre lá mas, não se apercebendo de que era notável, não pensava em como manifestar suas qualidades. O artista, auxiliado por costureiros, chapeleiros e cabeleireiros, revelou-o para si mesmo.

Na minha juventude admirávamos na Velha e Nova Inglaterra os congêneres tipos Rossetti e Burne--Jones. Este foi seguido por outros, inspirados primeiro por Botticelli e depois por tipos áticos do início do século V, os primeiros Korae redescobertos da Acrópole. Mais tarde, as mulheres duras e elegantes de Sargent conquistaram Boston, depois New York, para acabarem como o ídolo da Londres imperial. Depois apareceu na elegante Anglo-Saxônia a "moça Gibson" com seu companheiro, ambos janotamente elegantes, socialmente *blasés* e espiritualmente vazios. Nem a sociedade de Paris ficou insensível às lavadeiras e bailarinas de Degas e aos homens e mulheres *apaches* de Lautrec e Forain. No segundo Reich, os homens e mulheres conseguiram parecer tão arrogantes, tão pseudo-ilustres, lânguidos e astutos quanto Lenbach os pintou.

O mesmo acontece com a natureza. Pode-se bem perguntar que obras-primas duradouras os pintores impressionistas criaram. Mas quanto não abriram nossos olhos para ver na cor do mundo? Ele costumava ser limitado a azuis e cinzas, verdes-verdura e garrafa, amarelos, vermelhos, castanhos-avermelhados, cada um separado dos outros quase que como pedras e granadas em um engaste. Os impressionistas ensinaram--nos a ver gradações de rosa, de púrpura, de vermelhão, a desfrutar a sonoridade dos verdes-malaquita e as notas aflautadas dos azuis-cobalto (se é que podem permitir que eu use estas analogias) e matizes que podemos tentar descrever apenas em sua semelhança a maçãs, pêssegos, damascos, laranjas e limões. E antes quem viu, e estava ciente de ver, sombras transparentes e até coloridas, a apreciar a beleza do líquen nos troncos de árvores, da folha caída e lasca na beira da estrada, para não falar dos reflexos translúcidos do mundo floral.

O esportista que por acaso viu a pintura *Outubro frio* de Sir John Millais não virou a cabeça e exclamou: "Ora, ora meu amigo, todos sabemos que os campos são verdes e os céus são azuis. Chega de tolice". Ora, Millais estava longe de ser um impressionista, no entanto, o que ele viu estava além daquilo que até um

218

esportista, presumivelmente um observador da natureza, poderia ver ou veria.

Na verdade, continuamos aprendendo a ver não só desde a mais tenra idade mas durante o resto da vida. Só que logo que saímos da *nursery* e ainda estamos crescendo, é a arte que nos ensina. Talvez estejamos apenas no começo da revelação. Não podemos conceber o que, se não ocorrer catástrofe aniquiladora, os artistas nos ensinarão a apreciar na natureza, e ainda menos podemos imaginar que obras-primas de gênio criador o futuro nos reserva: não mais do que até um Ictino e um Fídias, quando construíam e decoravam o Partenon, poderiam ter conjeturado Chartres, Rouen, Reims, Amiens e Beauvais; não mais do que os pintores de *backgrounds* pompeianos poderiam ter antevisto as paisagens de Rembrandt, Ruysdael, Claude ou Cézanne.

Se a História da Arte deve ser uma interpretação daquelas configurações, formas e composições que a humanidade, de geração a geração, de década a década, teve o privilégio de ver e com ela viver, segue-se que devemos em períodos históricos diminuir nosso interesse pelo artista individual e ignorá-lo quase como fazemos com a arte pré-histórica. Devemos deixar para os biógrafos as vidas até dos maiores gênios bem como a história de suas realizações, e tanto mais prontamente visto que até os Michelangelo, Caravaggio e outros mais nunca dominaram seus contemporâneos de modo tão completo quanto Alexandre, Napoleão e outros homens de ação dominaram os seus. A história das atividades de um artista representa um papel muito menos importante na arte de sua própria época do que a história do homem de ação. Assim, não é de modo algum fácil separar a biografia da história no caso do indivíduo que mais do que qualquer outro mudou o aspecto inteiro da política, cultura e civilização mediterrâneas. Até hoje, vinte e dois séculos após sua morte, ainda dividimos o passado do mundo entre o que precedeu o que se seguiu a Alexandre, o Grande, exatamente como não podemos deixar de dividir a história

219

recente em antes e após a primeira Guerra Mundial. Mas não é assim, mesmo com os maiores artistas. Certamente, é desejável para nós conhecer Michelangelo, mas a maioria de seus contemporâneos próximos na própria Itália prosseguiram em seus caminhos, inconscientes de sua existência. Não há nenhuma alusão dele em Giorgione ou no Tiziano mais jovem, ou de fato em qualquer veneziano muito antes da metade do século XVI. No Norte, Dürer quase não revela qualquer familiaridade com ele, e Holbein menos. Por outro lado, que pessoa importante contemporânea de Alexandre, Napoleão ou César poderia permanecer intata? A jactância de um Catulo de que César não significava nada para ele é uma confissão do contrário, de que de fato significava muito.

No entanto, os homens de ação transformaram-se cada vez mais em mitos nebulosos, se é que são absolutamente lembrados; ao passo que o artista como distinto da personalidade cívica do pintor, do escultor, do arquiteto, do escritor, continua vivendo através de suas obras existentes. A influência desta obra pode operar de modo crescente durante gerações após a morte física de seu criador. Ninguém na época de Michelangelo, nem mesmo Tintoretto, devia tanto a ele quanto Rubens no século seguinte. Suas configurações, sua ação, seu espacejamento ainda eram forças vivas no século XIX, não só na França mas até na Inglaterra pré-rafaelista, como foi manifestado por Alfred George Stevens. Ou pensemos no que Burne-Jones devia a Fra Filippo Lippi e a Mantegna. Hoje em dia, os pintores mais admirados do momento voltaram a Piero della Francesca e aos até agora tão obscuros Tura e Ercole Roberti, cujos nomes não se tinham alojado na mente de um artista durante séculos.

Então, são as obras existentes que têm importância e não a biografia do artista. Estas obras existentes compõem a personalidade artística, como distinta da personalidade cívica, biográfica; e só isso é de interesse vital. As anedotas, as associações, qualquer coisa e tudo que não está claramente revelado nas obras existentes é irrelevante, e atrasa a nossa tentativa de enfrentá-las.

As personalidades artísticas são equivalentes a modos distintos de ver, e são algo no caráter de um esporte. Quem negará que este esporte pode manifestar-se como gênio? O que é gênio, pelo menos em nosso campo, salvo a reação criadora contra seus genitores e professores? No entanto, para nós tudo que tem importância é a manifestação que venceu completamente, que nunca foi obliterada ou, sendo assim, foi revivificada de modo fácil. Na História da Arte, como no curso de todos os outros eventos, há lugar para um certo jogo do inesperado, do imprevisível. Deveríamos ter possuído o modo de ver michelangelesco sem Michelangelo, giorgionesco sem Giorgione, de Tintoretto, de Velásquez, de Rubens sem os temperamentos destas personalidades individuais? O curso esperado da arte florentina deveria ter acabado nos Sansovino e em Andrea del Sarto, não em Michelangelo; e os pintores venezianos do Quatrocentos deveriam ter acabado em Basaiti, em Bissolo, talvez em Catena, possivelmente em Palma, não em Giorgione e seu sucessor Tiziano.

Algo novo, algo nunca visto antes, foi colocado perante o olho de um público assombrado e fascinado por Leonardo. Sua visão das coisas foi popularizada por muitos discípulos, seguidores e imitadores não só na Itália mas nos Países Baixos, na França, até na Alemanha. No entanto, não há nenhuma concordância quanto ao que este gênio concebeu e levou a cabo com suas próprias mãos.

Pareceria assim que a visão do grande mestre poderia ser tão transformadora, poderia gravar-se tão profundamente em tudo ao seu alcance, que sua revelação poderia ser comunicada por imitadores não menos do que pela própria mão do criador.

Como fato de história e experiência, o que o público culto aprecia não é a Vida da Vida que pode ser ateada em nós só pelo toque do artista. Aprecia sua visão, e isto ele consegue tão bem no leonardesco quanto em Leonardo, no bellinesco quanto em Bellini, e assim por diante. E finalmente o público aprecia o coração, a idéia central, e este eles encontram nos seguidores dos grandes mestres, mas levados mais longe, simplificados e pré-mastigados, por assim dizer, em um Luini, por exemplo, mais do que no próprio Leonardo. Pode-se observar sem cinismo que Luini deu ao público mais culto das gerações recentes, lideradas por Ruskin, tudo de Leonardo que elas poderiam agüentar. Ruskin não hesitou em exaltar a *Crucifixão* de Luini em Lugano "como para todas as qualidades da arte religiosa o maior quadro do Sul dos Alpes ou antes da Europa" e assim o colocou muito acima do mágico florentino.

A atitude popular perante a arte, sua indiferença a tudo salvo beleza e esplendor, é ilustrada por Pseudo-Francesco Fiorentino, um nome coletivo para um estabelecimento comercial onde cópias principalmente de Fra Filippo e Pesellino foram produzidas em grande número, brilhantes em cor, como que esmaltadas em efeito, mas quase destituídas das transições que a modelagem requer para obter valores táteis. Contaram-me que uma das obras-primas de Pesellino foi rejeitada por museu após museu na América, porque eles não puderam apreciar a diferença entre ela e uma cópia da fábrica acima mencionada. E nós fazemos melhor? Sem dúvida, mas a que preço! No caso de Leonardo, a perícia do *connoisseur* compele-me a acreditar que ele participou do *Batismo* de Verrocchio, que não só o anjo bonito, mas muito mais de lá que não é bonito, é dele; que o sutilmente desagradável bronze Davi atribuído em geral a Verrocchio pode ser em grande parte seu; que a horrível Madona do Hermitage e a Madona algo afetada de Munique, bem como a *Anunciação* um tanto vazia dos Uffizi são de seu cérebro e sua mão. Ou tomemos Correggio. Sua personalidade artística lucrou pouco com a redescoberta de seus primeiros esforços antes que seu gênio levantasse vôo. Na maioria dos exemplos, a procura das fontes da visão de um grande mestre levou-nos a encontrá-las, mas para a confusão da visão. Um entendimento e sensação coerentes do que é em essência o estilo de Botticelli foi tornado mais fácil, agora que o localizamos nas cozinhas e adegas de Verrocchio e outros cozinheiros e cervejeiros de porções e poções duvidosas?

Não é o tentear, não o afinar os instrumentos que é útil mas a expressão completa, e nas artes de representação visual o mais cristalino, o mais não-prismático é que tem importância — não o Rafael que quase não pode ser distinguido de Perugino como nas obras para a Città di Castello, ou de seu próprio aprendiz Giulio Romano, como na *Fornarina* de Barberini e a parte inferior da *Transfiguração;* mas o Rafael das *Madonas,* de *Granduca* à *Sistina* e dos afrescos em Stanze. Esta é a visão que, nos quatro séculos e mais que se seguiram, poucos deixaram de amar e por ela ansiar como um estado de vida ideal.

A História da Arte, então, como distinta da história das técnicas e biografias dos artistas, deveria ser um registro dos modos sucessivos, embora nem sempre contínuos, de representação. O que é importante na experiência real é a espécie de representação — agraciemo-la com o nome de visão, ou exaltemo-la chamando-a de revelação — a espécie de mundo que é oferecida aos nossos olhos por meio do desenho gráfico. Isto, admitindo seus próprios modos de expressão, aplica-se também às outras artes: à Literatura, à Música, e à sua irmã gêmea, a Arquitetura. O que, por exemplo, é Rousseau salvo o nome de um modo de sentir particular, coerente e em sua época revolucionário a respeito da sociedade como um todo? O que são os românticos que sucederam e os naturalistas, realistas que se seguiram cada vez mais rápido! Na Música, a completa laicização dela ligada ao nome de Mozart, que aconteceu por volta do fim do século XVIII, deixou-a aberta para Beethoven fazer-nos sentir tanto o anelo como o anseio por uma vida plena e nobre, e as deficiências desconcertantes de nossa própria natureza estorvando o atingi-la, e capacitou um Wagner a demonstrar para nós a fatalidade inexorável que conduz as mais magníficas energias enriquecedoras à frustração e à tragédia.

Não precisamos insistir que o público bem como os escritores de arte têm tido em mente um estilo e uma qualidade mais do que uma personalidade cívica quando falam de determinado músico, poeta ou artista visual do passado. Em essência, a palavra "Rafael" não era diferente em significado da palavra "Renascimento" ou, como nossos bisavôs costumavam dizer, "escola romana". Referíamo-nos a um certo tipo de padrão, um certo tipo de estado de espírito, uma certa qualidade de vida exatamente tanto quanto os outros. Não que eu encorajaria o abuso da idéia germânica de *Volk* — que felizmente não pode ser traduzida e ainda menos domesticada no inglês simples. Povo, como povo, nunca inventou, nunca criou qualquer coisa. Povo, é na melhor das hipóteses, um termo para uma abstração que inclui vários indivíduos que pertencem ao que deve ser a camada básica da sociedade. Quando algo é criado por ele, então é o indivíduo talentoso que brotou daquela massa, em outras palavras, um esporte, quem o inventa, não algum corpo místico pronunciando as mensagens das Mães da Terra. O indivíduo tem importância imensuravelmente maior nas fases evoluídas e aperfeiçoadas da arte. Não podemos exagerar a contribuição de um Giorgione, um Dürer, um Rembrandt, um Watteau. Não obstante, os maiores inovadores dentre eles afetaram como indivíduos apenas levemente o códice onde está registrado o modo no qual, através das sucessivas eras, uma sociedade sente, percebe e registra que gênios capacitaram-na a ver.

Um esforço para escrever sobre arte desse modo foi tentado uns cinqüenta anos atrás pelo vienense Alois Riegl em um ensaio elaborado, cujo título em inglês poderia ser *Late Roman Arts and Crafts*. Como os artefatos ali discutidos não possuem nenhum conteúdo espiritual, nenhuma exalação de elevação, não foi traduzido para uma língua ocidental, embora eu não conheça nenhuma outra publicação, em nosso campo, tão indispensável para estudiosos sérios. Tanto foi descoberto, discutido, classificado e datado desde seu aparecimento que muitos de seus resultados e até pontos de vista podem ser postos de lado. O propósito, a direção, o método permanecem.

A relativa modéstia do material estudado, e o fato de que nenhum nome de artífice está ligado a ele, nem mesmo a região precisa de onde se originou, torna mais fácil aceitar-se um tratamento não-pessoal e quase não-

-local. O ponto de vista é que os artífices e artistas da antiguidade tardia tornaram-se crescentemente cansados da forma, crescentemente indiferentes à configuração, mas cada vez mais inclinados à cor e ainda mais ao jogo de luz e sombra; além disso, que eles se deleitavam com o espaço abstrato e com a composição completamente desligada de fundos quer de paisagem, quer de arquitetura e que existem, por assim dizer, no infinito.

Não é necessário aceitarmos tudo isso, e confesso que a proposição sobre o espaço deixa-me cético. Mas o fato de que uma mudança gradual apossou-se das artes, paralela à mudança em sentimento religioso que culminou no triunfo dos ideais ascéticos, é inquestionável. Indiferença a uma civilização mundana revoltada contra a glória e o esplendor do helenismo a favor do sobrenaturalismo judaico, em combinação com o cansaço de viver copta-alexandrino que caracterizou o Cristianismo.

Riegl teve muitos precursores inconscientes nos últimos poucos séculos, desde Vasari. Próximo à nossa época ele foi antecipado, mas só de modo semiconsciente, primeiro por Burckhardt em sua obra sobre a arquitetura italiana, que ele desejaria que fosse uma história de configurações e padrões evolutivos e cambiantes que não eram de uma ordem representativa; depois, por Goodyear em seu fascinante *Grammar of the Lotus;* e finalmente pelo livro que este *Grammar* inspirou, *Stilfragen* do próprio Riegl, que lida como o *Grammar,* mas de modo mais intelectual, com a história do ornamento. Woelfflin, o mais desinteressado e mais construtivo dos sobreviventes trabalhadores em História da Arte, em seu *Classical Art* chega em consciência mais perto de Riegl, mas nunca alcança o mesmo sentido pleno e profundo do problema. Permitam que me valha do ensejo para declarar minha própria dívida para com estes dois livros sobre arte clássica e barroca.

Cronologia

Pareceria das páginas precedentes que de maneira inconsciente as classes cultas, como distintas dos arqueólogos, *connoisseurs, experts* e outros especialistas, sempre sentiram que a arte do passado foi um registro do que, em qualquer momento dado, era oferecido ao público para contemplar e apreciar, bem como o que ele acabava retendo. Devemos conformemente compreender mais e mais a necessidade da seqüência certa dos fenômenos. Daí a preocupação com a cronologia, não só na História da Arte, mas em todas as questões históricas, seja de Literatura, pensamento abstrato, Música, Ciência e, é claro, na configuração e forma de eventos político-militares como distintos de seus incidentes e resultados impremeditados. Tornou-se uma preocupação que, da parte de trabalho não-especializado, assume configurações grotescas de pequenez micrológica. Em nossos estudos, como na lei romana, deveríamos não esquecer a máxima *"De minimis non curat praetor"*. Continuam as discussões sobre o datar dentro de um dia ou dois esta ou aquela pincelada no teto de Michelangelo, sobre esta ou aquela cinzelada em um ou outro de seus mármores. Em nossos estudos, onde os eventos raramente são cruciais, raramente divisores das águas nas correntes da história, o datar exato de modo pedante não é requerido. No caso do artista individual, pode ser mais sensato fazer o que foi tentado em minhas listas de "Pintores italianos", a saber, indicar quais de suas obras eram antigas, quais maduras e quais tardias. A seqüência exata de eventos é de importância fundamental; pois só em sua relação apropriada é que podemos esperar entendê-las como eventos, apreciá-las plenamente como criações e extrair-lhes os elixires que refrescam e fortalecem. Pois o passado é nossa própria autobiografia, e a de todo indivíduo humanizado, isto é, culto. Também é, quando não romantizado e mitificado, o humo do futuro. O passado, além disso, deveria fornecer um senso do potencial, do impulso e direção de toda atividade no presente. As assim chamadas manifestações espontâneas de energia, em qualquer campo, estão propensas a assemelharem-se a meras explosões, meros clarões — não importa quão brilhantes e alarmantes. Para desenterrar os segredos dos velhos mestres nada é tão necessário quanto certificar-se de que se está seguindo o veio certo. Sem o gráfico que nos é fornecido por uma cronologia adequada, isto não é possível. Deve ser adequada mas não mais do que isto. Se for demasiado minuciosa pode ser tão confusa quanto um mapa apinhado de pormenor.

Atitudes Sucessivas para com Obras de Arte

Cada vez mais, então, torna-se relevante para nós que é a seqüência de estilos, modos ou mudanças de interesse, direção e gosto, e não artistas individuais, não importa quão talentoso cada um seja ao seu próprio modo, que formam a espinha dorsal da História da Arte.

Assim que o valor autônomo da obra de arte é plenamente entendido e não mal-empregado como uma lata de lixo para as efusões do escritor expressionista, há toda razão para tratá-la como um documento na história da sensação, gosto e pensamento. Nada é mais proveitoso para este propósito do que seguir o destino de uma obra-prima desde o momento de sua criação, através de todas as suas fases de glória bem como de ocultação, até hoje em dia. O estudo de suas vicissitudes, as mudanças de atitude para com ela, os altos e baixos da apreciação e as razões para estas mudanças são questões que deveriam chamar a atenção como uma parte séria de nossas buscas. Até agora, pouco foi feito e é desperdiçada energia no estudo de uma pulga que morde outra pulga, ou na reconstrução sem sentido de polípticos catalães e italianos nos quais o patrono e o moldureiro é que mandavam em tudo e o artista em nada. Até agora a pesquisa nesse sentido quase não foi tentada, e minha proposta de encorajá-la a várias universidades americanas tem sido ignorada. De modo satisfatório foi feita apenas uma vez, em uma monografia sobre Correggio por Silvia de Vito Battaglia (R. Instituto di Storia dell'Arte, Roma, 1934). Ao ler esse volume, que começa com a intenção de ser uma mera bibliografia, podemos adquirir uma noção clara do que Correggio significava para as pessoas no curso dos últimos quatro séculos. Isso é *Geistesgeschichte* mas é baseada em fatos e não deduzida das névoas da corrente criação ilusória de fatos que se desejaria fossem realidade.

O interesse pelo passado é tão estreitamente dependente dos problemas do presente, que quando o presente muda, tanto suas curiosidades específicas quanto seu modo de olhar para as obras de arte mudam. Esta e não a descoberta de novos materiais, por mais valiosos que possam ser, é a razão por que a história tem de ser continuamente reescrita.

Heráclito diria que não podemos mergulhar duas vezes no mesmo rio. O que há que podemos repetir exatamente, visto que nem dentro nem fora nós e nosso universo somos os mesmos por dois segundos consecutivos? Podemos desfrutar, apreciar ou entender menos ainda qualquer coisa duas vezes do mesmo modo.

No reino da mente e do coração cinco anos podem ter a dimensão de uma geração. De uma geração a outra, as mudanças podem não parecer extraordinárias, mas após um lapso de tempo não demasiado longo, nossa reação a uma criação do passado começa a ser crescentemente diferente do que era naqueles que a apreciaram pela primeira vez. Esta sensação está mudando continuamente, mas de modo tão imperceptível que são necessários dons especiais para percebê-lo e advogar uma transformação de gosto ou uma alteração de atitude.

Nas artes verbais, quer como literatura e história puras em geral; quer como sabedoria entre todos os orientais do Egito e Judéia à Índia e China; quer como filosofia escrita pelos gregos e nós mesmos, seus descendentes, desde Platão e seus precursores a Kant e Bergson, as mudanças de época a época foram objeto de estudo esclarecedor. Com isso a contribuição de cada geração tem sido determinada tanto por suas qualidades intrínsecas como por seu efeito em períodos seguintes, que viam na contribuição original um deleite, um estímulo que previamente não fora sentido, nem mesmo por aqueles para os quais fora criada pela primeira vez. Deveríamos estudar as artes visuais da mesma maneira; primeiro, com relação ao que significavam para aqueles para os quais foram criadas, depois quanto ao que significam para nós agora e, finalmente, no tocante ao que os períodos intermediários tiraram delas. Desta maneira, tornamo-nos cientes da obra de arte como uma possibilidade permanente de inspiração e prazer, enquanto, ao mesmo tempo, seus efeitos variados em gerações sucessivas ajudam-nos a entender de que modo estas diferiam umas das outras.

Recomendações

Permitam agora que eu faça sucintamente duas ou três recomendações além daquelas já feitas.

Toda espécie de História da Arte, não só da arte visual mas também da literária e musical, está propensa a prestar muita atenção ao "por que" e não obstante ao "como". O "por que" é sem dúvida uma indagação mais excitante porque nunca pode ir além de mera conjetura, impelida e colorida pelos preconceitos e paixões da época. Mas o "como" pode ser determinado de um modo que persuadirá a maioria dos estudiosos a concordarem quanto à sua probabilidade.

Nunca se deveria perder de vista o fator econômico. Não me refiro apenas às condições de uma sociedade como um todo, mas àquelas do indivíduo, ou do grupo, que encomenda um artefato de qualquer espécie. No mesmo lugar, ao mesmo tempo, a qualidade da arte produzida deve sempre ter dependido, como ainda depende, de quanto alguém pode ou quer gastar. Referi-me anteriormente ao caso das pinturas e estuques feitos para os cristãos antigos em Roma, bem como os de Isola Sacra fora de Ostia, onde libertos, escravos e outras pessoas humildes eram enterrados; e falei de como sua arte estava condicionada pela circunstância de que só podiam ter recursos para os artífices mais humildes. Eu poderia citar exemplo após exemplo da pintura do Quatrocentos onde o pintor produziria, do mesmo cartão-modelo, várias versões, mais ou menos autográficas, mas variando tanto em efeito ornamental a ponto de não sugerir nenhuma outra razão para a diferença do que o fato de que se pagava ao pintor mais por uma do que pela outra.

Enquanto reviso isto (setembro de 1946), as *Portas do Paraíso* de Ghiberti estão sendo limpas. Revelou-se que eram douradas. A porta de Andrea Pisano para o mesmo Batistério tem uma douração mais pesada. Isto provavelmente significa que no intervalo Florença tornara-se menos rica. Em Siena bem como em Constantinopla as pinturas e iluminuras polidas de ouro tornam-se mais pobres com o crescente empobrecimento.

Como acabei de me referir à relação entre artista e cliente, lembrei-me de protestar contra o absurdo, tão corrente em história romântica da arte, de dar por certo que o pintor ou escultor era responsável pelo tema de sua obra, e como conseqüência disso de começar a tirar conclusões no tocante ao caráter, às opiniões particulares e predileções do artífice. Na verdade, era o empregador que dava suas ordens como o faria com um carpinteiro, alfaiate ou sapateiro. O artista podia ser criador e pessoal na medida de sua capacidade natural e adquirida, mas sempre dentro das condições impostas pela pessoa que dava a ordem.

Protesto ainda contra outra falácia, que felizmente ocorre com mais freqüência em livros de Arquitetura do que nos de artes de representação. Os historiadores da Arquitetura estão propensos a confinarem-se estritamente a construções existentes e aos documentos escritos relativos a elas. Aqui também o fator econômico nunca deve ser esquecido. Por exemplo, alguns escritores nos dirão que a arte românica teve suas origens nos distritos em que as construções românicas ainda se espalham mais abundantemente. É mais provável que aqueles lugares fossem demasiado pobres ou, talvez demasiado indiferentes, para reconstruir em estilos góticos ou posteriores. Na verdade, o românico subsistiu nas partes menos prósperas e mais distantes da Ile-de-France, ou em Poitou e Vendée e nos distritos mais remotos da Espanha. Neste país, só umas poucas grandes catedrais não foram reconstruídas no estilo gótico. Na França, as regiões mais ricas fizeram o mesmo. Não posso lembrar de muitas catedrais inteira-

230

mente românicas na Normandia, Picardia, Ile-de-France ou Borgonha. Muitas abadias deixaram de ser reconstruídas no estilo gótico, o que significa que as comunidades monásticas não eram mais tão ricas como quando, indiferentes às despesas, construíram Cluny, Vézelay ou St. Benoit-sur-Loire.

A mesma falácia ainda devasta histórias baseadas apenas naqueles documentos que por acaso vieram à luz. Seus autores são como os estudiosos de Arquitetura que escrupulosamente se absteriam de especular como uma construção egípcia, grega, romana ou medieval pareceria quando completa, e nem mesmo admitem que tal interesse seja legítimo ou, como eles o chamam, "científico".

O protesto contra a teoria do *milieu,* tão virulento em minha juventude, não é mais necessário. Talvez ainda possa servir para produzir o oposto daquilo que Taine e sua escola esperavam. O exemplo clássico é Perugino, o mais árcade dos artistas, mas que viveu na cidade mais turbulenta e sanguinária da Itália e ele próprio um assassino. (Não ouvimos falar na sentimentalidade dos prisioneiros de Sing-Sing e de como se comovem com os personagens virtuosos de peças representadas para eles?) O mundo ocidental nunca viu arte mais extática do que em Siena do início do século XV. No entanto, Siena era naquele tempo notoriamente sensual, licenciosa e facciosa. Tomemos um exemplo mais recente e chamemos a atenção para o caso de Copley como descrito por James Flexner em seu livro interessante e instrutivo sobre os velhos mestres da América (The Viking Press, New York, 1939). Criado em um cais com uma frota sórdida muito próxima e marinheiros desordeiros em terra, isto só serviu para inspirar em Copley o horror pelo mar, e uma aversão por conduta selvagem ou meramente desordeira e maus modos de todo tipo.

Por razões análogas, eras de absolutismo como as de Luís XIV e o czarismo do século XIX podem produzir arte ou literatura excelentes ou ambas. Pode ser que seja para fugir da realidade, como Claude e Poussin na França, Perugino e Rafael em uma Itália de grandes e pequenas tiranias. Os povos prósperos e li-

231

vres não precisam de fugas e podem produzir menos obras-primas.

Agora uma palavra final a respeito da perícia do *connoisseur*. Se, como se supõe que Napoleão tenha dito, a História é uma fábula com a qual se está de acordo, a perícia do *connoisseur* é uma conjetura que passa sem oposição; não porque a conjetura seja razoável e plausível, mas porque os estudiosos acabam ficando entediados com determinado problema e o abandonam com silêncio irônico. O não-profissional poderia ficar chocado se soubesse que muitas de suas obras-primas favoritas da Antiguidade e de períodos posteriores passam sob nomes que permanecem incontestados porque ninguém está suficientemente interessado em desafiá-los.

Às vezes me pergunto, pensando na perícia do *connoisseur,* se não poderá vir um dia em que parecerá fútil discutir a atribuição das obras de arte como agora parece brigar por causa da atribuição de relíquias sagradas. No entanto, como podemos prosseguir reverenciando as relíquias pelo que significavam durante séculos para gente boa, tantos quadros medíocres, digamos *Beatrice Cenci* de Barberini, podem continuar a interessar-nos pelo culto que gozavam antigamente, mais do que por qualidades intrínsecas que não mais percebemos.

Eventos Significativos em História

Mais uns poucos parágrafos a respeito de História, à guisa de apêndice. A História é mais do que uma crônica do passado, um relato de qualquer e toda espécie de coisa que aconteceu através das eras. A História narra a sucessão ordenada de eventos significativos, e eventos significativos são aqueles eventos que contribuíram para fazer-nos o que somos hoje em dia.

Assim para nós europeus, onde quer que residamos ao longo das extensões cada vez mais reduzidas deste planeta, o que aconteceu na Antiguidade fora da bacia mediterrânea e de suas hinterlândias é quase sem importância. Havia artefatos na Índia antes que os mesopotâmios, aquemênidas e gregos, seguindo uns aos outros, trouxessem suas artes consigo. Sem dúvida havia arte na China, e bronzes, jades e esculturas em pedra magistrais foram produzidos durante pelo menos dois mil anos antes que os missionários budistas trouxessem arte indiana helenizada para a China, estimulando com isso seu povo para uma criatividade no campo da representação que eles não haviam antes logrado e, entregue aos seus próprios cuidados, poderiam nunca ter realizado. Os bárbaros do Norte contribuíram com muito do que era ornamental para o românico antigo. Artefatos de várias qualidades, alguns de grande interesse artístico, estão espalhados pela superfície da terra desde o Kamchatka ocidental até Singapura, desde as montanhas geladas da Groenlândia até os cabos tempestuosos da Patagônia, na África e nas ilhas do mar! Mas até as artes da China e da Índia, por mais extraordinárias e profundamente humanas e com histórias próprias dignas de toda atenção, não são história para nós europeus. Apenas na medida em que nós as influenciamos e as afetamos, e elas influenciaram e afetaram nossas artes, deveriam encontrar lugar em nossa história. Com relação à China, sua contribuição para nossas artes é modesta, reduzida a pouco mais que alguns padrões têxteis na Idade Média tardia e as *chinoiseries* em nosso século XVIII, e nada digno de ser mencionado chegou para nós da Índia. Além da possível influência, bastante tênue no relevo e escultura dos séculos IV e V, relembro apenas o modo com que certas figuras masculinas estão sentadas, com uma perna encolhida sob a coxa e a outra pendendo solta, com as quais nos deparamos apenas de vez em quando nas iluminuras do século XIV.

Na própria Europa, a História da Arte deve evitar aquilo que não contribuiu para a corrente principal, seja interessante, ou magnífico em si. Deveria excluir, por exemplo, a maioria da arte alemã e até a espanhola e a holandesa. Deveria estender-se cada vez menos na arte italiana de após Caravaggio, e acabar completamente nos meados do século XVIII com Solimena e Tiepolo. Afora Ribera, Murillo, Velásquez e Goya na Espanha, e Schongauer, Dürer e Holbein em terras ale-

233

mãs, os pintores destes países não estão nem na linha principal do desenvolvimento nem são de atração universal para os europeus cultos. Quanto à pintura holandesa, sua realização é imensa e com o velho, velho Hals, o velho Rembrandt e o requintado Vermeer, alcança alturas incomparáveis no retrato e gênero. Não obstante, persiste a dúvida quanto a saber se algum deste grande trio contribuiu muito para modificar o curso da arte européia — muito mais do que vemos e suspeitamos em retratistas ingleses como Sir Joshua e os paisagistas da escola Norwich. Muito menos pode a arte de retratar inglesa reivindicar um lugar proeminente na história que tenho em mente; e, exceto Constable, o mesmo é verdadeiro para a paisagem inglesa, por mais que devamos admirar a realização de ambos.

Os artistas que acabei de mencionar, salvo talvez Schongauer, Hals e Constable, deviam mais a seus precursores e contemporâneos italianos, e assim entram em nossa história. Então, como conceber Velásquez sem sua dívida primeiro para com os seguidores de Caravaggio, e depois para com Tiziano e Veronese? Há pouca pintura na Espanha, de Ribera a Goya, que não seja italianizada. Dürer, Rembrandt e Vermeer devem menos, embora o bastante para introduzi-los na corrente principal, mas os dois primeiros poderiam ter chegado a sua estatura sem a Itália. Não estou tão certo quanto a Vermeer.

Aventurar-me-ei agora a esboçar um perfil reduzido do que deveria ser a história das artes figurativas entre os povos mediterrâneos e atlânticos.

A egípcia e mesopotâmia, preparando o caminho para a grega arcaica. A mesopotâmia, gerando todos os fenômenos de arte na Ásia próxima, incluindo hati, hurrita, hitita, armênia; na Ásia Setentrional bem como Central, como a orda e a siberiana influenciando a chinesa pré-budista. A egípcia e mesopotâmia juntas geram a fenícia e a cipriota antiga.

A cretense-micênica, a grega quer arcaica, helenística, ou cristã até 1400 d.C. Por volta desta época a assim chamada arte bizantina está mumificada em pa-

234

drões rígidos em terras gregas e balcânicas, e em beleza pietista em territórios moscovitas.

A etrusca, a italiana de toda região, e a romana de toda província são ramificações da arte grega em suas fases sucessivas, com variações locais devidas à incompetência nativa. De mais ou menos 500 a 1200 de nossa era, na pintura em afresco e painel desde Wladimir, na parte mais setentrional da Rússia, até Cadiz no Sudoeste da Espanha, desde Bergen, perto do Círculo Polar Ártico, até a Trapani siciliana, predominou uma morfologia e iconografia quase uniformes. Ela é às vezes agradável no mundo cristão ortodoxo, e em geral desoladora na parte latina da Europa, com a exceção da arte otoniana na Alemanha, de escolas um pouco anteriores de desenho e tintura de Winchester e Tours, e de obras-primas esporádicas como os afrescos de San Vincenzo al Volturno sob Monte Cassino, a cripta de São Clemente em Roma, e o teto de Saint-Savin em Poitou. Por volta de 1100, contudo, começou um reflorescimento destinado a ser contínuo, tanto no Norte como no Sul, não só em pintura mas até mais vigorosamente em escultura. Desde então a escultura no Norte progrediu até as glórias de Toulouse, Saint-Gilles, Moissac, Chartres, Reims, Amiens, e, em época antiga, iniciou um movimento na Itália Setentrional que, juntando-se a Toscana com o gênio clássico de Niccolò Pisano e a inflexibilidade românica de Arnolfo (apesar da regressão causada pela perturbação gótica espalhada por Giovanni Pisano, o Michelangelo do Trezentos, que fatalmente enfraqueceu os escultores bem como os pintores), alcançou seu auge na primeira metade do século XVI. Sua força não estava completamente gasta nem antes da metade do século XVIII.

Na Europa Setentrional-Central e Ocidental começou um movimento independente afastado do gótico, por volta do Renascimento, aproximadamente em 1400. Na manifestação real ele parecia às vezes mais caligráfico e mais espargido do que nunca, mas já não era nada mais substancial, e dava a impressão de voltar ao vertical tentando drapejar com drapejamentos frágeis um cabide, nesse caso muito diagonal, e de dar à cabeça e à máscara mais modelação e verossimilhança.

Esta fase, chamada na pintura o "estilo internacional", ameaçou prevalecer em toda a Europa durante mais ou menos cinqüenta anos após 1400 e poderia ter acabado, se não fosse pela resistência vitoriosa dos Van Eyck vindos de Bruges e de Donatello e Masaccio de Florença, numa arte tão meramente ornamental, diagramática e convencional quanto a japonesa daqueles tempos e de épocas posteriores. Graças aos gênios que acabamos de mencionar, os toscanos não perderam tempo em superar esta ameaça, e até a arte franco-flamenga tomou uma direção, ganhou uma visão, que não só tornou possível os mestres e obras-primas dos séculos XV e posteriores na baixa Escócia e França, mas, com a contínua assistência da Itália, levou diretamente ao douto Poussin e às glórias ininterruptas da pintura francesa até Degas e Cézanne.

Devemos distinguir entre a história européia da arte e a história da arte em cada país europeu. Muito do que é interessante localmente, e apreciado de modo legítimo na Alemanha e Espanha, até na Holanda, alguns dos quais, como a paisagem holandesa, possuem qualidades intrínsecas da mais variada ordem, despejou pouco apenas na corrente da história da arte européia. Pode-se argumentar que bem na metade do século XIX os Ruysdael, Rembrandt e suas constelações influenciaram bem menos a pintura européia, exceto na escola Norwich, do que os Carracci e Domenichino, embora o valor artístico destes últimos não deva nem por um momento ser comparado com a poesia, o *pathos* e a paixão dos holandeses. Estes grandes holandeses não afetaram a arte de seus contemporâneos estrangeiros mais do que o fez o espanhol Velásquez. Foi preciso o século XIX para redescobri-los, embora mesmo então como inspiração, estímulo e justificação mais do que por orientação. De fato, a admiração revivificada e redescoberta raramente alcança o efeito da influência imediata e contínua.

Artes Exóticas

A fim de evitar mal-entendidos, permitam que diga enfaticamente que, pelos seus altos méritos, dou valor a várias manifestações de arte que não incluiria em minha história embora não desencorajasse o estudo de seu próprio desenvolvimento local, do que significavam para seus conterrâneos e do que significam para nós desde o tempo em que as descobrimos e começamos a entendê-las e apreciá-las. No entanto, é melhor deixar que a arte alemã, holandesa e espanhola sejam estudadas pormenorizadamente pelos nativos destas províncias. Se eles exageram a realização de seus artistas e o valor de sua própria erudição, sem dúvida o trabalhador é digno de seu salário. Podemos desprezar suas estimativas e escolher o que é para o bem de nossas almas, bem como para o deleite do momento.

A questão das artes exóticas é mais complicada. Não tenho tanto em mente as criações dos povos e tribos que vivem no que ainda nos agrada chamar de "um estado da natureza", negros, pardos e cinzentos africanos, polinésios e melanésios, como das nações com histórias civilizadas como indianos orientais, chineses e japoneses, persas islamíticos, bem como tribos proto-históricas como as da América Central, que permaneceram neolíticas ou na idade do bronze até poucos séculos atrás.

Comparada com a nossa arte dos últimos sessenta séculos com sua variedade infinda de tema, de material, de espécie e qualidade, qualquer outra arte, inclusive a chinesa, é limitada. Tive a boa sorte de ser uns dos primeiros a sentir a beleza das várias artes exóticas e a encorajar colecionadores, negociantes e amadores a dar-lhes atenção. A arte chinesa, em particular, fascinou-me numa época em que um *connoisseur* como Solomon Bing recusava-se a acreditar que ela absolutamente existia à parte de porcelana, lacas e *chinoiseries*.

Até a chinesa, sem dúvida a mais valiosa de todas as artes de fora de nossos limites, pode oferecer aos estudiosos da representação visual apenas sua paisagem, como uma realização que nossos pintores não igualaram ou ultrapassaram — sua paisagem tão cênica, tão contemplativa, tão nostálgica, tão diferente das paisagens cartográficas flamengas e italianas do Quatrocentos ou das crescentemente naturalistas dos holandeses, ingleses

237

e flamengos do século XVII, que culminam em Cézanne.

As artes exóticas logo cansam. Como acontece com as teosofias iogue, masdeísmo e atrações semelhantes, é o anseio pela mera diversidade que nos arrasta para elas mais do que qualquer superioridade única delas próprias. Nem podemos devotar-nos com proveito ao estudo intensivo delas. Em primeiro lugar, não podemos admitir que a arte visual de um povo possa ser plenamente apreciada sem uma familiaridade íntima com sua língua, literatura, pensamento e história. Sentindo vagamente sua incapacidade de apreciar a arte chinesa como arte, os filólogos tornaram-na assunto de simples iconografia. Já foi feito um protesto contra isso por Yukio Yashiro, o único estudioso do Extremo Oriente que conhece nossos métodos, compreende nossos valores, e no entanto como um japonês possui tudo que é necessário para entender a arte chinesa como arte, e indigna-se com sua degradação a mero tema da mesma forma que nos indignamos com tratamento semelhante à arte grega e à arte mais recente.

Com que rapidez chegamos ao fim da arte bizantina que foi redescoberta tão recentemente! Seu repertório é limitado em extensão: pinturas, ou mosaico, afresco, painel, ou iluminura; e ainda mais em marfins, esmaltes, têxteis e outros artefatos. Ela é preciosa, refulgente, monótona. Acaba por volta de 1200 como um deslumbrante caixão de múmia que encerra os restos de uma arte morta. Pouco mais pode ser dito da arte persa islamítica e de todas as artes "árabes", apesar de importância exagerada dada recentemente a ambas. Elas devem eventualmente encontrar o seu lugar. Mas não será no centro do palco.

A arte de todo povo é agora acessível em exemplos originais trazidos de toda parte para toda parte, e reproduções dela que chegam cada vez mais perto da perfeição podem ser compradas a preços cada vez menores. O anseio faminto por satisfação visual está sendo finalmente acalmado, até saciado. Em parte com os atuais jornais ilustrados que reproduzem não só os artefatos recentes e contemporâneos trazidos por exploradores; em parte com o crescente material que pelo mundo inteiro está sendo quase que diariamente recuperado do passado, não seria de surpreender se uma reviravolta se seguisse da luxúria de olhar onívoro, da panóptica miscelânea confusa com a qual estamos nos deliciando gulosamente hoje em dia.

Para mim, e para aqueles que pensam da mesma maneira que eu, tal reviravolta seria bem-vinda. Está de fato acontecendo atualmente e é responsável pela rebelião contra as configurações clássicas, pelo culto do deformado, do incôngruo, do absurdo e a volta ao geométrico. Em última análise, esta reviravolta pode conduzir ao ver seletivo e permitir-nos dirigir e treinar os especificamente talentosos para distinguirem entre arte e artefato, entre ilustração e informação visual, entre criação e imitação. Pode levar-nos a vislumbrar em que nível de cultura, ou civilização material, qualquer objeto dá satisfação, e a diferenciar a gratificação de mera curiosidade e a pesquisa das satisfações que são sistemáticas, tônicas e artísticas.

Longe de ser simples exposição de dados, talvez sem nenhum outro princípio de ordem do que um geográfico ou cronológico, a História da Arte está em posição de lucrar com toda crítica, biografia, pesquisa documental e científica que podem ser empregadas, desde que o princípio seletivo de valor permaneça em controle vigilante.

A História, estamos de acordo, não deveria ser mera crônica, meros dados, mera *res gestae,* meros eventos como eventos, não importa qual seja sua natureza ou propósito. Tampouco deveria a História ser explorada e abusada como saber cabalístico de onde extraímos justificação para os absurdos e paixões do momento. A História é uma narrativa que os fatos não podem refutar, e como qualquer outra arte, inclusive toda fase e forma de literatura, deve ser enriquecedora, ampliadora, intensificadora. A História realiza isso, exatamente como os valores táteis, o movimento e a composição o fazem nas artes visuais, remontando à origem dos processos de ação, tornando-nos cientes de seus momentos significativos e articulações vitais, fazendo-nos demorar neles. Em vez de passar por cima deles, ou ignorá-los totalmente como o fazemos em nossa vida diária, a História deveria dirigir-nos para a retomada do passado naqueles pontos que lembramos e apreciamos de modo mais alegre, da mesma maneira que como indivíduos deleitamo-nos ao sermos repentinamente inundados e dominados por memórias de nossos anos mais antigos e mais prazerosos, quando cada um de nós descobria a vida como o "intrépido Cortez" descobriu o Pacífico, um universo de magia, mistério e possibilidades ilimitadas.

Em outras palavras, a História da Arte é obrigada a apresentar não somente que artefatos eram oferecidos a determinada comunidade em determinado momento para olhar, o que ela acolheu talvez com curiosidade excitada, o que aprovou e desaprovou, o que se acostumou a ver e gostar, e acabou defendendo contra novidades invasoras. Isso não é bastante. Como a história político-social, melhor chamada história humana, a História da Arte não deveria estender-se demais em ondas de moda, ventos de doutrina, ou nas divagações do primitivismo, mas deveria escolher e apresentar os momentos mais enriquecedores, demorar-se em aquisições permanentes, e torná-las acessíveis e inteligíveis. Visto que, contudo, a História da Arte lida, não com os eventos que estão acabados, irrecuperáveis e eternos, mas com criações que ainda estão conosco, sua atividade deveria ser explicar o valor, a importância, a transcendência até dos maiores momentos como ainda são representados por obras-primas soberanas. Outros artefatos sobreviventes têm de ser subordinados, e devemos nos estender neles, se absolutamente, apenas na medida em que servem para ligar momentos de esplendor e levar até eles — bem como, infelizmente, afastar deles. Assim, em última análise, a real História da Arte e a real Crítica da Arte revelam ser quase idênticas.

Só que deveríamos tentar manter claras e distintas a história da humanidade em geral (que abrange todos os outros ramos da História) e a História da Arte. Deveríamos deter-nos na arte, e não fugir do assunto para campos culturais, econômicos, sociológicos, religiosos e literários — aconteça o que acontecer, sem saber o que estamos fazendo. Deveríamos fazer isso só enquanto colhemos materiais com os quais esclarecemos e interpretamos os grandes mestres e obras-primas específicas.

No curso do livro para o qual este ensaio é um prefácio, estaremos investigando o que aconteceu às artes visuais, e em particular às artes de representação visual, durante seu declínio, quando perderam primeiro a forma, depois a composição e finalmente a própria configuração. Seguiremos este processo até a degeneração quase total da arte representativa nas puerilidades e cruezas frouxas do período designado, em várias partes do que era antes o mundo antigo, como copta, merovíngio, saxão, lombardo, croata, etc. Segui-lo-emos com interesse mesmo com alacridade, mas com cuidado para não nos hipnotizarmos com ilusões sobre o valor artístico dos fenômenos que prendem nossa atenção. Não perderemos de vista o fato de estarmos absorvidos no estudo da arte não saudável mas doente, em outras palavras, de estarmos investigando a patologia da arte. Como em todas as decadências, deparar-nos-emos com momentos de aparente suspensão e até convalescência. Eles se tornarão cada vez mais raros, até que finalmente, quando tudo parece acabado, inicia-se uma melhora real, contínua, ganha força e leva à recuperação. Então, e só então, podemos esperar encontrar a crescente promessa de arte como distinta de artefatos, e produtos de valor permanente — quero dizer intrínsecos — independentemente do interesse que resulta do seu estabelecer-se em lugar e tempo. Então nossa tarefa perderá o aborrecimento de um dever desagradável mas imperativo, e transformar-se-á na felicidade que acompanha a atividade criadora e a esperança de progresso irreprimido.

CONCLUSÃO

Os leitores que me seguiram até este ponto poderão dizer: "O escritor baseia suas noções, preconceitos e descontentamentos nas artes derivadas da grega, e sempre com um pendor para o plástico, uma preferência pelo linear, uma busca do contorno, exatamente como sua inspiração brota do helenismo puro e seus anseios tentam alcançá-lo".

Não deveria defender-me muito vigorosamente contra essa acusação. Gostaria, contudo, que fosse entendido que por "helenismo" não quero dizer a condição da sociedade entre dois mil e quinhentos e mil e quinhentos anos atrás, penso antes na atitude para com o universo, na abordagem da vida, nos valores e metas acalentados pelos pensadores, artistas e homens de ação daqueles dez séculos no mundo de língua grega. O helenismo não é um estado fixo de coisas, mas uma trilha, um caminho, uma tentativa de alcançar uma humanidade que estão tão distante do caos quanto pode ter êxito em pairar acima e além da "natureza". Nunca se rebelará contra a "natureza" através do niilismo ou desespero, como pregaram as religiões ascéticas, instituindo ideais irrealizáveis e padrões não-práticos. O helenismo não nega ou mesmo execra o animal no homem. Humanizá-lo-ia.

A arte, no sentido mais amplo da palavra, é o instrumento que o helenismo usou e usaria para esse propósito. Todas as artes, a Poesia, a Música, o ritual, as artes visuais, o Teatro, devem trabalham individualmente e juntas para criar a arte mais inclusiva de todas, uma sociedade humanizada, e sua obra-prima, o homem livre: livre dentro e livre fora, pronto, nas palavras imaculáveis de Goethe, para viver varonilmente no todo, no bom e no belo. [1]

A arte que, nunca desobedecendo às suas próprias leis, se esforça por cumprir essa missão, é normal, é clássica. É a arte-padrão para a qual nós, europeus, no curso da história, sempre voltamos após não importa quais ocultações, decadências, aberrações e rebeliões. Hoje em dia estamos no meio de uma decadência que, como todas as decadências culturais, ignora seus sintomas e imagina euforicamente que está revolucionando o mundo quando está apenas brincando de bebê, chutando, berrando e quebrando, ou borrando e amassando com tinta e barro. Cada um admira seus próprios produtos extaticamente, e cada um acredita que está iniciando uma nova época.

A arte européia em linha direta de sucessão da grega, isto é, a arte clássica, é o que é porque, após tatear milhares de anos, a humanidade, encabeçada pelos helenos, conseguiu descobrir que canais de expressão, que moldes de forma correspondiam melhor à nossa constituição anatômica, fisiológica e psicológica.

---

(1) "Im Ganzen, Guten, Schoenen resolut zu leben..." *Gesellige Lieder, Generaibeichte.*

Enquanto o homem tiver dois olhos, dois ouvidos, dois braços e duas pernas, mas um jogo de órgãos vitais, um coração, um estômago, e assim por diante, ele tenderá a voltar para um meio, para o clássico, não importa quanto possa cambalear para trás e para frente, para a direita e para a esquerda como o anão chinês.

Podemos rejeitar cada obra-prima isolada criada pelas artes nas gerações recentes ou no total de sessenta e poucos séculos durante os quais a arte, como distinta de artefato, estava sendo criada. Podemos talvez conseguir livrar-nos de todos os conceitos, fatos, idéias lembrados do passado recente bem como do remoto. Podemos jogar fora toda herança mental que a consciência prezou. Quando fizermos isto, onde estaremos? O que aconteceu conosco? Permanecemos incapazes de pronunciar uma palavra que não tenha suas raízes profundamente enterradas no mais remoto passado. Não podemos abrir nossos lábios sem sermos usados como um porta-voz por miríades e miríades de mortos. Somos pouco mais do que um disco que grava e reproduz tradições que nenhuma consciência pode sondar, tradições depositadas durante inúmeros milhares de anos em nossa estrutura anatômica e fisiológica, em nossos tecidos, em nossos sistemas nervosos e glandulares. No entanto, fantasiamos que estamos livres para começar outra vez como o homem o fez há centenas de milênios. Naquela era remota ele teve de lutar apenas contra outras bestas selvagens, e contra as invenções de seu próprio cérebro. Agora precisa seguir a rotina das forças mecânicas que ele próprio construiu, mas das quais, agora que elas o dominam, não se pode libertar. Pode ainda viver até lastimar a facilidade com a qual deitou fora as tradições conscientes que operavam para humanizá-lo. Pode vir a suspirar pelo que deveria ter sido um americano, um inglês, um italiano, um francês, um alemão nos anos em que nossa civilização parecia tão segura, e seus alicerces cravados tão profundamente no passado, que não poderíamos imaginar a possibilidade de serem sacudidas.

Para sumariar este ensaio em poucas palavras:

A história é a estória de como o homem está sendo humanizado.

A História da Arte é a estória daquilo com que a arte contribuiu para esse fim.

Nenhuma história pode ser escrita sem valores axiomáticos, conscientemente manifestos, ou inconscientemente supostos.

Os valores não podem existir sem um avaliador. Não conhecemos nenhum avaliador, exceto o homem.

Os valores humanos dependem de nossa constituição física, do modo que nosso cérebro, ventre e membros agem, e das exigências feitas pelas necessidades, apetites e impulsos que eles causam. É com esses que temos de tratar se quisermos chegar a qualquer entendimento dos valores. A Metafísica, as construções lógicas, otimistas ou pessimistas, os pesadelos filológicos, os contos de fadas históricos têm pouca influência nos fundamentos da natureza humana, em seus anseios, seus ideais, suas satisfações. A meta final da humanidade é a satisfação, porém não a satisfação em qualquer plano, mas no mais alto plano atingível em determinado momento por indivíduos capazes, através de talentos bem como de números, por causa de sua qualidade bem como quantidade, não só de inspirar mas de conduzir o resto da humanidade para a meta desejada.

ÍNDICE

Abbate, Niccolò dell', 142.
Acab (Rei), 161.
Adriano VI, Papa, 184.
Agostinho, S., 156.
Alcâmenes, 187.
Alexandre (o Grande), 135, 158, 181, 219, 220.
Allori, 112.
Aristóteles, 78.
Antokolskij, 162.
Antonello, 54.
Antoniazzo, 177.
Antonio Florentin, 141.
Apeles, 73, 210.
Aristtóeles, 78.
Arnold, Matthew, 124.
Arnolfo, 235.
Arriano, 135.
Augusto, Imperador, 179.

Bach, J. S., 124, 188.
Baldovinetti, 88.
Balfour, Arthur, 132.
Balzac, 124.
Barberini, 186, 232.
Basaiti, 186, 221.
Basílio, S., 126.
Batoni, 178.
Baudelaire, 100, 102, 195.
Beerbohm, Max, 128.
Beethoven, 114, 124, 223.
Bellini, 55, 88, 118, 147, 185, 186, 191, 204.
Belloto, 87.
Bergson, Henri, 61, 228.
Berlioz, 124.
Bernardo, S., 129.
Bernini, 119.
Besnard, 79.

Bing, Salomon, 237.
Bissolo, 186, 221.
Blake, 192, 216.
Blanche, Jacques-Émile, 102.
Blochet, 102.
Bode, 102.
Boltraffio, 186.
Bonnat, 198.
Bonneuil, Étienne de, 171.
Bosch, 92.
Botticelli, 80, 95, 102, 119, 138, 186, 193, 207, 215, 218, 222.
Boucher, 80.
Bouguereau, 215.
Bouts, Dierick, 88.
Brahms, 124.
Bramante, 119, 146.
Bramantino, 120.
Brescianino, Andrea del, 48.
Breughel, 92, 94.
Brouwer, 92.
Browning, 125.
Bruckner, 124.
Bruno, Giordano, 19.
Burckhardt, 102, 193, 225.
Burne-Jones, 218, 220.
Butler, Samuel, 99.
Byrd, 188.
Byron, 32 n.

Canale, 87.
Capart, Professor, 172.
Caravaggio, 142, 219, 233, 234.
Cariani, 186.
Carlyle, 210.
Carpino, Giovanni da Pian del, 22.
Carracci, 42, 119, 236.
Castagno, 141.
Catena, 56, 221.
Catulo, 220.
Cavalcaselle, 22.
Cavallini, Pietro, 176, 177.
Cavenaghi, Luigi, 206.
Cellini, 142.
César, 220.
Cézanne, 64, 80, 85, 87, 88, 105, 192, 205, 219, 236, 238.
Chagall, 162.
Chardin, 105.

Chaucer, 124.
Cimabue, 138, 188.
Claude Lorrain, 85, 94, 119, 205, 219, 231.
Claudiano, 108.
Clemente (Alexandrino), 180.
Constable, 85, 88, 119, 205, 234.
Conte, Jacopino del, 178.
Copley, 231.
Corot, 119.
Correggio, 80, 222, 227.
Cossa, 120.
Creighton, Bispo, 48.
Croce, Benedetto, 15, 17.
Cúrcio, 135.

Daddi, Bernardo, 141.
Dali, 215.
Dante, 124.
David, 119.
Davi, Rei, 94, 211.
Degas, 64, 80, 105, 136, 218, 236.
Delacroix, 67, 94, 100.
Demócrito, 188.
Descartes, 26.
Desidério, 177.
Dolci, Carlo, 94.
Domenichino, 119, 236.
Donatello, 56, 141, 177, 238.
Dürer, 19, 85, 105, 115, 142, 147, 168, 186, 192, 224, 233, 234.
Dvorák, Max, 25.

Eastlake, Charles, 212.
Eckermam, 100.
Empédocles, 86.
Enoque, 211.
Epstein, 162.
Ercole Roberti, 220.
Escopas, 187.
Eudóxio, 162.

Falconet, 205.
Falke, von, 102.
Faulkner, William, 26.
Fídias, 19, 76, 136, 187, 205, 212, 219.
Filarete, 56.
Filippino, 186, 187.

248

Filippo, *ver* Lippi.
Filo, 162.
Flaxman, 94.
Flémalle, Mestre de, 187.
Flexner, James, 231.
Forain, 218.
Foucher, 102.
Fouquet, 136.
Fromentin, 102.
Fry, Roger, 55.
Furnival, 149.
Fuseli, 216.

Gaddi, 89.
Galileu, 26.
Gauguin, 80.
Gentile da Fabriano, 88.
Géricault, 94.
Ghiberti, 52 n, 56.
Ghirlandaio, 186.
Giambellino, 121.
Giambologna, 142.
Gibbon, 210.
Giordano, Luca, 42.
Giorgione, 80, 88, 94-96, 102, 118-119, 169, 187, 191-193, 220-221, 224.
Giotto, 57, 73, 89, 94, 108, 112, 133, 188.
Giovanni di Paolo, 147.
Giulio Romano, 89, 112, 171, 184, 186, 223.
Gluck, 124.
Goebbels, Joseph, 195.
Goes, van der, 88.
Goethe, 36, 44, 100, 124, 133, 178, 192, 195, 244.
Gogol, 27, 124.
Goodyear, 225.
Gorki, 27.
Goya, 89, 143, 233.
Greco, 42, 80, 142, 168.
Greuze, 94.
Grousset, René, 180.
Guardi, 120.
Guardini, Romano, 103.
Guido, *ver* Reni, Guido.
Guilhamus, 184.
Gundolf, 103.
Guilherme de Ruysbroeck, 22.

Hals, Frans, 79, 94, 105, 234.
Heemskerk, 142.

Hegel, 34.
Hemingway, Ernest, 26.
Heráclito, 228.
Herder, 205.
Herodes, 162.
Heródoto, 157, 210.
Herzfeld, 158.
Hitler, 184.
Holbein, 220, 233.
Holderlin, 124.
Homero, 108, 114, 164, 188, 196, 211.
Honnecourt, Villard de, 171.
Hsia Kwei, 119.
Hugo, Victor, 195.
Huizinga, 51.
Humbolt, Wilhelm von, 126.
Hunt, Holman, 80.

Ictino, 219.
Ingres, 80, 119, 136.
Iotino, 213.
Isaías, 187, 211.

James, William, 32.
Jameson, Mrs., 101.
Jordaens, 80, 89, 94.
Joyce, James, 92, 104, 185.

Kalgren, 102.
Kant, 220.
Keats, 124.
Koninck, 119.
Kulmbach, 89.

Lamartine, 195.
Lampi, 178.
Laszlo, 198.
Lautrec, *ver* Toulouse-Lautrec.
Lenbach, 218.
Leonardo, 67, 82, 84, 133, 141, 168, 169, 184, 186, 221, 222.
Leoni, Leone, 142.
Lessing, 19.
Leucipo, 188.
Liebermann, 162.
Lindsay, 101.
Lippi, Filippo, 141, 186, 215, 220, 222.
Lippmann, Walter, 132.
Lisipo, 50, 187.
Lisle, Leconte de, 195.

Ljeskow, 124.
Lorenzetti, 147.
Lorenzo, Bicci di, 215.
Lorenzo, Neri di 215.
Lucas van Leyden, 89, 147.
Luini, 222.

Macaulay, Lord, 210.
Magnasco, 42.
Mâle, Emile, 102.
Malouel, Jean, 51.
Manes, 157.
Manet, 80.
Mantegna, 120, 186, 220.
Marconi, Rocco, 186.
Martini, Simone, 108, 141.
Masaccio, 54, 57, 94, 112, 184, 198, 215, 236.
Matsulevich, 102.
Matteino da Viterbo, 141.
Mazo, del, 187.
Melzi, 186.
Merlin, 211.
Messel, 162.
Mestre do *Cavaleiro Tártaro*, 119.
Michelangelo, 15, 42, 57, 80, 84, 94, 112, 114, 119, 133, 136, 142, 146, 168, 178, 183-185, 189, 191, 204, 216, 219, 220-221, 226.
Michelet, 210.
Michelozzo, 141.
Michiel, Marcantonio, 95.
Millais, 218.
Milton, 124.
Míron, 187, 205.
Modigliani, 162.
Morales, 94.
More, Paul Elmer, 32.
Morelli, 187.
Moortgat, R., 172.
Mozart, 124, 148, 223.
Murasaki, Lady, 27.
Murillo, 233.
Mussorgsky, 148.

Napoleão, 179, 219-220, 232.
Nerval, Gérard de, 95.
Nícias, 51.
Nonnus, 164.

Orígenes, 180.

Pacher, 142.
Palladio, 146.
Palma (Vecchio), 221.
Pannini, 87, 120.
Panormita, 164.
Pater, 102, 103, 192.
Patinier, 88.
Paulo, S., 188.
Pausânias, 44.
Penni, Francesco, 186.
Peônio, 50.
Pergolesi, 124.
Perugino, 85, 119, 169, 191, 223, 231.
Pesellino, 222.
Petrônio, 129.
Pierin del Vaga, 178, 186.
Piero della Francesca, 96, 112, 133, 138, 141, 220.
Píndaro, 50, 112.
Pio V, 41.
Pippi, Giulio, 176.
Piranesi, 120.
Pisanello, 198.
Pisano, Andrea, 230.
Pisano, Giovanni, 235.
Pisano, Niccolò, 235.
Pissarro, 162.
Platão, 37, 73, 78, 100, 125, 164, 188, 228.
Plínio, 44, 178.
Plotino, 125.
Plutarco, 49, 135.
Policleto, 205.
Polignoto, 19, 210.
Pollaiuolo, 57, 85, 88, 186, 191.
Pontormo, 67, 147.
Poussin, 119, 231, 236.
Praxíteles, 50, 51, 187.
Predis, 186.
Primaticcio, 142.
Proclo, 164.
Procópio, 108.
Protógenes, 73.
Pseudo-Francesco Fiorentino, 222.
Purcell, 188.

Rabelais, 92.
Racine, 105, 124.
Raeburn, 119.

Rafael, 15, 19, 85, 89, 90, 94, 118-119, 133, 168-169, 178, 184-185, 217, 223.
Ranke, Leopold von, 39.
Rastrelli, 178.
Rembrandt, 54, 55, 56, 75, 79, 80, 85, 94, 105, 118, 119, 142, 187, 197, 205, 219, 224, 234, 236.
Reni, Guido, 75, 94.
Renoir, 56, 80.
Reynolds, 55, 119, 234.
Ribera, 133, 134.
Rivera, 196.
Richepin, 104.
Riegl, Alois, 167, 224, 225.
Rimski-Korsakov, 148.
Rio, 101, 133, 186.
Rivière, Jacques, 145.
Robert, Hubert, 120.
Roberti, *ver* Ercole Roberti.
Rodin, 174.
Rogier van der Weyden, *ver* Weyden.
Rolle, 79.
Romano, Giulio, *ver* Giulio Romano.
Roentgen, 203.
Ross, Denman, 55, 212.
Rosselli, Cosimo, 215.
Rossellino, 177.
Rossetti, 218.
Rosso, 67, 142.
Rostovtzeff, 84, 96, 162.
Rothenstein, 162.
Rousseau, Jean-Jacques, 117, 223.
Rousseau, Théodore, 119.
Rubens, 54, 80, 84, 89, 142, 220, 221.
Ruskin, 22, 101, 133, 193, 202, 222.
Ruysdael, 119, 205, 236.

Sainte-Beuve, 36.
Salomão, Rei, 211.
Salviati, 67, 112, 178.
Sangallo, 146.
Sanmichele, 146.
Sannazzaro, 164.
Sarto, Andrea del, 142, 221.
Sansovino, Jacopo, 146, 221.

Santayana, George, 103.
Sargent, 55, 198, 218.
Sarto, Andrea del, 142, 21.
Sassetta, 55, 88, 136.
Savoldo, 121.
Schiller, 124.
Schmarsow, August, 85.
Schongauer, 233.
Scorel, 142.
Scott, Geoffrey, 124.
Sebastiano, 187.
Seghers, 85, 119.
Seleuco, 178.
Shakespeare, 94, 103, 124, 149, 188.
Shelley, 95, 120, 124, 192.
Signorelli, 119, 136.
Sluter, 51.
Sócrates, 103, 188.
Solimena, 233.
Soutine, 162.
Stálin, 184.
Stein, Gertrude, 104.
Steinbeck, John, 26.
Stevens, Alfred, 220.
Strzygowski, Professor, 24, 25, 153, 158.
Sully-Prudhomme, 195.
Sung, Mestres, 85, 119, 136.
Sustris, 142.

Tácito, 210.
Taine, 193, 231.
Talleyrand, 24.
Tasso, 124.
Tertuliano, 180.
Thompson, Daniel, 212.
Tiepolo, 143, 233.
Tintoretto, 42, 55, 79, 80, 118, 121, 220, 221, 236.
Tiziano, 42, 54, 79, 88, 94, 95, 118, 120, 121, 142, 146, 169, 187, 191, 205, 217, 220, 234.
Torrigiano, 142.
Toulouse-Lautrec, 218.
Treitschke, 210.
Tura, 220.
Turner, 85, 119.

Uccello, 79.

251

Valéry, Paul, 103.
Van Dyck, 118-119, 121, 142.
Van Eyck (s), 54, 85, 88, 121,
187, 198, 236.
Vasari, 57, 73, 112, 178, 225.
Velásquez, 42, 55, 56, 75, 80,-
105, 113, 118, 142, 168,
187, 221, 233, 234, 236.
Verlaine, 195.
Vermeer, 55, 142, 234.
Veronese, 79, 80, 113, 118,
234.
Verrocchio, 57, 120, 169, 180,
222.
Viollet-le-Duc, 202.
Virgílio, 108, 179, 211.
Vito Battaglia, Silvia de, 227.
Vivarini, Alvise, 186.
Voltaire, 26, 210.
Vries, Adrian de, 142.

Wagner, 114, 189, 223.
Watteau, 96, 105, 119, 224.
Watts, G. F., 119, 136.
Weyden, Rogier van der, 88,
187.
Whistler, 36.
Wickhoff, Franz, 28, 95.
Wilde, Oscar, 36.
Winckelmann, 43, 205.
Woelfflin, 102, 225.
Wolfe, Thomas, 26.
Wordsworth, 124.

Yukio Yashiro, 238.

Zola, 129.
Zorn, 79.
Zuccari, 142.

ÍNDICE DE ASSUNTOS

Absoluto, o, na arte, 16.
Alemanha, irracionalismo na,
31.
Anonimato, 189.
Arqueologia, 224.
Arquitetura, 32-33.
Arte
arte européia propriamen-
te dita, 233-234.
belas-artes e artes meno-
res, 58-59.

como reino, 20-21.
como forma, 28.
como modelo para a rea-
lidade, 217-219.
e artistas, 220.
economia da, 230.
e filosofia, 102, 103.
eventos significativos na
história da, 232-236.
função da, 131-132.
história e prática da, 205-
-207.
história especificamente,
209-241.
humanizando o homem,
106-108.
identificação de obras de,
106-107.
inadequada para propa-
ganda, 196.
limites do visual, 113.
sem necessidade de tra-
dução, 49.
Artefatos, 32, 36, 48, 59, 61,
68, 69-70, 73, 74, 77, 171,
223, 238, 240, 241.
Artes figurativas, fundamentos, 74, 75.
história das, 234-236.

Beleza, 37-38.
Bizantina, arte, 22, 54, 59,
100, 123, 176, 234, 238.

Características geográficas,
194-195.
Chinesa, arte, 21, 75, 147,
153, 158, 161, 233, 337,
338.
Clássica, arte, 244.
Cor, 76-82.
e pigmento, 80.
de escultura, 51, 52.
subordinada à forma, 79.
um "pobre imitador", 79.
Composição, 84.
Conclusões na crítica de arte,
59-61.
Connoiseur, perícia do, 232.
Conquistas da mente, 140-143.
Criação, inconsciência da, 99-
-101.

Cristã antiga, arte, 86, 87, 102, 179-181.
Cronologia, 225-227.

Decoração e ilustração, 20, 21.
Diversidade, 137-140.

Efígie e o retrato, 196-198.
Enriquecimento, 59-61, 91, 101, 105, 134-137, 197, 239.
Esboços, 203, 204.
Escultura, 32, 33.
Espaço, composição do, 84-87.
Espontaneidade da criação, 15.
Estilo, 143-147.
Exótica, arte, 74, 75, 236-241.
Expressão facial, 92, 93.
Expressionismo, 194.

Florentina, arte, 140, 143.
Forma e configuração geométrica, 60-62.
Fotografia, 198-205.
Fronteira, arte de, *ver* Periférica, arte.
Fundo dourado, 121, 122, 230.

Geistesgeschichte, 25, 26, 215, 216, 227, 228.
Glória, história da, 227, 228.
Gótica, escultura, 76, 194, 195.
"Gozar" a arte, 20.
Grande pirâmide, 54.

Helenismo, 243, 244.
Helenística, arte, 152, 155-168, 181, 182.
História, 151-207.
  como narrativa, 239-240.
  da humanidade, 239-241.
  influência da, 151, 161.
  pesquisa na, 213.
  verdade na, 40-42.
Humanismo, 24, 48, 49, 124-128.

Identificação.
  como experiência mística, 69, 70.
  no "momento estético", 82.
  possibilidade de, como critério de arte verdadeira, 59-61.
Ilustração, 89-109.
  apresentação de padrões, 97-99.
  como distinta de decoração, 89.
  como ficção crítica, 122-128.
  como representação, 104-109.
  sua autonomia, 93-97.
Impressionismo, 27.
Incôngruo e o grotesco, 91, 92.
Interpretação, futilidade da, 95-97.
Intérpretes e o artista, 99-102.

Judeus e a arte visual, 161-168.

Linha funcional, 72.

Marginal, arte, *ver* Periférica, arte.
Materiais, 50-59.
Mediterrânea, arte, 181.
Milieu, teoria de, 231.
Mitos visuais, 89, 90.
Momento estético, 82.
Movimento, 68-74, 75, 76, 239, 240.

Nacional, arte, 193-196.
Negra, escultura, 46, 74, 75, 130, 131, 211.
Novidade, 137-140.
Nu, 83, 84, 159-161, 191.

Obras de arte, atitudes sucessivas para com as, 227-229.
Originalidade da incompetência, 168-172.
  como moda, 190.
Paisagem, 87, 88.
Patologia da arte, 241.

253

Periférica, arte, 172-175.
Personalidade, problema da, 182-193.
  cívica, 18, 220, 223.
Pesquisa, valor da, 212-214.
Primitiva, arte, 74, 75.
Proporções, 83.

Racismo na apreciação da arte, 24, 25.
Realismo, 128-131.
Reprodução, 15.
Restauração, de pinturas, 206, 207.
  protesto contra, 147-149.
Retrato, 196-198, 234.
Roma, 175-177.
Romana, arte, 177-179.
Ruínas, como tema de arte, 120, 121.

Seleção, na arte visual, 114.
Sensações ideadas, 65-68.
Significação, material e espiritual, 111-122.
Sistematização, perigos da, 34.

Táteis, valores, 61-64, 74-76, 239.
Técnica, 57, 58.
Totalitarismo, 29, 30.
Tradição, mais importante do que a herança, 195, 196.

Valor, 39-89.
Visual, arte, capacidades da, 90, 91.
Volk e indivíduo, 224.

ESTÉTICA NA PERSPECTIVA

Obra Aberta
Umberto Eco (D004)

Apocalípticos e Integrados
Umberto Eco (D019)

Pequena Estética
Max Bense (D030)

Estética e História
Bernard Berenson (D062)

O Kitsch
Abraham Moles (D068)

A Estética do Objetivo
Aldo Tagliaferri (D143)

Ironia e o Irônico
D. C. Muecke (D250)

A Estrutura Ausente
Umberto Eco (E006)

As Formas do Conteúdo
Umberto Eco (E025)

Filosofia da Nova Música
Theodor W. Adorno (E026)

Sentimento e Forma
Susanne K. Langer (E044)

A Visão Existenciadora
Evaldo Coutinho (E051)

O Convívio Alegórico
Evaldo Coutinho (E070)

Ser e Estar em Nós
Evaldo Coutinho (E074)

A Subordinação ao Nosso Existir
Evaldo Coutinho (E078)

A Testemunha Participante
Evaldo Coutinho (E084)

A Procura da Lucidez em Artaud
Vera Lúcia Gonçalves Felício (E148)

O Fragmento e a Síntese
Jorge Anthonio e Silva (E195)

A Arte Poética
Nicolas Boileau-Despréaux (EL34)

Este livro foi impresso em São Paulo,
nas oficinas da Graphium Gráfica e Editora, em abril de 2014,
para a Editora Perspectiva.